C000054047

Theodor Schi

Konstantin Kawelins und Iwan Turgenjews sozial-politischer Briefwechsel mit Alexander Herzen

EUROPÄISCHER LITERATUR VERLAG

Schiemann, Theodor (Hg.)

Konstantin Kawelins und Iwan Turgenjews sozial-politischer Briefwechsel mit Alexander Herzen

ISBN: 978-3-86267-080-2

Auflage: 1
Erscheinungsjahr: 2011
Erscheinungsort: Bremen, Deutschland

© Europäischer Literaturverlag GmbH, Fahrenheitstr. 1, 28359 Bremen (www.elv-verlag.de). Alle Rechte beim Verlag und bei den jeweiligen Lizenzgebern.

Bei diesem Titel handelt es sich um den Nachdruck eines historischen, lange vergriffenen Buches aus dem Verlag der Cotta'schen Buchhandlung, Stuttgart (1894). Da elektronische Druckvorlagen für diesen Titel nicht existieren, musste auf alte Vorlagen zurückgegriffen werden. Hieraus zwangsläufig resultierende Qualitätsverluste bitten wir zu entschuldigen.

Cover: Foto © S. Hofschläger/Pixelio

Bibliothek

Russischer Denkwürdigkeiten.

Herausgegeben von

Dr. Theodor Schiemann,

Professor an der Universtät Berlin.

Vierter Band:

Konstantin Kawelins und Iwan Turgenjews

Sozial-politischer Briefwechsel

mit Alexander Iw. Herzen.

Autorisierte Uebersetzung aus dem Russischen von

Dr. Boris Minzès.

Stuttgart 1894.

Verlag der J. G. Cotta'schen Buchhandlung
Nachfolger.

Vorwort des Herausgebers.

Die Reihenfolge der für die „Bibliothek" angekündigten Denk=
würdigkeiten wird durch zwei Bändchen Briefe unterbrochen, die leben=
diger, als es mit andern Mitteln möglich wäre, einen Blick in die
Genesis jenes Neu=Rußland bieten, das im Gegensatz zum Regime
des Zaren Nikolai Pawlowitsch erwuchs. Der erste Band (Band IV
der Reihe) bringt die aus dem Nachlasse Herzens stammende Korre=
spondenz dieses einflußreichen politischen Agitators mit dem Professor
Kawelin und Iwan Turgenjew, sowie mit dem Herausgeber der
russischen Ausgabe dieser Briefe, dem kleinrussischen Patrioten und
Emigranten Professor Dragomanow, Band 2 (Band VI der Reihe)
die Korrespondenz Herzens mit Bakunin. In Summa ist es der
Uebergang vom russischen Liberalismus zum Radikalismus, der schließ=
lich in den Nihilismus ausmünden sollte. So drastisch und mit
gleich authentischem Material wie in den vorliegenden Briefen ist
jene auch für das Abendland hochbedeutsame Entwickelung noch nicht
gezeichnet worden, und die naheliegende, in ihren Folgen fortwirkende
Vergangenheit ein Schlüssel zugleich zum Verständnis der russischen
Gegenwart.

Die nachfolgenden Bände der Denkwürdigkeiten, „Memoiren eines
Dorfgeistlichen" und „Denkwürdigkeiten des Professors Nikitenko",
behandeln die letzten Jahre der Leibeigenschaft und die ersten Jahre
der neuen Freiheit, also eben die Zustände, aus denen Neu=Rußland
emporwuchs. Denkwürdigkeiten und Briefe erläutern sich gegenseitig
und geben, in rechtem Zusammenhang betrachtet, ein Bild von er=
schütternder Wahrhaftigkeit. Da der Uebersetzer, Herr Professor
Minzès in Sofia, in seiner Einleitung und der russische Herausgeber,
Professor Dragomanow, in zahlreichen Anmerkungen die nötigen

Erläuterungen beigebracht haben, dürften die oft versteckten Anspie=
lungen und die in die Korrespondenz gezogenen politischen Zeit=
ereignisse dem Leser keine Schwierigkeiten bereiten. Ein erschöpfendes
Namensverzeichnis erleichtert die Orientierung. Die Uebersetzung
erscheint mit liebenswürdiger Genehmigung des Professors Drago=
manow, dem auch an dieser Stelle dafür zu danken mir eine an=
genehme Pflicht ist.

Berlin, im September 1894.

Theodor Schiemann.

Vorwort des Uebersetzers.

In der ganzen Geschichte des russischen Staates spielt die größte Rolle das sogenannte „Emancipationsjahr" 1861 wie überhaupt die vielbedeutende „Reformepoche", welche damals zur Heilung der Wunden Rußlands, die es aus dem verhängnisvollen Krimkriege davongetragen, inauguriert wurde. Die in Sklavenfesseln liegenden Volksmassen wurden zum bürgerlichen Leben, ja, zur Teilnahme an einer Art lokaler Selbstverwaltung berufen, und hierdurch gingen wenigstens zum Teil jene Wünsche in Erfüllung, für die so mancher in Rußland schwer gebüßt hatte.

Die „öffentliche Meinung", auf die sich die Regierung zum erstenmal stützte und auch stützen mußte, um der reaktionären Wühlereien leichter Herr zu werden, wollte sich zur Führerin von Rußlands Geschicken aufschwingen und der unbeschränkten Zarengewalt den Umfang der vorzunehmenden Reformen bestimmen. Kaum war die Frage der Bauernemancipation, die „Reform von oben", in welcher alle Liberaldenkenden Hand in Hand gingen, vom „Zarenbefreier" bejaht und ihre endgültige Lösung in Angriff genommen worden, so entstand auch schon im Lager der Freiheitsfreunde Gärung und Spaltung, die, bald in revolutionäre Bestrebungen und Hetzereien ausartend, dem Befreier die Märtyrerkrone und Rußland endlich die schroffste Reaktion brachten, eine Reaktion, die bis auf den heutigen Tag darauf hinzielt, die Ergebnisse der Emancipationsperiode allmählich für null und nichtig zu erklären.

Der starke Zensurdruck des Nikolaitischen Regierungssystems vermochte den Geist der russischen Litteratur nicht zu lähmen, er verlieh ihr nur ein eigenartiges Gepräge. Zuerst in der „Epoche der vierziger Jahre" in den höheren Regionen der Hegelschen Metaphysik schwebend und sich gleichsam an seiner „transcendentalen Aesthetik

des Konſervatismus", des „Abſoluten" berauſchend, gewannen endlich
die Repräſentanten der Litteratur das Gefühl des wirklich Schönen
und verſtanden, den ſozialpolitiſchen Mißverhältniſſen eine er=
greifende, die Geiſter aufrüttelnde künſtleriſche Form zu verleihen.

Der in Rußland ſo beliebte Kritiker Wiſſarion Bielinski (1810
bis 1848) hat alle Phaſen dieſer geiſtigen Entwickelung durchgemacht:
zuerſt ein glühender Hegelianer und leidenſchaftlicher Verteidiger des
Prinzips, „alles Beſtehende ſei vernünftig", wurde er ſpäter der
theoretiſche Begründer des litterariſchen Realismus und ein eifriger
Verfechter des ſozialen Elements in der ſchönen Litteratur. Wie
konnte da die Belletriſtik den ſozialen Hauptfaktor des ruſſiſchen
Lebens, die Leibeigenſchaft, unbeleuchtet laſſen?

Einer genialen Natur war es vorbehalten, das Anormale dieſer
Form von Menſchenknechtung auf eine ergreifend feſſelnde Weiſe in
vollem Lichte hervortreten zu laſſen. Der junge Turgenjew gewann
durch ſeine „Aufzeichnungen eines Jägers" und die darauf folgenden
ſozialen Skizzen und Romane die Herzen aller edelbenkenden Ruſſen,
und mit Recht wird er als der größte ſoziale ruſſiſche Dichter be=
trachtet. Gleich ſeinem großen Vorgänger, dem Vater des ruſſiſchen
Realismus, Gogol, war ſein Auge auf das Typiſche gerichtet, aber
er zeichnet ſich dadurch aus, daß er vor allem die charakteriſtiſchen
ſozialpolitiſchen Züge der heranwachſenden Generationen, der
„Söhne" oder richtiger überſetzt der „Kinder" ſowie des zu kulti=
vierenden „Neulands" herauszuſpüren und gleichſam divinatoriſch
vorauszuempfinden vermochte. Von umfaſſender Bildung, frei von
jedem politiſchen oder ſozialen Vorurteil, ſeiner künſtleriſchen Natur
getreu ein Feind von Doktrinarismus und Formeln, ließ er ſeinem
ſcharf analyſierenden Geiſte freien Lauf, und das Alte wie das Neue,
die „Väter" wie die „Söhne" objektiv und gleichſam inſtinktiv ſchil=
dernd, brachte er alt und jung gegen ſich auf, aber darum eben iſt
das, was er geſchaffen, von ewig bleibendem künſtleriſchen und kultur=
hiſtoriſchen Werte, was ſogar auch ſeine erbittertſten politiſchen Gegner
anerkennen mußten.

Prüfen wir Turgenjews Romane auf ihren ſozialpolitiſchen Wert
und ziehen wir die neueſten Publikationen zur Kontrolle derſelben
heran, ſo werden wir erſt recht inne, welch enge Fühlung er mit
allen Erſcheinungen ſeines Zeitalters hatte und wie nahe ihm be=
ſonders die ſozialpolitiſchen Fragen am Herzen lagen.

Die Erinnerungen an ihn und ſein ziemlich umfangreicher Brief=
wechſel, die meiſtens nach ſeinem Tode veröffentlicht wurden, haben
bereits ein helles Licht auf dieſe Seite ſeines künſtleriſchen Schaffens

geworfen. Was uns jedoch in dieser Hinsicht hauptsächlich interessieren muß, sein persönliches Verhältnis zu den radikalen Strömungen, seine individuelle Geschmacks- und Gesinnungsrichtung, die so verschiedentlich, so widerspruchsvoll aus seinen Werken künstlich herauskonstruiert wurden, — dies blieb doch im großen und ganzen gleichsam ein Buch mit sieben Siegeln, aus welchem z. B. die einen herauslesen wollten, daß der Roman „Väter und Söhne" ein Panegyrikus, die andern, daß er ein Pamphlet auf die junge Generation sei!

Die in den verschiedenen russischen Zeitschriften veröffentlichten Briefe Turgenjews wurden im Jahre 1885 gesammelt, in einem Bande herausgegeben und dann von Dr. Heinrich Ruhe ins Deutsche übertragen*). Von diesen 487 an eine Menge von Personen gerichteten Briefen sind die meisten rein privaten Charakters, und nur sehr wenige behandeln kulturelle Fragen, so z. B. die fünf Briefe an die Frau F—wa**). Daß die in politischem Sinne „heiklen" Briefe aus Rücksichten auf die Zensur in der russischen Presse keine Aufnahme finden konnten, ist selbstverständlich. Man wußte zwar aus den verschiedenen Mitteilungen und Erinnerungen, überhaupt aus den Aufsätzen und Briefen von Turgenjews Freund und Ratgeber, Annenkow***), die gewisse Streiflichter auf Turgenjews besonders in politischer Hinsicht so wenig erforschtes Leben warfen, daß er, ein bedeutendes Glied unter den „Männern der vierziger Jahre", Bakunins Freund und philosophischer Gesinnungsgenosse war und später in gewissen Beziehungen zum Kreise der Londoner Emigranten stand, aber erst dank Professor Dragomanows Publikationen sind wir im stande, ihn als Politiker kennen zu lernen. Unglücklicherweise müssen derartige Publikationen, die in jedem westeuropäischen Staate mit Freuden begrüßt werden, in Rußland das Tageslicht scheuen, — und so ist dieser Briefwechsel in Genf erschienen. Treffend bemerkt ein Rezensent darüber: „Das schmale Bändchen ist einem eigentümlichen Schicksale geweiht. Nichtrussischen Lesern ist es unzugänglich, bis es — wer weiß wann? — einen Uebersetzer gefunden. Den Eintritt

*) Briefe von J. S. Turgenjew. Erste Sammlung (1840—1883). Leipzig 1886.
**) S. 189—190, 192, 200, 292.
***) So z. B. P. Annenkow „Das merkwürdige Jahrzehnt", „Der Bote Europas", 1880, Januar bis Mai. „Die Jugend Iwan Turgenjews" (1840—1856), ib. 1884, Februar. „Sechs Jahre Briefwechsel mit Turgenjew" (1856—1862), ib. 1885, März. „Aus dem Briefwechsel mit Iw. Turgenjew in den 60er Jahren", ib. 1887, Januar. S. auch „J. S. Turgenjews Briefe an P. W. Annenkow", „Russische Rundschau" 1894, Januar bis März.

in das Land, in dessen Sprache es geschrieben, verwehrt ihm die russische Zensur. So steht es bis auf weiteres zwischen zwei Welten, ein armer Flüchtling ohne Obdach und Bekannte" *).

Diesem Uebel wird jetzt gewissermaßen abgeholfen und dem deutschen Lesepublikum werden drei bedeutende, ihm bekannte Russen vorgeführt, die es aber jetzt in einem ganz neuen Lichte kennen lernen kann. Es sind dies der große Dichter Iwan Turgenjew (1818 bis 1885), der bedeutende Rechtshistoriker und Professor Konstantin Kawelin (1818—1885) und der einst so einflußreiche, in slavo= philen=panslavistischen Kreisen gefeierte Publizist Iwan Aksakow (1823—1886). Sie alle standen eine Zeit lang in engen, freund= schaftlichen Beziehungen, sie gehörten einem Kreise an, ihr Herz schlug gemeinschaftlich für das russische „Volk", aber ihr selbständiges Denken, ihre Individualitäten brachten sie auf verschiedene Bahnen, welche sich in der interessantesten Epoche des neuesten historischen Lebens in Rußland kreuzten und deren Brenn= und Knotenpunkt die Fragen der Bauernbefreiung, der lokalen Selbstverwaltung und end= lich der allgemeinen Volksrepräsentation bildeten.

Turgenjews Leben ist dem deutschen Lesepublikum bereits mehr= mals geschildert worden, selbstverständlich konnten früher die in diesem Briefwechsel berührten Fragen aus Mangel an Material nicht berück= sichtigt werden. Kawelins Leben dagegen dürfte wohl nur wenigen bekannt sein, und deshalb soll hier seine Biographie flüchtig skizziert werden.

In Petersburg am 4. November 1818 als Sohn des damaligen Direktors des Petersburger Theaters geboren, bekam er eine gute Erziehung. Von dem später so bedeutenden russischen Kritiker Bie= linski für die Universität vorbereitet, absolvierte der 21jährige talent= volle Jüngling im Jahre 1839, mit einer goldenen Medaille für seine Dissertation ausgezeichnet, die Petersburger Universität und legte zwei Jahre darauf die Magisterprüfung ab. 1842 bekam er einen Posten im Justizministerium, den er 1844, auf Grund seiner tüchtigen wissenschaftlichen Arbeiten, mit einem Lehrstuhl an der juridischen Fakultät der damals dank den Professoren Granowski, Kudrjawzew, Solowjew u. a. auf der Höhe ihres Glanzes stehenden Moskauer Universität vertauschen konnte, wo er über die Gesetz= gebung, die Staats= und Gouvernementsinstitute in Rußland las. 1848 fühlte sich Kawelin moralisch veranlaßt, seine Professur aufzu=

---

*) Clemens Sokal, Turgenjew und Herzen (Ein Stück russischer Zeitgeschichte in Briefen), „Neue Freie Presse" 1894, Nr. 10587 u. 10588.

geben, und er wurde wieder Miniſterialbeamter, um im Jahre 1857 einen Lehrſtuhl an der Petersburger Univerſität anzunehmen.

Die Epoche nach dem Krimkriege brachte die Frage der Bauern: bewegung aufs Tapet, und Kawelin, der ſich ſo eifrig mit der Ge: ſchichte der ruſſiſchen Geſetzgebung befaßte, wurde von dieſer Frage ergriffen. Am Hofe der Großfürſtin Helena Pawlowna, um die ſich alle Liberaldenkenden ſcharten, wußte man Kawelin als Menſchen und Gelehrten zu ſchätzen. Bald darauf wurde er beauftragt, dem Thron: folger — Cäſarewitſch Nikolai —, dem verſtorbenen älteren Bruder des jetzt regierenden Kaiſers Alexander III., Rechtsencyklopädie vorzu: tragen, aber dies war nicht von langer Dauer: er war dem Hofe zu „rot“. Wegen ſeiner Denkſchrift über die Bauernbefreiung, worin er kategoriſch die Forderung aufſtellte, man ſolle durch Landverteilung an die Bauern Rußland vor einem Proletariat bewahren, fiel er in Ungnade. Aber ſeine Forderungen, für die er aus opportuniſtiſchen Rückſichten zu leiden hatte, wurden doch im Jahre 1861 zum Teil verwirklicht. In demſelben Jahr kam er aus freien Stücken um ſeine Entlaſſung als Profeſſor ein, aus Anlaß der Studentenunruhen, die durch das ſinnloſe Vorgehen der Univerſitätsbehörden, ſowie des Miniſteriums ſelbſt hervorgerufen worden waren und die auch den Austritt von vier ſeiner Kollegen, darunter Pypin, zur Folge hatten. Im folgenden Jahre wurde er nach erfolgtem Miniſterwechſel ins Ausland geſchickt, um dort das Hochſchulweſen zu ſtudieren. Er widmete ſich nachher hauptſächlich publiziſtiſch-wiſſenſchaftlichen Ar: beiten *).

Ein Liberaler, voll Haß gegen die Mißbräuche der Adminiſtration und voll Hoffnung auf die Selbſtverwaltung, die er als Vorſtufe zu einer zu gebenden Verfaſſung anſah **), hatte er gleich Turgenjew nicht wenige Berührungspunkte mit der politiſchen Thätigkeit Herzens; beide aber entzweiten ſich mit dem letzteren, als er, von Bakunin und Ogar: jow hingeriſſen, der Regierung den ſozialiſtiſch-revolutionären Fehde: handſchuh hinwarf und ſich in einen unüberlegten Kampf ſtürzte ***),

---

*) Bibliographiſches Verzeichnis ſeiner Hauptwerke ſ. „Der Bote Europas“, 1885, Juni, S. 801, 812—820.

**) So ſchreibt Kawelin in einem Briefe: „Von dem Erfolg der Selbſt: verwaltungsinſtitute, des Semſtwo, hängt unſre nächſte Zukunft ab, und von ihrem Fortſchritte wird es abhängen, ob wir für eine Verfaſſung reif ſind und ob wir eine ſolche bald bekommen werden.“ „Der Bote Europas“, 1886, Oktober, S. 757—758.

***) Vergl. Herzens „Poſthume Werke“. (Ruſſ.). Genf, 1874. II. Aufl. „M. B(akunin) und die polniſche Sache“, S. 192—221, beſonders S. 208 bis 209.

aus dem er selbst moralisch geknickt hervorgehen sollte. Durch seine unpolitische Parteinahme für die Polen rief er einen siegesgewissen Sturm der stockrussischen Elemente hervor, und durch seine beißende Kritik alles Bestehenden beschwor er sozialistisch-revolutionäre Geister herauf, die er dann nicht mehr loswerden konnte; sie wuchsen ihm über den Kopf, schimpften ihn Reaktionär und arteten schließlich in „Nihilismus", „Anarchismus" und „Terrorismus" aus.

Indem aber Turgenjew mit seinem klaren Künstlerblick die slavo-philen Schwärmereien und Uebertreibungen durchschaute und sie sogar verspottete, war er als Russe sehr stolz darauf, daß sein Vaterland der westeuropäischen Völkerfamilie nahe verwandt sei, zum „genus europaeum" gehöre. In dieser Hinsicht standen Herzen und Kawelin auf seiten der konservativen, ja reaktionären Slavophilen und erblickten in Rußland ein auserkorenes Volk, welches bestimmt sei, gleichsam für Europa die Dienste eines neuen Messias zu verrichten und ihm als erlösendes Vorbild zu dienen*). „Wir sind das Volk der Zu-kunft," schrieb einmal Kawelin, „nicht umsonst ist Iwanuschka der Narr der Lieblingsheld der großrussischen Märchen. In der euro-päischen Völkerfamilie sind wir Iwanuschka der Narr, aber denke daran, es wird ein Zeit kommen, wo dieser Narr seine klugen Brüder überlisten wird"**). Nicht so Turgenjew! Pessimistisch blickt er in die Zukunft; ihm scheint das russische Volk in der bekannten Helden-gestalt des Wasska Busslajew verkörpert, der für seinen Eigensinn und seine prahlerische Selbstüberhebung ein jähes Ende fand . . .***)

Die einen erblickten Rußlands Vorzüge in der „Reinheit des orthodoxen Glaubens", so der Kreis der Moskauer Slavophilen, die andern in der sozialen Ueberlegenheit der Slavenrasse über die „alters-schwache" romanisch-germanische Welt, und entdeckten in Rußland, um mit Turgenjew zu sprechen, eine Art sozialer „Dreieinigkeit": Semstwo — Selbstverwaltungsorgane, Artel — das im russischen Volke ziemlich verbreitete Genossenschaftswesen, und Obschtschina — die Dorfgemeinde mit ihren patriarchalen, in vielen Beziehungen kommunistischen Grundlagen.

---

*) Vergl. u. a. Dr. Otto v. Sperber „Die sozial-politischen Ideen Alexander Herzens", Leipzig 1894, S. 87 u. ff.

**) D. Korsakow, K. D. Kawelin „Materialien zu seiner Biographie, aus dem Familienbriefwechsel und den Erinnerungen". (Russ.) „Der Bote Europas", 1886, Mai bis Oktober, vergl. Oktoberheft, S. 764.

***) „Aus dem Briefwechsel I. S. Turgenjews mit der Fa-milie Akfakow." 1852—1857. „Der Bote Europas", 1894, Januar bis Februar; s. Januarheft, S. 334; vergl. „Revue des deux Mondes", 15. Mai 1894, S. 457—465.

Und so ist es klar, daß die Ultraslavophilen und die Radikalen, nicht nur früher, wo sie gemeinschaftlich Hegel anbeteten, sondern auch später gewisse Berührungspunkte hatten. Es gab eine Zeit, wo der spätere Ratgeber Alexanders III. und gefürchtete einflußreiche Herausgeber der „Moskauer Zeitung", Katkow, und der stürmische Apostel der anarchistischen Pandestruktion, Bakunin, demselben Freundeskreise angehörten! Eben darum sind Jwan Aksakows Briefe an den politischen Flüchtling Herzen von so hohem kulturhistorischen Werte. Aus den vor kurzem veröffentlichten Briefen Jwan Aksakows an seine Verwandten ist ersichtlich, daß er in seiner Jugend weit davon entfernt war, alle Doktrinen des Slavophilenkreises zu teilen, zu welchem sein Bruder Konstantin und sein Vater Sergey gehörten; dies tritt noch deutlicher aus seinen, Herzen heimlich zugeschickten Briefen hervor *), in welchen er sich sogar erdreistet, des „Zarenbefreiers" in keineswegs glimpflichen Ausdrücken zu gedenken. Auch sind diese Briefe insofern interessant, als sie uns zur Genüge mit der rapiden Verbreitung der ultraradikalen Theorien, mit den dringenden Forderungen nach der Einberufung eines Reichstages und schließlich mit der wachsenden Unzufriedenheit über die schwankende innere Politik Alexanders II. bekannt machen. Diese Verhältnisse waren unglücklicherweise für die Bildung einer gemäßigt liberalen Partei, zu deren Führer Turgenjew, seinem politischen Credo nach, hätte gehören können, höchst ungünstig. Jetzt erst sind wir im stande, den kerngesunden politischen Urteilen Turgenjews Gerechtigkeit widerfahren zu lassen, jetzt, wo der Verlauf der allerneuesten russischen Geschichte keinen Zweifel daran aufkommen läßt, wie arg sich diejenigen betrogen, die, auf die „sozialistisch-revolutionären Instinkte" des „Volkes" bauend, auf die „Bauernart" rechnend **), sich erkühnten, Westeuropa den Rücken zu wenden, — von den „panslavistischen" Schwärmereien ganz zu schweigen. . . .

Und wenn wir einen kurzen Blick auf den Lebenslauf des Herausgebers der vorliegenden Briefe werfen, so gewinnen wir einen charakteristischen lebendigen Kommentar zu dem oben Gesagten ***).

---

*) Sie sind in dem von Professor Dragomanow in Genf herausgegebenen Blatte „Das freie Wort" (russ.) erschienen, 1883, Mai, Nr. 60, und von uns dieser Ausgabe beigefügt.

**) Vergl. meinen Aufsatz in Paul Lindenbergs „Memoiren-Korrespondenz" 1894, 1. August, Nr. 12; abgedruckt in der „Deutschen Warte" vom 14. August desf. Jahres.

***) Ueber Dragomanow s. u. a. A. de Gubernatis „Dictionnaire international des écrivains du jour", Florence 1890, S. 856—857;

Dragomanow wurde im Jahre 1841 in der Stadt Habjatſch im Poltawaſchen Gouvernement in einer kleinruſſiſchen Adelsfamilie ge= boren und trat 1851 in die Univerſität zu Kiew ein, wo damals ein höchſt liberaler und edeldenkender Mann Kurator war, — der be= rühmte Chirurg Pirogow. Die damalige Gärungsperiode mußte den ſich für alle geſellſchaftlichen Fragen lebhaft intereſſierenden Jüngling mit hinreißen; es war die Zeit, wo eine Sturmflut von ſozialiſtiſchen Ideen in die Geiſter einbrang, wo der ſtreng verbotene „Polarſtern“ und die geächtete und zu gleicher Zeit gefürchtete „Glocke“ mit leb= hafter Spannung geleſen wurden. Dragomanow nahm regen Anteil an den Volksbildungsvereinen, den Sonntagsſchulen und lag mit großem Fleiße ſeinen hiſtoriſchen Lieblingsſtudien ob. Die auf den polniſchen Aufſtand folgende Reaktion wirkte in hohem Grade hem= mend auf ſeine wiſſenſchaftliche Laufbahn. 1864 habilitierte er ſich mit ſeiner Diſſertation über den Kaiſer Tiberius an der Univerſität Kiew; als Kleinruſſe begeiſterte er ſich für die Intereſſen ſeiner Lands= leute, die weder von den herrſchenden Großruſſen, noch von den rebellierenden Polen beachtet wurden.

Die mit der Gründung der Univerſitäten Kiew und Charkow beſonders rege gewordenen Forſchungen auf dem Gebiete des klein= ruſſiſchen Lebens erweckten bei vielen gebildeten Kleinruſſen das Ge= fühl der nationalen und politiſchen Selbſtändigkeit, und dieſes Gefühl leitete den Hiſtoriker Dragomanow auf das engere Gebiet der ethno= graphiſchen Studien hinüber*). 1870 behufs wiſſenſchaftlicher For= ſchungen ins Ausland geſandt, arbeitete Dragomanow in Deutſch= land und in Italien und bereiſte die ſlaviſchen Länder; 1873 kam er nach Zürich und trat in Beziehungen zu den Repräſentanten der ruſſiſchen revolutionären Bewegung, erklärte ſich aber von vornherein für den Gedanken, daß man in Rußland vor allem politiſcher Freiheit bedürfe und zu Gunſten der unterdrückten Nationali= täten die zentraliſtiſchen Feſſeln lockern müſſe, was ihm ſelbſtver= ſtändlich den Haß der extrem radikalen Elemente zuzog, die nur an die „gewaltſame Soziaſierung“ des in dieſer Hinſicht „Weſteuropa überlegenen Staates“ dachten. Nach Kiew zurückgekehrt, wurde er

A. Thun „Geſchichte der revolutionären Bewegung in Rußland“, Leipzig 1883 (auf Grund perſönlicher Mitteilungen Dragomanows); Brockhaus „Konverſationslexikon“, XIV. Aufl., ſowie die ruſſiſche Ausgabe dieſes Lexikons, Petersburg 1894, Bd. XI. (Ausführliches bibliographiſches Ver= zeichnis.)

*) Vergl. M. Dragomanow „Das hiſtoriſche Polen und die groß= ruſſiſche Demokratie“. (Ruſſ.) Genf 1881, S. 345 u. ff.

wegen ſeparatiſtiſcher Beſtrebungen benunziert und aufgefordert, aus
freien Stücken ein Entlaſſungsgeſuch einzureichen, aber Dragomanow,
im Bewußtſein ſeines Rechtes, zog es vor, entlaſſen zu werden, was
auch ein Jahr darauf geſchah. Anfangs 1876 ging er ins Ausland,
um einen zenſurfreien publiziſtiſchen Kampf mit dem großruſſiſchen
abſolutiſtiſchen Zentraliſationsſyſtem aufzunehmen, und gab nicht lange
darauf den erſten Band ſeiner kleinruſſiſchen Zeitſchrift „Gromada"
(„Die Gemeinde") heraus. In Genf ſetzte er auch ſeine wiſſen=
ſchaftliche Thätigkeit fort, bis er bei der Gründung der Sofiaer
Hochſchule von der bulgariſchen Regierung berufen wurde, den Lehr=
ſtuhl für allgemeine Weltgeſchichte anzunehmen. Jetzt widmet ſich
Dragomanow hauptſächlich ſeinen folkloriſtiſchen Studien (als klein=
ruſſiſcher Publiziſt iſt er immer noch ſehr thätig), auf welchem Ge=
biete er ſich einen Namen auch unter ſeinen weſteuropäiſchen Kollegen
geſchaffen hat.

Ueber Dragomanows politiſche Thätigkeit läßt ſich jetzt, wo
ſich die Verhältniſſe in Rußland noch nicht geklärt haben, kaum ein
objektives Urteil fällen. In ſeiner Thätigkeit fällt wiederum das
auf, was wir bei Beſprechung der fraglichen Briefe Turgenjews und
Kawelins berührten, — der Mangel an einer mittleren gemäßigten
Partei, die im Kampfe um politiſche Freiheit frei von den
doktrinären extremen Richtungen des reaktionären Slavophilentums
und des terroriſtiſchen Sozialismus wäre. So mußte Profeſſor
Dragomanow mit dem Sozialismus rechnen, aber eine Gelehrten=
natur par excellence, iſt er ſelbſtverſtändlich ein geſchworener Feind
jeglichen Doktrinarismus und Schematismus, alſo auch des „mar=
xiſtiſchen"*) und des „extrem ukrainophilen".

Ein Hiſtoriker, dem die Errungenſchaften der neueſten For=
ſchungen teuer ſind, alſo auch die der „Evolutionstheorie", mußte er
ſich natürlicherweiſe gegen alle zentraliſtiſch=jakobiniſchen Verſchwö=
rungsverſuche, wie gegen Terrorismus aus Leibeskräften publiziſtiſch
wehren, was er beſonders in ſeiner Broſchüre „Der Tyrannenmord"
that: „Eine reine Sache erfordert auch reine Mittel", ſagt er**);
„wir teilen ganz die Meinung, daß der politiſche Mord immerhin
ein Mord iſt, und daß das Leben eines Souveräns ebenſo heilig
ſein muß, wie das einer Privatperſon"***).

---

*) Vergl. u. a. „Der freie Bund", Verſuch eines ukrainiſchen ſozial=
politiſchen Programmes. (Ruſſ.) Genf 1884, S. 83.

**) M. Dragomanow „Le Tyrannicide en Russie et l'action de
l'Europe occidentale". Genève 1881, p. 3.

***) Ib. S. 13; vergl. „Freier Bund" 2c, S. 106.

Als Mann der Politik, als ein in Rußland geächteter „Revolu=
tionär", der dort gar nichts veröffentlichen darf, vertritt Dragomanow
ein politisches „Minimalprogramm", welches nichts weniger als
„unbescheiden" genannt werden kann. Er fordert Unverletzlichkeit der
Person und Wohnung (habeas corpus), Freiheit der Nationalitäten
in Bezug auf Sprache u. bergl., Gleichberechtigung der Konfessionen,
Preß=, Lehr=, Versammlungs= und Koalitionsfreiheit, autonome Selbst=
verwaltung in Gemeinden, Provinzen u. bergl. und endlich die
Einberufung eines Reichstages *). Es scheint, als ob er seinen un=
geduldigen ultraradikalen Gegnern am Schlusse seiner Programm=
broschüre „Der freie Bund" mit Renans Worten antworten wolle:
„Le moyen d'avoir raison dans l'avenir est, à certaines heures,
de savoir se resigner à être démodé" (S. 109). . . .

Wir sehen also, daß Dragomanow, ein Repräsentant der auf
Turgenjew folgenden „Generation", der „Söhne", zu den „beschei=
denen Reichstagsträumen" der „Väter" zurückgreifen mußte **), denn,
ein warmer Verteidiger der Interessen der Landbevölkerung und Fabrik=
arbeiter, ist er überzeugt, daß man vor allem mit der Herrschaft der
Bureaukratie und mit der Zentralisation aufräumen müsse, um dem
arbeitenden Volke und den unterdrückten Nationalitäten Gerechtigkeit
widerfahren lassen zu können. Aber auch ihm war es bestimmt, von
der stockrussischen slavophilen Rechten verfolgt und von der ungedul=
bigen „roten Linken" verkannt zu werden. Und in dieser Hinsicht
verdient wohl Professor Dragomanows Thätigkeit bei der Besprechung
der von ihm herausgegebenen und kommentierten inhaltsreichen Briefe
erwähnt zu werden.

Sofia, im September 1894.

Boris Minzès.

Was mein Transskriptionsverfahren betrifft, so mußte ich selbst=
verständlich von dem von mir in der „Deutschen Zeitschrift für Ge=
schichtswissenschaft" wie in der deutschen Ausgabe von Pypins Werk
„Die geistigen Bewegungen in Rußland" (Berlin 1894, Cronbach)
befolgten, zu Gunsten der in der „Bibliothek russischer Denkwürdig=
keiten" herrschenden Abstand nehmen, ohne dadurch für die Zukunft
hin auf dasselbe verzichten zu wollen.   Derselbe.

---

*) „Le Tyrannicide", S. 8. Vergl. seine Broschüren: „Die innere
Sklaverei und der Befreiungskrieg". (Russ.) Genf 1877, und „Terrorismus
und Freiheit". (Russ.) Genf 1880.
**) S. seine inhaltsreiche Broschüre „Der Liberalismus und das Semstwo
in Rußland". Genf 1889.

Inhalt.

K. Dm. Kawelins Briefe.

1.

Teurer Freund!

Zehn Jahre ſind es her, daß wir uns nicht geſehen haben, aber jedesmal, wenn ich mich Deiner erinnere, fühle ich, daß ich Dich mit derſelben Begeiſterung liebe, wie damals, wo ich Dich in „Tſchernaja Grjas"*) zum leßtenmal küßte. Für Dich war ich eine mehr oder minder angenehme Epiſode in Deinem Leben, Du aber warſt mir Nahrung und Schule; es ſcheint mir, als ob ich noch heute die Sehnen und Nerven fühle, die ſich unter Deinem Einfluß in meinem Charakter gebildet und durch welche Du in mir fortlebſt. Ich umarme Dich warm und feſt! Uns verbindet jenes Band, das nie reißt, wenn auch die Anſichten auseinandergehen. Es dünkt mich aber, daß wir nicht in Bezug auf unſre Ziele und Grund= ſäße auseinandergehen, ſondern eher in Bezug auf die Mittel, die zur Erreichung dieſer Ziele führen. Uebrigens, wozu davon ſprechen! Laß mich Dich jeßt lieber feſt ans Herz drücken und uns gemeinſchaft= lich an all das erinnern, was uns glücklich machte, wie an das, was uns ſo ſehr das Leben vergiftet hat. Könnteſt Du zurückkehren und hier um Dich blicken, wie würdeſt Du Dich wundern! Ein neues Geſchlecht wächſt heran, neue Geiſteskräfte treten auf die Bühne, wir und unſre Vorgänger, wir verſchwinden allmählich von derſelben. An Kenntniſſen ſind uns die Jüngeren zweifelsohne überlegen, ob ſie aber mehr Feuer, mehr Glauben und Zuverſicht haben, — das iſt eine große Frage. Es will mir ſcheinen, daß ſie darin uns nach= ſtehen, wie es vordem mit uns in Bezug auf unſre Vorgänger der Fall geweſen. Sogar Deine Generation übertrifft die unſre. Trübe Gedanken bemächtigen ſich meiner, ſollten denn Charakter, Glaube und Liebe in dem Maße verflachen, wie ſich das Geiſteskapital anhäuft?

---

*) Eine Bahnſtation bei Moskau.

Wenn aber auch die neueste Generation nicht besser ist, so haben doch die Thatsachen zweifelsohne an Bedeutung und Umfang gewonnen. In dem Maße, wie das Leben vorwärts schreitet, tritt die Unzulänglichkeit alles Bestehenden immer plastischer und schärfer hervor. Der Abgrund, in den wir unerschrocken schauten, öffnet sich immer weiter, und indem er zur Thatsache wird, bemächtigt sich unwillkürlich Bedenklichkeit und Schrecken unsres Geistes. Alles stürzt, alles fällt in Trümmer, vorläufig wird nichts wieder aufgebaut, und es ist unmöglich, jene Synthese vorauszusehen, die zur Grundlage des neuen gesellschaftlichen Gebäudes dienen wird. Es ist schrecklich, in diesem Zersetzungsprozesse und in der erstickenden Atmosphäre zu leben, die ihn stets zu begleiten pflegt. Du träumtest davon, daß der Rettungsanker in unsrer „Dorfgemeinde" *) zu suchen sei. Wir haben sogar diesen Trost nicht mehr, indem wir sehen, wie auch sie dem allgemeinen auf uns lastenden Zersetzungsgesetze folgt. Dies gestehen sogar diejenigen zu, welche wie Du an die russische Dorfgemeinde glauben. Ein dunkles, aber sicheres Gefühl sagt mir, daß sich unter dem Verfall ein für die Zukunft reiches Leben birgt, aber gibt es denn viele, die im stande wären, die fast ausschließliche Einwirkung der sie umgebenden Fäulnis bis ans Ende zu ertragen, ohne von ihr angesteckt zu werden und ohne die von ihr verursachte mephitische Atmosphäre in sich aufzunehmen? Man kann solche Leute an den Fingern herzählen; die übrigen verzweifeln daran, daß es besser wird, und werden, da sie alles Bestehende verneinen, allmählich verbittert.

Die politischen und andern Neuigkeiten aus der Heimat wird Dir jeder erzählen, der herkommt. Die Emanzipationsfrage schlummert und wird absichtlich eingelullt, obgleich der Kaiser anders darüber denkt. Unter dem Einfluß der Paralysierung, die gegenwärtig unsern normalen Zustand bildet, haben auch die administrativen Reformen nicht stattgefunden. Ueber unsern Häuptern schwebt der Bankerott, der durch sinnlose Verordnungen immer mehr beschleunigt wird. Die Unzufriedenheit aller Klassen wächst; besonders ist die Masse der Offiziere erbittert, die aus Anlaß der verstärkten Reduzierung der Heere aus Garde und Armee verabschiedet und dem Hunger preisgegeben werden. Eine unruhige, aber ohnmächtige Erwartung lastet auf allen, kurz, alle Anzeichen weisen auf einen schrecklichen

---

*) Zu den vielen Schlagwörtern für die in Rußland eifrig debattierten Fragen gehört besonders das Wort Obschtschina, die Gemeinde, in welcher gewisse Formen des Gemeinbesitzes, des Kollektiveigentums vorherrschen.

Anmerk. d. Uebers.

Kataklysmus scheinbar in nächster Zukunft hin, obwohl es un=
möglich ist, vorauszusagen, welche Form er annehmen und wohin
er führen wird.

Unter solchen Verhältnissen macht sich ein Bedürfnis lebhaft fühl=
bar. Es ist das Bedürfnis nach Oeffentlichkeit. Die gärenden Elemente
suchen einen Ausgang, streben danach, sich zu äußern, aber sie ver=
mögen es nicht. Für die Wissenschaft läßt sich jetzt zwar sehr vieles
leisten, es gibt keine Wahrheit, die man nicht in ziemlich klaren An=
spielungen äußern könnte, — aber dies ist selbstverständlich zu wenig.
Es ist nötig, daß man unsre Fragen ausführlich und nicht nur ver=
blümt behandeln darf, aber dies eben ist unglücklicherweise bei uns
nicht der Fall. Alle Proteste gegen eine solche Ungereimtheit haben
bis jetzt zu nichts geführt und die höheren Gesellschaftsschichten sinken
wieder in Schlaf, obwohl umgekehrt die mittleren und niederen immer
mehr gereizt werden.

Unter diesen Umständen ist ein ausländisches Organ ein ebenso
tägliches Bedürfnis für die öffentliche Meinung, wie Speise und
Trank für den Menschen. Dieses Organ müßte unbedingt ein ge=
mäßigtes sein, wodurch es die Möglichkeit hätte, alle Interessen zu
berücksichtigen und allen Meinungen Ausdruck zu verleihen. So
sonderbar es dir auch erscheinen mag, aber unsre Gesellschaft inter=
essiert sich sehr wenig für Fragen der Politik, dagegen sehr viel für
administrative, soziale und kirchliche Probleme. Das Chaos von
Ungereimtheiten und Unsinn hat bereits in unsrer Verwaltung die
Herkulessäulen erreicht, aber wo soll man es durch Aufzählung von
Beispielen an den Pranger stellen? Du wirst gewiß auf Deine
Zeitschrift hinweisen, aber diese wird nie ein Organ für die Masse
und für die Mehrzahl der Interessen werden können*). Sie stellt
die Fragen zu philosophisch, zu litterarisch, für die Masse unzugäng=
lich auf. Dein Journal existiert jedenfalls nur für wenige, und die
Thatsache, daß es einen großen Absatz hat, soll Dich nicht irre=
führen. Es findet ihn nur bei den auf der Oberfläche der russischen
Gesellschaft Schwimmenden. Ich werde Dir und uns allen erst dann
gratulieren, wenn Dir der Sektierer seine Klagen und Glaubens=
formeln, wenn Dir der Weltgeistliche seine Beschuldigungen gegen
das Mönchstum, das ihn bedrückt, zur Veröffentlichung bringt;
wenn der Pole, der Deutsche, der Finnländer, der Jude Dich er=
suchen werden, in Deiner Zeitschrift ihren Hoffnungen und Klagen
Raum zu geben. Es scheint mir jedoch, daß Deine jetzige Zeitschrift

---

*) S. Anhang.

nie einen solchen Charakter annehmen kann, weil ihr Programm
ein zu streng ausschließliches ist, wenn Du auch alle protestierenden
Elemente zur Mitarbeiterschaft aufforderst. Schwinge ein uns näher-
liegendes und zugängliches Banner, und das Resultat wird ein ganz
andres sein.

Außerdem ist uns eine ausländische Zeitung in französischer Sprache
vonnöten, also eine, die der großen Masse der ausländischen und
einheimischen Leser zugänglich wäre. Es müßte dies eine Zeitung
sein, die sich ausschließlich die Kritik unsrer Gesetzgebung und Administration vom gemäßigtesten Standpunkte aus zur Aufgabe machte,
die aber unter dieser Flagge schonungslos, wenn auch ruhig alle
Ungereimtheiten, allen Unsinn und alle administrativen und gerichtlichen Verbrechen, unter denen wir ersticken, verfolgen würde. Die
Wirkung einer solchen Zeitung wäre eine schreckliche. Sei versichert,
daß man sich zuerst auf den Standpunkt unsres gebildeten Publikums
stellen muß, um auf dasselbe wirken zu können, bis jetzt aber be-
gnügt man sich mit einer giftigen Kritik der Details. Die Prinzipien
selbst anzugreifen, dazu gelangten nur wenige. On se sert de petits
moyens und man bildet sich ein, daß diese oder jene kleine Maßregel die Gesellschaft und Rußland retten und glücklich machen könne.
Merke Dir auch, daß eine solche Sprache der hohen Regierung am
zugänglichsten wäre und ihr über die gegenwärtige Lage der Dinge
viel wirksamer die Augen öffnen könnte, als die eingehendste prinzi-
pielle Beurteilung derselben, von der sie sich mit Angst und Schrecken
abwendet. Sei überzeugt, daß ich die Wahrheit spreche. Rußland
ist Dir teuer; darum eben mußt Du zu jenen Arzneimitteln
greifen, die ihm in dieser Minute von Nutzen sein können. Dann
wollen wir sehen, wie Gott es weiter fügen wird. Einen Pilt-
schinski brauchen wir jetzt; das ist ein goldener Mensch, dessen Blatt
einen ungeheuren Absatz haben würde. Und man würde es nicht
sehr verfolgen, weil man erstens sehr geneigt ist, gegen Mißbräuche
die Stimme zu erheben, dann aber würde in den Augen der Regierung
die französische Sprache eine genügende Quarantäne gegen die Verbreitung des Blattes unter dem Volke sein, was man besonders
fürchtet. Bedenke auch, was für ein lästiger Zeuge eine derartige
Zeitung wäre! Sie wäre ein über den Häuptern der Beamten
schwebendes Damoklesschwert. Schließlich möchte ich sagen, daß die
Herausgabe eines solchen Blattes nicht schwierig wäre, man brauchte
dazu nur den Gesetzkodex, die Senatszeitung, Le Moniteur russe,
wie Du sie früher nanntest; wenn man dazu noch zwei, drei offizielle
Organe hinzufügt, so fehlt nichts mehr. Im Kodex ist eine solche

Menge von Ungereimtheiten aufgespeichert, er ist ein solcher Be-
hälter der naivsten Verbrechen an Rußland, Wahrheit und Gerechtigkeit, daß, wenn Du auch nur den zehnten Teil daraus ent-
nommen haben wirst, man Dich aus Rußland mit Mitteilungen über
ganz frische, noch viel abscheulichere Abgeschmacktheiten als die im
Kober enthaltenen überhäufen wird. Ich bin tief überzeugt, daß,
wenn Du nicht ein solches Blatt gründest, sich ein andrer finden
wird, der es thut, weil das Bedürfnis danach zu bringend, zu augenscheinlich ist. Bedenke, daß der „Nord" die Unmöglichkeit empfunden
hat, den frühern Weg weiter zu wandeln, dann aber daß die Macht
der Verhältnisse ihn zwingt, zum Organ der öffentlichen Meinung
zu werden.

Wie mir gesagt wurde, erwartest Du Geld aus Rußland, aber
von wem denn? Wir halten Dich für einen Krösus und leben selbst
von unsrer Hände Arbeit. Die Sympathie für Dein Unternehmen
bekundet sich ja ziemlich deutlich darin, daß Deine Publikationen
Absatz haben, doch ich wäre Dein Freund nicht, wollte ich es Dir
verhehlen, daß diese lebhafte, aufrichtige und einstimmige Sympathie
eigentlich nur erregt wird durch Deine Erinnerungen aus der Vergangenheit, wo Du so meisterhaft Deine Erlebnisse in Rußland schil-
derst; auch die „Stimmen aus Rußland" erwecken noch lebhafte Teilnahme. Das übrige von Deinen Publikationen entfremdet mehr, als
es anzieht, und schadet Dir in der Meinung aller. Sei mir nicht
böse, höre auf die aufrichtigen Worte, die mir nur der Wunsch für
das allgemeine Wohl eingibt, und handle nach Deinem Gutdünken.
Die Menge kann Deinem Banner nicht folgen, schon darum nicht,
weil es zu hoch aufgestellt ist.

Adieu! Ich umarme Dich warm und fest. Ich hegte die Hoffnung, Dich zu sehen, aber es ist unmöglich. Ich muß mir sogar
den Trost versagen, Dir die Hand zu drücken und Dir Adieu — vielleicht auf immer sagen zu können. Vielleicht werde ich in etwa zwei,
drei Jahren glücklicher sein, wenn wir überhaupt an eine für unsre
Verhältnisse so lange Zeit denken dürfen. Bleibe gesund und vergiß
mich nicht.

Grüße unsre Freunde.

————

Dieser Brief ist allem Anscheine nach (s. u. a. den folgenden) im
August 1857 geschrieben. Kawelin reiste ins Ausland, um mit der
Kaiserin Maria Alexandrowna zusammenzutreffen, nachdem er als Lehrer

des Cäsarewitsch Nikolai Alexandrowitsch berufen worden war*). Aus dem Tagebuch Kawelins über diese Reise, welches von Korsakow citiert wird, ist zu ersehen, daß sogar in seinem Gespräche mit der Kaiserin seine Beziehungen zu Herzen erwähnt wurden. Die Kaiserin fragte Kawelin: „Sagen Sie, weshalb haben Sie den Ruf eines der schreck= lichsten Liberalen, qui veut le progrès quand-même?"

Auf diese Frage antwortete Kawelin mit dem Zugeständnis, daß „er als Student und dann als Professor ein großer Liberaler gewesen sei, wenn auch gerade nicht ein solcher, für den man mich hält. In politischen Liberalismus ließ ich mich nicht ein ... Die, welche mich für einen schrecklichen Liberalen halten, haben auch aus dem Grunde recht, weil alle Liberalen meine Freunde waren. Granowski war mein Freund; Bielinski war mein Leiter und Freund; Herzen stand mir auch nahe ..."

„Bei den letzten Worten," schreibt Kawelin in seinem Tagebuche, „unterbrach mich die Kaiserin und bemerkte lächelnd: ‚Die andern Freund= schaften können Ihnen nicht schaden, aber was Herzen betrifft ... je vous en veux aussi pour cela.'"

Dieses Gespräch fand am 17. (29.) August 1857 statt und darauf verreiste Kawelin nach Ostende, von wo aus er bald aller Wahrscheinlich= keit nach den obigen Brief an Herzen schrieb, da er schon Ende August in Petersburg war**).

2.

(Juni 1859.)

Deinen Brief habe ich erst am 11. Juni n. St. erhalten***). Ich versuche es so gar nicht, Dir zu sagen, wie tief er mich gerührt hat. Da ich die Freiheit des Auslandes genieße, kann ich Dir zum erstenmale frei schreiben, ohne die Postzensur fürchten zu müssen, und ich benutze diese Gelegenheit. Dich zu sehen, zu umarmen, von Dir, vielleicht auf immer, Abschied zu nehmen, war mein Traum, meine Pflicht; ohne sie erfüllt zu haben, würde ich nicht ruhig sterben können. Vor zwei Jahren brandete zu meinen Füßen die Welle, die von Dir zu mir kam†), und fast mit Thränen in den Augen dachte ich daran, daß ich Dich trotzdem nicht sehen kann. Dich wieder= zusehen gehört diesmal ebenso zu meinen Plänen, wie der Gedanke

---

*) Vergl. Korsakow: D. K. Kawelin „Der Bote Europas" 1886, August, S. 543 u. ff.

**) Korsakow, Op. cit., S. 561.

***) S. Anhang.

†) In Ostende.

an meine Geſundheit, und ich bin glücklich, daß mich diesmal nichts daran hindern wird, dieſen Traum, dieſes Herzensbedürfnis zu ver= wirklichen. Indem ich mich damals von Dir entfernte, nicht in meiner Denk=, ſondern Handlungsweiſe, habe ich mich Dir doch ſchon lange wieder genähert. Zur Liebe geſellte ſich die Ehrfurcht*). Nimm mir dieſen Ausdruck nicht übel, es liegt nichts Kriecheriſches darin. Ich ſehe in Dir nicht nur einen mir naheſtehenden Menſchen, einen Freund, ſondern auch den erſten Mann in ganz Europa. Nie= mand vermochte beſſer als Du das zu ſagen, was ich dachte und fühlte. In Deinen Gedanken habe ich kein Zugeſtändnis, keine falſche Note erblickt. Freudig pochte mein Herz, als ich bei Dir meine Gedanken ſo glänzend und ſo treffend ausgedrückt fand. Aber außer dieſem Bande gab und gibt es noch ein andres zwiſchen uns — der tiefe, durch nichts getrübte Glaube an die Zukunft Rußlands; auch ich faſſe ihn ſo wie Du auf, vielleicht mit unbedeutenden Schattierungen, welche wir ernſthaft beſprechen müſſen. Deine Prophezeiungen in betreff Rußlands und Europas werden ſich bald bewahrheiten, obwohl viele dies jetzt noch nicht verſtehen. Gleich Dir lebe ich nur meinen Ueberzeugungen und ich habe ihnen alle meine Kräfte gewidmet; eben darum liebe ich Dich ſo unendlich und glaube an Dich.

Wir werden uns nach meiner Kur ſehen. Ich habe meine Gründe dafür. Mein Herz pocht ſtark bei dem Gedanken, daß ich Dich endlich umarmen werde.

In Deinem Brief gibt es ein rauhes Wort, einen Vorwurf. Teils haben wir es verdient, teils haſt Du uns verurteilt, ohne unſre Rechtfertigung anzuhören. Wie dem auch ſei, ich bitte Dich im voraus, meine freiwilligen oder unfreiwilligen Vergehen gegen Dich zu vergeſſen! Ich möchte, daß Du mich ohne alle Neben= gedanken umarmſt, ſo wie Du ſchreibſt und handelſt, und wenn Du durchaus Deinem Aerger durch ein rauhes Wort Luft machen mußt, ſo thue es, aber laß dann auch Dein giftiges Gefühl bis zum letzten Tropfen ausfließen. In unſern Jahren und Verhältniſſen läßt ſich nichts auf lange vorausſagen, werden wir denn dazu kom= men, uns noch einmal zu ſehen? Es iſt wahrſcheinlicher, daß dies nicht der Fall ſein wird. Auf Freudentage haben wir nicht zu rechnen. So laß mir denn den Troſt, zu denken, daß ich Dir und Deinem Herzen dasſelbe bin, was ich früher war, und daß ich für Dich kein Zurückgekehrter bin, ſondern einer, der ſich nie von Dir trennte.

---

*) S. Anhang.

Du warſt für mich daſſelbe, was Biel. und Gran. mir waren *) und Du allein biſt mir geblieben.

Dieſen Brief wird Dir ein zuverläſſiger und vortrefflicher Mann übergeben, der es vollkommen verdient, daß Du ihn gut aufnimmſt. Er wird Dir mitteilen, wann ich komme, weil ich es in dieſem Augenblick ſelbſt nicht weiß, es wird aber ſicher dieſen Sommer ſein.

Deinen Freund **) und deſſen Frau grüße ich beſtens und drücke ihnen die Hände. Ich danke Dir, ich danke Dir vielmals für den Brief und die Nachſchrift. Vielleicht wird doch die Zeit bis zu unſerm Wiederſehen ſchnell verſtreichen.

Ich will nur noch hinzufügen, daß der Herr, der Dir dieſen Brief übergeben wird, einer von Deinen thätigſten Korreſpondenten iſt. Du wirſt es ſelbſt ſchätzen, was für ein lieber Menſch er iſt. Ich wenigſtens habe eine große Schwäche für ihn.

3.

Blankenberghe, den 21. Auguſt 1859.

Eure ***) Briefe haben in mir die Erinnerung an meinen Aufent-halt bei Euch und mit Euch in London lebhaft wachgerufen. Alles dies iſt wie ein Traum vorübergeſchwebt, an den man kaum glaubt, ſo nahe und ſo fern iſt derſelbe. Ich weiß eigentlich ſelbſt nicht, warum ich Euch bis jetzt nicht geſchrieben habe. Die Seebäder inmitten des bornierteſten Volkes in der Welt haben mir vorläufig ſehr wenig Nutzen gebracht.

Es iſt langweilig und mein Herz zieht ſich ſchmerzlich zuſammen. Es iſt unmöglich, etwas zu thun. Die traurigſten und wehmütigſten Melodien durchziehen fortwährend meine Seele und klingen in meinen Ohren wieder. Wenn das vorüber iſt, ſo verſinke ich in den ſinn-loſeſten Zuſtand, den man gar nicht beſchreiben kann.

Ich verließ Euch mit zerriſſenem Herzen. Ich kann Euch nicht ſagen, wie ſchwer es mir zu Mute war. Unter der ſcheinbaren Freude las ich den verborgenen Kummer, den niemand eingeſtehen wollte.

---

*) Bielinſki und Granowſki.
**) Ogarjow.
***) Herzens und Ogarjows.

Zwölf Jahre hatten wir uns nicht gesehen, Herzen; Du aber, wie Bielinski und Granowski, Ihr habt die größte Rolle in meinem Leben gespielt; Ihr wart meine erzieherischen Vorbilder; es ist mir, als könnte ich die Saiten in mir antasten, die ich jedem von Euch zu verdanken habe. Nun bist Du allein mir geblieben, und die ganze Liebe, deren ich fähig bin, konzentriert sich auf Dich, — es ist nicht jene Liebe, mit der wir große und merkwürdige Menschen lieben, sondern es ist jene persönliche Liebe, die den ganzen Menschen, so wie er ist, mit allen seinen Eigenschaften umfaßt. Daß sich zu dieser Liebe auch Ehrfurcht gesellt, steht außer Zweifel. Ich kann Dich nicht lieben wie einen mir ganz gleichen Menschen, weil ich mich vor Dir beuge und in Dir einen großen Mann erblicke. Wenn dies ein Trost im Leid sein kann, so tröste Dich damit. Die Zeit der falschen Scham, wie alles Falschen überhaupt, muß vor-übergehen. Es ist Zeit, die Dinge beim Namen zu nennen. Nicht ich allein, viele blicken so auf Dich; vielleicht bin ich der einzige unter den Dir Nahestehenden, der sich entschließt, es Dir zu sagen. Dir, Repräsentant des freien russischen Gedankens, dem eine Größe und eine unermeßliche Zukunft bevorsteht, Dir gebührt ein Lorbeer-kranz.

Wenn Du neben dem Lorbeerkranz auch noch die Dornenkrone trägst, so erscheint mir dieser Gedanke um so herrlicher. Wehe dem Sieger, in dessen Thaten sich nicht ein Tropfen Kummer mischt. Von dem Augenblicke an, wo das Märtyrertum für den Menschen ein Gegenstand der Anbetung wurde, wurde es zum Eckstein alles Großen in der Welt und wird es ewig sein.

Ich ging nach London nicht aus Neugierde, Eitelkeit oder Prahl-sucht; diese Reise war für mich die Verwirklichung eines alten Traumes, die Befriedigung eines Herzensdurstes, eine Pflicht, nach deren Er-füllung ich ruhig werde sterben können. Ich habe Dich gesehen und umarmt, was habe ich noch zu wünschen?

Nur eines quält mich jetzt, — daß ich an Euch beiden Nieder-geschlagenheit und Müdigkeit bemerkte. Sollte dies nur eine Ab-spiegelung meiner physischen und moralischen Zerrüttung gewesen sein, so wäre ich glücklich. Aber wenn ich mich wirklich nicht geirrt habe, so ist das sehr betrübend, — ja, nicht nur betrübend, sondern sogar schädlich für die Sache selbst. Das Banner, welches Ihr traget, ist so hehr und heilig, es hat für uns eine so allumfassende Bedeutung, daß Ihr daraus Kräfte zu weiteren Thaten schöpfen müßt. Was liegt daran, daß viele es nicht verstehen, daß andre es dumm und flach auffassen. Dies ist das Los alles Neuen. Es ist genug, wenn

nur einige vollkommen seine Bedeutung begreifen. Verstöße in Bezug
auf Kleinigkeiten und Einzelheiten dürfen uns nicht verwirren. Wir
abseits Stehenden können die Sache besser überblicken und darum
könnt Ihr sicher sein, daß Ihr gewonnenes Spiel habt; schreitet nur
mutig vorwärts, ohne auf fremdes Gerede zu hören, ohne Euch durch
Tadel oder Rat irreführen zu lassen. Nikolai Pawlowitsch hat in
Rußland Leutchen und Mittelmäßigkeiten gezüchtet, die nicht im stande
sind, die ganze Tragweite der Frage zu begreifen. Es ärgert und
kränkt einen, zu sehen, wie flach und niederträchtig solche Charaktere
sind, wie beschränkt ihre Denkweise ist, wie mittelmäßig ihre Begriffe
sind und wie sie, sich an Kleinigkeiten klammernd, die Hauptsache
aus den Augen verlieren. Was für Ratgeber sind das! Hundert
Jahre sind nötig, damit dies alles sich ändert, vorläufig aber sehe
ich keine Spur eines Umschwungs zum Bessern.

Gehet rüstig Euren Weg. Die Saat, die Ihr ausstreuet, wird
auf guten Boden fallen, es ist der gute frische russische Untergrund,
der noch nicht durch überflüssige Büchergelehrsamkeit demoralisiert ist.
Im Volke findet sich mehr gesunder Menschenverstand, als in unsern
Kreisen, hier werdet Ihr verstanden werden. Wir aber sind auf-
gegebene Leute! Stundenlang muß man reden, um uns die einfachste
Wahrheit zu erklären. Bei uns Intelligenten gibt es sogar kein
lebendiges Verständnis für die russische Geschichte, die man doch schon
aus den Vorkommnissen des täglichen Lebens verstehen kann — so
einfach ist sie *). Dir, Herzen, will ich unter anderm zum Lobe
(wenn Du eines solchen bedarfst) und zum Trost folgendes sagen:
Deine Briefe über Polen machten ungeheuren Effekt bei den Polen **).
Sie waren von denselben entzückt und wollten sie alle ins Polnische
übersetzen (viele Zeitschriften veröffentlichten Auszüge daraus), sie
thaten es aber nicht, weil es doch für einen Russen zu gut geschrieben
war und ihn in ihren Augen zu sehr erhoben hätte.

D. ***) bringt in mich, daß ich Dir seine Dissertation zuschicke.
Wie ich es mir schon früher dachte, ist sie für Dich bestimmt; nun
hat er eine Widmung hinzugefügt, und Du kannst und darfst es
nicht abschlagen. C'est un hommage rendu. Jedenfalls werde ich
Dir das Buch schicken.

Du hast mir aber „Die Glocke" nicht geschickt!

---

*) Vergl. Herzen: Die russischen Deutschen und die deutschen
Russen. II. Die doktrinierenden Deutschen. „Die Glocke" Nr. 54 vom
15. Oktober.
**) „Die Glocke" Nr. 32—33, 34, 37.
***) Dimitriew.

Ich sah Tsch.*), sprach mit ihm ernsthaft über seinen Brief an Dich und forderte Aufklärung über die Stelle, die sich auf mich bezieht. Diese Auseinandersetzung hat mich endgültig von dem überzeugt, was ich schon früher vermutete: er ist beschränkt und darum versteht er nicht toute la portée seiner Worte, aber er ist ein ehrlicher und gewissenhafter Mensch. Denke Dir, er ist damit zufrieden, daß er in den letzten fünf, sechs Jahren in keiner Beziehung seine Ansichten geändert hat. Ja, er hat Grund, stolz zu sein! Ich gestehe Dir, ich konnte es nicht über mich bringen, ihm mitzuteilen, was Du mir auftrugst, nämlich, daß er Dich nicht besuchen soll. Mich entwaffnete der Umstand, daß er erst aus meinen Interpellationen die ganze Ungeschicklichkeit desjenigen einsah, was er Dir über mich geschrieben, und daß er erst dann die ganze Ungereimtheit seines Briefes an Dich begriffen. Ich kann mich mit ihm nicht befreunden, aber ich bin überzeugt, daß er Schonung verdient. Sich selbst hat er weit mehr geschadet, und dies ist seine Strafe.

In den schweren Augenblicken, deren ich genug habe, frage ich mich: Wird es mir vergönnt sein, Dich wiederzusehen und zu umarmen? Mein Herz bricht fast bei dem Gedanken, daß unsre Zusammenkunft die letzte gewesen sein sollte. Dein carpe diem ließ mich zusammenfahren, — so scharf prägte es sich meinem Gehirn ein. Ist es Vorahnung oder ein Spiel der zerrütteten Nerven? Es war von meiner Seite keine Phrase, keine Hinreißung, als ich so kategorisch sagte, daß wir uns sehen werden; nun, wenn aber nicht? Wenn es unmöglich sein wird? Wie die ersten Christen, sind wir zu ewigem Leiden, zu ewigem Verfolgtwerden verurteilt, und zuweilen erlahmen die Kräfte, und wir sehnen uns nach der Ruhe des Todes, der einzigen, die es für uns gibt.

Dir, Ogarjow, danke ich für Deine herzlichen Zeilen. Sie haben mich tief in der Seele gerührt. Deine Aufträge werde ich, sobald ich angekommen bin, pünktlich ausführen. Schone Dich für die Sache und für die Freunde. Es ärgert mich sehr, daß wir unsre Debatten, von denen ein Bruchteil in Deinem Briefe enthalten ist, nicht zu Ende führen konnten. Du sagst, daß die Physiologie nichts mehr und nichts weniger als die Theorie der pathologischen Erscheinungen sei; dies ist nur teilweise richtig, umfaßt aber nicht alles. Hättest Du gesagt: auch der physiologischen, dann hättest Du vollkommen recht gehabt. Was folgt daraus, daß Gesundheit und Krankheit nach denselben Formen existieren und sich entwickeln? Sie stellen doch

---

*) Unter Tsch. ist überall Professor Tschitscherin gemeint.

eine Verschiedenheit, eine gegenseitige Verneinung vor, welche eben
der leitende Nerv des Lebens ist. Wie Du auch das sich gegenseitig
Verneinende auf dieselben Gesetze zurückführen magst, die Verneinung
findet doch statt, darum wird auch jede Definition, gestützt auf eines
dieser verneinenden Elemente, nicht vollständig sein. Das Leben ist
nicht nur Pathologie, es ist gleichzeitig auch Physiologie; und wie
Du auch alles auf die Mechanik und Naturgeschichte zurückführen
magst, Du wirst doch mit einer Reihe von Erscheinungen andrer Art
zu rechnen haben, die ihre eigenen, allerdings analogischen Entwicke-
lungsgesetze haben, Erscheinungen, die gemeinsam mit dem Mechanischen
und Naturgeschichtlichen auf gemeinschaftliche Gesetze ·zurückgeführt
werden können und welche nichtsdestoweniger, sich von den letzteren
unterscheidend, ihre Eigentümlichkeiten aufweisen werden. Zu diesen
Erscheinungen sind alle die zu rechnen, welche sich auf die sogenannte
intellektuelle und geistige Natur des Menschen beziehen und von ihr
ausgehen, — es sind historische und wissenschaftliche Faktoren, wie
auch solche aus dem Gebiete des künstlerischen, gesellschaftlichen und
religiösen Lebens. Sie haben ihre Physiologie und ihre Pathologie.
Die ganze Aufgabe besteht darin, beide mittels der naturwissenschaft-
lichen Methode zu beleuchten, was man in unsrer Zeit erst zu ahnen
beginnt. Daß diese moralische und physische Welt das stärkste Band
verbindet, die Gleichheit des Ursprungs, und daß sie sich in fortwährend gegenseitiger Einwirkung befinden, dies ist bereits eine
Errungenschaft der Wissenschaft; es fehlt nur noch an einer konsequent durchgeführten Untersuchung der Einzelheiten und der Geschichte dieses Resultats. Aber ich bestehe darauf, daß man sie auf
Grund ihrer Einheit, Verknüpfung und gegenseitigen Einwirkung nicht
vermengen darf, sonst werden wir nie zu sicheren Resultaten kommen.

Das Gesetz des intellektuellen und moralischen Lebens des
Menschen läßt sich wohl auf die physische Natur zurückführen, und
dies that man lange. Das ist das erste unbewußte Verfahren jedes
Menschen und jedes Volkes in seiner Kindheit, aber nachher mußte
man dieses Verfahren aufgeben. Jetzt aber in das andre Extrem
zu verfallen, ist ebenso irrtümlich. Jede Funktion des Lebens hat
ihre Physiologie und ihre Pathologie, und es ist der Endzweck der
Wissenschaft, diese auf möglichst allgemeine Formeln zurückzuführen;
wo aber jeder Unterschied verschwindet, dort hört die Wissenschaft,
dort hört das Leben auf. Darum eben habe ich schon lange aufgehört, an die wunderthätige Kraft der Wissenschaft im allgemeinen
und der Philosophie im besondern zu glauben. Sie ist nur eine
Uebertragung des Lebens in das Gebiet des Denkens, d. h. des

Allgemeinen, welches das Leben, aber nur unter einer andern Form, ausdrückt, es aber nicht schafft. Hegels Formel „die Natur ist das Anderssein des Geistes" muß man in „der Geist ist das Anders= sein der Natur" umkehren, dann wird vieles verständlicher sein. Die Philosophie, wie Hegel sie auffaßt, ist immer noch Kabbalistik und Religion. Wenn man so alle Seiten des menschlichen Lebens untersucht, so ergreift einen ein Angstgefühl bei dem Gedanken, wie viel noch zu leisten ist. Man bekommt das Gefühl, daß die Wissen= schaft noch in der Wiege liegt. Alles, was bisher geleistet wurde, muß man neu umarbeiten, so daß kein Stein auf dem andern bleibt. Eine solche Umgestaltung will ich, soweit meine Kräfte reichen, im Zivilrechte versuchen. Wenn man die einschlägigen Werke liest, so wundert man sich, wie diese Wissenschaft in ihren jetzigen Formen veraltet und verschimmelt ist. Das Beste an ihr ist nichts weiter als ein Reiben der Augen nach einem hundertjährigen Schlafe. Und Du darfst dabei nicht vergessen, daß das Zivilrecht einer der wesentlichsten Bestandteile der sozialen Wissenschaft ist.

Ich umarme Euch beide von ganzem Herzen. Ich flehe das Schicksal an, daß es nicht stiefmütterlich gegen mich handle, und daß es mir den Trost gebe, Euch wieder einmal zu umarmen und mit Euch zu sein.

Natalja Alexejewna*) schicke ich einen freundlichen Gruß, Olja küsse ich, besonders herzlich küsse ich meine neue Freundin Tata**), sie hat mir ungemein gefallen. Möge sie so bleiben, wie sie war, als ich sie zum zweitenmal sah. Sie ist für mich eine lebendige Erinnerung an Natalja Alexandrowna***).

Bleibet alle gesund.

Kawelin.

Die Worte über Tsch. im oben angeführten Briefe beziehen sich auf eine Episode aus der Geschichte der „Glocke", welche seiner Zeit in den russischen litterar=politischen Kreisen große Aufregung hervorrief, eine auch sonst höchst interessante Episode, — nämlich auf den Brief, der mit Tsch. unterzeichnet, in Nr. 32—33 der „Glocke" (vom 1. Januar 1859) unter dem von Herzen selbst gewählten Titel „Eine Anklageschrift" er= schien. Ueber die Bedeutung dieses Briefes sprachen wir eingehend in Nr. 61—62 des „Freien Wortes", wo auch alle Briefe Tsch.s an Herzen

---

*) Ogarjows Frau.
**) Olga und Natalie (Tata), Herzens Töchter.
***) Herzens verstorbene Frau.

aus jener Zeit abgedruckt sind. Wir vermieden daselbst nur alle Hinweise
auf Kawelin, der damals noch am Leben war. Jetzt finden wir es am
Platze, alle auf diese Episode bezüglichen Dokumente aus der „Glocke"
abzudrucken.

––––––––

1. Man wirft uns vor*):

Es werfen uns die Liberalen und Konservativen vor, daß wir
zu sehr über die Regierung herfallen, uns beißend ausdrücken und
grob schimpfen.

Es werfen uns die roten Demokraten wütend vor, daß wir mit
Alexander II. milde verfahren, ihn loben, wenn er etwas Gutes thut,
und glauben, daß er die Bauernbefreiung wünsche.

Es werfen uns die Slavophilen unsre westliche Richtung vor.

Es werfen uns die mit dem Westen Sympathisierenden das
Slavophilentum vor.

Es werfen uns die geradlinigen Doktrinäre Leichtsinn und Wankel-
mut vor, weil wir im Winter über Kälte und im Sommer dagegen
über Hitze klagen.

Für heute nur ein paar Worte als Antwort auf den letzten Vorwurf.

Er ist durch zwei oder drei Zugeständnisse unsererseits hervorgerufen, nämlich, daß wir uns irrten, daß wir uns hinreißen
ließen; wir werden uns nicht damit zu entschuldigen suchen, daß wir
es zugleich mit ganz Rußland thaten, wir wälzen die Verantwortlichkeit, welche wir freiwillig auf uns nahmen, nicht von uns ab. Wir
müssen konsequent bleiben, was die einzig unerläßliche Bedingung
jeder Propaganda ist. Man hat ein Recht, dies von uns zu fordern.
Aber indem wir einen Teil der Schuld auf uns nehmen, wollen wir
uns in dieselbe mit den andern Schuldigen teilen.

Einen geraden Weg zu verfolgen, ist leicht, wenn man es mit
einer abgeschlossenen Ordnung der Dinge, mit einer konsequenten
Handlungsweise zu thun hat, — ist es denn schwer, der englischen
Regierung oder dem französischen Kaiserthrone gegenüber eine schroffe
Haltung anzunehmen? War es denn schwierig, unter der vorigen
Regierung konsequent zu bleiben?

Aber diese Einheitlichkeit finden wir nicht in der Handlungsweise Alexanders II.; bald tritt er als Befreier der Bauern, als

––––––––

*) Eine Notiz von A. J. Herzen in Nr. 27 der „Glocke" vom 1. No-
vember 1858.

Reformator auf, bald ergreift er den Nikolaitischen Zugriemen und droht, die kaum emporgeschossenen Sprossen zu zerstampfen.

Wie soll man seine Rede an den Moskauer Adel und die an den Generalgouverneur Sakrewski in Uebereinstimmung bringen?

Wie reimt sich die Lockerung der Zensurfesseln mit dem Verbot, von der Befreiung der Bauern mit Landzuteilung zu sprechen?

Wie reimt sich die so häufig erlassene Amnestie, der Wunsch nach Oeffentlichkeit mit dem Projekte Rostowzews, mit der Macht Panins?

Friedrich II. erzählte, daß er keinen General so fürchtete, wie Saltykow, weil er sogar eine Minute früher nicht erraten konnte, welche Bewegung der letztere machen würde: Saltykow handelte immer ins Blaue.

Das Schwanken der Regierung wirkte auf unsre Aufsätze ein. Indem wir ihr folgten, gerieten wir gar manchmal in Verwirrung, und wir machten kein Hehl daraus, wenn wir uns darüber ärgerten. Dadurch standen wir in einer Art Verbindung mit unsern Lesern. Wir leiteten sie nicht, sondern gingen Hand in Hand mit ihnen; wir lehrten nicht, sondern waren der Widerhall jener Träume und Gedanken, welche man zu Hause verschweigen mußte. Hineingeschleudert in die gegenwärtige Bewegung in Rußland, werden wir zugleich mit ihr von dem unbeständigen Winde, der von der Newa her weht, getragen.

Allerdings wird derjenige keinen Fehler begehen, der, Hoffnung und Furcht unterdrückend, schweigend das Resultat abwarten wird. Die Grabrede der Geschichte ist vor Fehlern viel sicherer, als jede Anteilnahme an den vor sich gehenden Ereignissen.

Die Doktrinäre nach französischem Muster und die Stuben= gelehrten nach deutschem, Leute, welche die Untersuchungen vor= nehmen, das Inventar aufnehmen, Ordnung schaffen, die fest in der positiven Religion und religiös in der positiven Wissenschaft, die bedachtsam und pünktlich sind, — solche Leute erreichen ein hohes Alter, ohne sich abseits vom Wege zu verirren, oder ohne ortho= graphische oder sonstige Fehler zu machen; aber Leute, die in den Kampf geschleudert wurden, sie gehen in ihrem leidenschaftlichen Glauben und leidenschaftlichen Zweifel auf; sie erschöpfen sich durch Zorn und Empörung, sie werden schnell aufgerieben, sie verfallen in Extreme, sie lassen sich hinreißen und oft strauchelnd, gehen sie auf halbem Wege zu Grunde.

Ohne ein ausschließliches System, ohne einen alles zurück= stoßenden Parteigeist zu besitzen, haben wir unverrückbare Grund= sätze, leidenschaftliche Sympathien, welche uns von Kindereien zu grauen Haaren brachten; darin gibt es keinen Leichtsinn, kein Schwanken und keine Zugeständnisse bei uns! Alles andre erscheint uns von untergeordneter Wichtigkeit; die Mittel zur Verwirklichung sind unendlich verschieden; welches gewählt werden wird ... das ist eine poetische Laune der Geschichte, — und es ist unhöflich, sich hier hindernd einzumengen.

Die Befreiung der Bauern mit Landzuteilung ist eine der wesentlichen Hauptfragen für Rußland und für uns. Ob diese Befreiung „von oben oder von unten" her stattfindet, — wir werden für sie sein. Befreien die aus den geschworenen Feinden der Emanzipation bestehenden Bauernkomitees sie, — wir werden sie dafür aufrichtig und von Herzen segnen. Befreien sich die Bauern selbst zuerst von den Komitees und dann von allen denen, welche die Komiteemitglieder wählen, — wir werden die ersten sein, welche sie brüderlich und von Herzen beglückwünschen werden. Ob endlich der Kaiser befehlen wird, daß man der rebellischen Aristokratie ihre Güter nimmt und sie in die Verbannung, — irgend wohin, sei es nach dem Amurgebiet zu Murawjew, schickt, — wir werden auch hier von Herzen sagen: dem sei also.

Daraus folgt keineswegs, daß wir diese Mittel empfehlen, daß es keine andern gibt, daß diese die besten sind, — mit nichten; unsere Leser wissen, wie wir darüber denken.

Aber da es die Hauptsache ist, die Bauern mit Landzuteilung zu befreien, so werden wir über die Mittel dazu keinen Streit erheben.

Bei einer solchen Abwesenheit einer bindenden Doktrin, der Natur selbst, sozusagen, das freie Schalten überlassend und mit jedem Schritt, der mit unsern Ansichten übereinstimmt, sympathisierend, können wir oft Irrtümer begehen und wir werden immer froh sein, wenn „unfre gelehrten Freunde", die ruhig in den Wächterhäuschen am Ufer sitzen, uns zurufen werden, ob wir uns „mehr nach links oder mehr nach rechts" halten sollen; aber wir möchten, daß auch sie nicht vergessen, daß es ihnen leichter ist, über die Stärke der Wellen und die Schwäche der Schwimmer Beobachtungen anzustellen, als uns, zu schwimmen ... und dazu so weit vom Ufer entfernt. Es ist ein halber Schmerz, hinter der Schutzwand einer Doktrin gleichwie hinter Klostermauern hervor auf die Stürme des Lebens zu blicken. Die Doktrinäre sind glücklich, sie lassen sich nicht hinreißen und ... sie reißen auch andre nicht hin.

J—r (Iskander).

2. Eine Anklageschrift *).

Ich erscheine vor meinen Lesern, eine Anklageschrift in der Hand.
Diesmal ist weder Panin noch Sakrewski der Angeklagte, der
Angeklagte — bin ich selbst.

Diese Anklage, welche im Namen einer „bedeutenden Anzahl
denkender Männer in Rußland" gegen mich erhoben wurde, ist von
großer Wichtigkeit für mich. Ihr Schlußwort ist, daß meine ganze
Thätigkeit, d. i. die Aufgabe meines Lebens, — Rußland Schaden
bringe.

Würde ich dem Glauben schenken, so besäße ich Selbstverleugnung
genug, um meine Sache in andre Hände zu legen und mich in
irgend einem abgelegenen Winkel zu verbergen, um dort darüber zu
trauern, daß ich mein ganzes Leben verfehlt habe. Aber ich selbst
kann doch nicht Richter in meiner eigenen Sache sein, es gibt ja
nicht wenige, die von der fixen Idee beherrscht sind, daß sie etwas
leisten; da läßt sich nichts beweisen, weder durch heiße Liebe, noch
durch Reinheit der Wünsche, noch durch unser ganzes Dasein. Und
darum übergebe ich die Anklage ohne Kommentare dem Gerichte der
öffentlichen Meinung.

Solange sie von den Anklägern nicht laut erhoben wird, —
werde ich hartnäckig denselben Weg gehen, den ich bis jetzt ging.

Solange ich auf einen solchen Brief Dutzende der feurigsten
Sympathie-Aeußerungen erhalte, — werde ich auf dem meinen beharren.

Solange die Zahl meiner Leser wachsen wird, wie jetzt, — werde
ich auf dem meinen beharren.

Solange Butenew in Konstantinopel, Kisselew in Rom, ich weiß
nicht wer in Berlin, Wien, Dresden von Kräften kommen und dann
bei den Veziers und den Paschas von den drei Roßschweifen, bei
Ministerialsekretären und Kardinalsjüngeren aus- und einlaufen werden, um das Verbot der „Glocke" und des „Polarsterns" bittend und
flehend, solange die „Augsburger Zeitung" und Gerlachs „Kreuz-
zeitung" nicht aufhören werden, über den verderblichen Einfluß der
„Glocke" auf die Nerven der Petersburger Würdenträger zu jam-
mern, — so lange werde ich auf dem meinen beharren.

Da stehe ich vor euch mit meiner „unverbesserlichen Verstockt-
heit", — wie mich im Jahre 1834 Galitzyn jun. charakterisierte, als

*) Eine Notiz von A. J. Herzen und Tsch.s Brief an ihn in Nr. 29
der „Glocke" vom 1. Dezember 1858.

ich mich vor dem Forum der Untersuchungskommission befand*). Seid streng, grausam, ungerecht, aber um eines bitte ich euch, laßt uns auf englische Weise über die Sache sprechen, ohne persönliche Angriffe.

Ich bin bereit, alles zu drucken, was qualitativ und quantitativ möglich ist. Der „Anklagebrief", den wir heute abdrucken, unterscheidet sich wesentlich von den früheren Briefen gegen die „Glocke". Diese Briefe enthielten jenen freundschaftlichen Vorwurf und jenen freundschaftlichen Zorn, in dessen empörtem Tone etwas Verwandtschaftliches, Liebes, Bekanntes mitklang.

Nichts von alledem in diesem Briefe hier.

Jene waren von Leuten unsrer Richtung geschrieben, daher lag auch in den Einwänden und Vorwürfen eine gewisse Sympathie, dieser Brief aber ist von einem ganz entgegengesetzten Standpunkt aus verfaßt, d. h. vom Standpunkt des administrativen Fortschritts, des gouvernementalen Doktrinarismus. Wir haben ihn nie eingenommen, was Wunder, daß wir auch nicht seine Wege einschlugen? Wir haben uns nie als Regierungsautorität, nie als Staatsmänner betrachtet. Wir wollten Rußlands Protest sein, sein Ruf nach Befreiung und sein Wehgeschrei, wir wollten die Bösewichte überführen, die den Fortschritt hemmen, die das Volk berauben; — wir schleppten sie zum Richtplatz, wir machten sie lächerlich, wir wollten nicht nur die Rache des Russen sein, sondern auch seine Ironie, — doch nichts weiter. Was sind wir für Bludows und Panins? — Wir sind einfache Buchdrucker „eines bedeutenden Teiles der Leidenden in Rußland."

Aber auch hier muß ich hinzufügen, daß wir uns durchaus nicht in jener exklusiven Lage befinden, die man uns häufig zuschreibt, wie dies der Verfasser des Briefes thut und wogegen ich aus allen Kräften protestiere. Was sind wir denn für Monopolisten der russischen Buchdruckerkunst, als ob wir das russische Wort in der Fremde in Pacht genommen hätten!

Wenn wir, wie der Verfasser des Briefes sagt, eine „Kraft und Macht in Rußland" sind, so ist der Grund dafür nicht der, daß wir allein unser Organ besitzen. Dank unsern glücklichen Händen, kann man jetzt in Berlin, Leipzig und sogar in London russisch drucken**). Und wenn man auch zur Veröffentlichung von Ar-

---

*) S. „Gefängnis und Verbannung" von Herzen.
**) Außer unsrer Buchdruckerei existiert, wie unsre Leser sicherlich wissen, noch die von S. Swentoslawski in London.

beiten den Brüsseler „Nord" nicht mit gutem Gewissen als russisches Journal empfehlen kann, was hindert einen, sie im „Sammelwerke jenseits der Grenze" drucken zu lassen?

Uns gehört die Ehre des Anfangs und des Erfolges, aber wir besitzen kein Monopol.

J—r.

Geehrter Herr!

In der letzten Nummer der „Glocke" haben Sie auf den Vor= wurf des Wankelmuts und Leichtsinns, der von verschiedenen Seiten laut wird, mit der Ihnen eigenen Energie geantwortet. Diesen Vor= wurf nebst einigen andern wiederholt, ich wage es zu sagen, ein bedeutender Teil der denkenden Russen. Ich gestehe, daß auch ich mich dessen schuldig mache und auch nach Ihrer Antwort von meiner Meinung nicht abkomme. Es scheint mir sogar, daß Sie nicht ganz gut verstanden haben, wofür man Ihnen Vorwürfe macht, oder viel= leicht gelangte der Vorwurf in entstellter Gestalt zu Ihnen. Er= lauben Sie mir also, Ihnen dies etwas ausführlicher zu erklären. Es handelt sich hier um die verschiedenen Richtungen in der russischen Gesellschaft, um die Verschiedenheit der Ansichten über die zeit= genössischen Fragen; ich will noch mehr sagen, um die Verschiedenheit der politischen Temperamente, was vielleicht am allerschrofften die Menschen trennt. Ich hoffe daher, daß Sie es mir nicht ab= schlagen werden, diesen Brief in Ihrem Journale zu veröffentlichen. Ich wende mich an Sie, weil es kein andres freies Organ bei uns gibt; sonst könnte ich nicht mit Ihnen debattieren.

Ich sage Ihnen im voraus, daß ich mit ziemlich hohen Forderungen an Sie herantreten werde. Ich weiß, daß es nicht leicht ist, ihnen zu entsprechen, aber ich weiß auch, wie groß die Pflichten sind, die auf Ihnen lasten. In der That, Ihre Lage ist eine exklusive, man kann sagen, fast einzig in ihrer Art. Bedenken Sie die Bedeutung und den Charakter der Epoche, die wir jetzt in Rußland erleben.

Nach der Zerstörung Sewastopols, nach den Drangsalen des letzten Krieges stürzte das alte Verwaltungssystem von selbst. Es wurde klar, daß man den frühern Weg nicht gehen könne, daß die militärische Ordnung und der bureaukratische Formalismus allein nicht im stande seien, eine gesunde Staatsorganisation zu sichern, daß man bei der allgemeinen Sache die Mitwirkung aller lebendigen

Kräfte des Volkes nicht entbehren könne. Indessen kann sich die Regierung noch nicht entschließen, geradeaus und offen den neuen Weg zu betreten; weder in ihrer Mitte noch in der Gesellschaft findet sie dazu eine genügende Stütze; sie geht gleichsam tastend, schwankend vor, einen Schritt vorwärts und einen rückwärts machend, jedoch nicht ohne auf die verschiedenen zu ihr gelangenden Stimmen zu horchen, und bisweilen ist sie nicht abgeneigt, eine vernünftige Meinung anzunehmen, — das wenigstens ist das Resultat, zu welchem man durch Beobachtung der gegenwärtigen Lage der Dinge gelangen kann. Andrerseits hat das Volk mit Schrecken seine Sittenverderbnis erkannt; es fleht um Licht, um Heilmittel gegen die schmerzhaft gewordenen Wunden. Welch ein Boden für einen politischen Schriftsteller! — Eine Regierung, welche sich nach einer Stütze umsieht, ein Volk, welches nach Oeffentlichkeit dürstet! Und diesen Forderungen gegenüber stehen Sie allein, fern von jedem Drucke, fern von allen Parteien, von momentanen Leidenschaften, von Klatsch und leerem Geschwätz, die das alltägliche Leben umgeben. Sie können jedes Ihrer Worte abwägen, ruhig und unparteiisch jedem und allen die Wahrheit sagen, die Mißbräuche aufdecken, auf die Regierung einwirken, der Gesellschaft eine Richtschnur geben, den reifenden politischen Gedanken entwickeln; Sie können endlich zeigen, was das freie russische Wort ist. In Ihrer Lage hat alles, was Sie sagen, Bedeutung; Sie sind eine Kraft, eine Macht im russischen Staate.

Wie erfüllen Sie aber nun Ihre Aufgabe? Welche Nahrung setzen Sie uns vor? Was hören wir von Ihnen?

Wir hören von Ihnen nicht das Wort der Vernunft, sondern das Wort der Leidenschaft, Sie gestehen es selbst zu, mehr als das, Sie tragen es mit einer Art von Vergnügen zur Schau und mit Verachtung äußern Sie sich über die Bedachtsamen und Pünktlichen, die, ohne sich hinreißen zu lassen, auch andre nicht hinreißen. Sie sind ein in den Kampf geschleuderter Mensch, Sie gehen im leidenschaftlichen Glauben und im leidenschaftlichen Zweifel auf, Sie erschöpfen sich durch Zorn und Empörung, Sie verfallen in Extreme und straucheln oftmals. Das sind Ihre eigenen Worte. Aber erfordert dies wirklich die politische Thätigkeit? Ich glaubte, daß gerade hier Bedachtsamkeit, Vorsicht, ein klares und genaues Verständnis der Dinge, eine ruhige Beurteilung der Zwecke und Mittel vonnöten seien; ich glaubte, daß ein Mann der politischen Aktion, der durch Zorn erschöpft wird, bei jedem Schritte strauchelt und vom Winde bald hierher, bald dorthin getragen wird, schon dadurch das Ver-

trauen in ihn untergräbt, da er, in Extreme verfallend, sein eigenes
Werk zu Grunde richtet. Zügellose Ausbrüche mögen ihren poetischen
Reiz haben, aber in sozialen Fragen ist vor allem der politische Sinn,
der politische Takt erforderlich, der das Maß kennt und die passende
Zeit voraussieht; hier braucht man keine Leidenschaft, welche einen
nach verschiedenen Richtungen hinreißt, sondern die erkennende und
schaffende Vernunft.

Und denken Sie denn, daß Rußland jetzt Menschen mit feurigen
Leidenschaften nötig hat, welche der Ueberfluß der Gefühle schnell
verflackern und auf halbem Wege zu Grunde gehen läßt? Erinnern
Sie sich wieder, in welcher Epoche wir leben. Bei uns finden jetzt
große bürgerliche Reformen statt, Verhältnisse, welche Jahrhunderte
schufen, werden entwirrt. Die Frage berührt die lebhaftesten Interessen der Gesellschaft, wühlt sie in ihrem tiefsten Innern auf. Was
für einer geschickten Hand bedarf es, um die einander bekämpfenden
Bestrebungen zu versöhnen, die feindlichen Interessen in Einklang
zu bringen, die seit Jahrhunderten bestehenden Bande zu lösen, auf
dem Wege des Gesetzes eine Form der bürgerlichen Ordnung in
eine andre umzubilden! Hier findet auch ein Kampf statt, aber ein
Kampf andrer Art, ohne starke Effekte, ohne Zornesausbrüche, ein
bedächtiger, vorsichtiger Kampf, durchleuchtet von einem Gedanken,
der den einmal eingeschlagenen Weg geht, ohne von ihm abzuweichen.
In einer solchen Zeit darf man nicht die Flammen anfachen, die
Wunden aufreißen, sondern man muß die Gereiztheit der Geister
besänftigen, um desto sicherer das Ziel zu erreichen. Oder denken
Sie vielleicht, daß die Reformen im bürgerlichen Leben durch die
Leidenschaft selbst, durch die Aufwallungen des Zornes vor sich
gehen?

Uebrigens vergesse ich, daß Sie sich gegen die bürgerlichen
Reformen ziemlich gleichgültig verhalten. Die Bürgerlichkeit, die
Aufklärung erscheinen Ihnen nicht als eine kostbare Pflanze, die
man sorgfältig pflanzen und geduldig pflegen muß, als die beste
Gabe des gesellschaftlichen Lebens. Ob sie aber im verhängnisvollen Kampfe ausgerissen wird, ob statt der Achtung vor Recht
und Gesetz die Gewohnheit zur Axt zu greifen sich einbürgert —
das beunruhigt Sie wenig. Sie wollen um jeden Preis das Ziel
erreichen, auf welchem Wege — ob auf einem wahnsinnigen und
blutigen oder auf einem friedlichen und bürgerlichen — das bleibt
für Sie eine nebensächliche Frage. Wie die Sache auch enden
wird — ob mit einem undenkbaren Akt des wildesten Despotismus,
oder mit den grausamen Ausschreitungen der wütenden Menge — Sie

werden alles unterschreiben, Sie werden alles segnen. Sie werden
nicht nur unterschreiben, Sie halten es sogar für unpassend, einen
derartigen Ausgang abzuwenden. In Ihren Augen ist dies eine
poetische Laune der Geschichte, die zu verhindern unhöflich sei. Eine
poetische Laune der Geschichte! Sagen Sie, ich bitte Sie, für wen
hielten Sie sich, als Sie diese Worte schrieben: für eine politische
Persönlichkeit, welche die Gesellschaft auf den vernünftigen Weg
lenkt, oder für einen Künstler, der das zufällige Spiel der Ereignisse
beobachtet?

Ein thätiger Politiker hat nicht nur das Ziel, sondern auch die
Mittel im Auge. Eine reifliche Prüfung der letzteren, eine genaue Er-
wägung der Umstände, die Wahl des besten Weges bei der gegebenen
Lage der Dinge, — darin besteht seine Aufgabe und durch sie unterscheidet er sich vom Denker, der den allgemeinen Lauf der Geschichte
erforscht, und von dem Künstler, der die Bewegung der menschlichen
Leidenschaften beobachtet. Das, was Sie eine poetische Laune der
Geschichte, eine Wirkung der Natur selbst nennen, ist das Werk
der Menschen. Die Natur selbst ist in diesem Falle Sie, ich, ein
dritter, — jeder, der zum allgemeinen Wohle sein Scherflein beiträgt.
Und jeder von uns, sogar der Unbedeutendste, hat die heilige Pflicht,
sein bürgerliches Recht zu wahren, die rebellischen Leidenschaften zu
beschwichtigen, den blutigen Ausgang abzuwenden. Handeln Sie so,
Sie, dem Ihre Lage eine weitere und freiere Bahn verschafft, als
den andern? Wir haben ein Recht, Sie danach zu fragen, und welche
Antwort werden Sie uns geben? Sie eröffnen die Nummer Ihrer
Zeitschrift mit dem wahnsinnigen Aufruf an die wilde Kraft; auf
dem jenseitigen Ufer stehend, verweisen Sie mit ruhiger und verächt-
licher Ironie auf Stock und Axt, als auf poetische Launen, die zu
stören unhöflich sei. Der Stock von oben und die Axt von unten —
das ist der gewöhnliche Schluß der politischen Predigt, die unter dem
Einflusse der Leidenschaft steht! O, in dieser Hinsicht werden Sie
in Rußland viel Beifall finden. Fragen Sie den stumpfsten und
verstocktesten Feind der Aufklärung, sei er Militär oder Zivilist, besonders aber den ersteren, der mit den andern gegen Bestechung und
Mißbräuche schreit, fragen Sie ihn, was für ein Heilmittel es gegen
dieselben gibt? Er wird nur eine Antwort haben: den Stock! Die
Axt ist noch nicht so im Schwunge; wir sind noch nicht so gewöhnt
an sie, aber nach Ihrem Briefe zu urteilen, den Sie in der „Glocke"
veröffentlichten, beginnt auch dieses Mittel an Popularität zu gewinnen. Nein, jeder, dem das bürgerliche Leben teuer ist, der seinem
Vaterlande Ruhe und Glück wünscht, wird aus allen Kräften gegen

solche Einflüsterungen kämpfen, und solange wir Atem in der Lunge, solange wir eine Stimme in der Brust haben, werden wir diese Werkzeuge und diese Aufrufe verfluchen.

Und weshalb dieser ganze Alarm? Und aus welchem Anlaß flackerte diese Empörung auf? Wahrlich, wenn man daran denkt, so ist einem traurig und zugleich zum Lachen zu Mute. Noch ist kein Jahr vergangen, daß der Kaiser seine feste Absicht aussprach, das alte Leibeigenschaftsrecht zu reformieren und damals riefen Sie aus: „Du hast gesiegt, Galiläer!" Die Sache kam in Gang, die von der Regierung einberufenen Komitees haben sich versammelt und es werden neue Maßnahmen beraten; es scheint also, daß, bevor nicht die Komitees ihre Arbeiten vorgelegt haben, bevor nicht die Regierung einen Beschluß gefaßt hat, man nichts Positives über diese Frage sagen kann. Ich glaube doch nicht, daß Sie sich einbilden, die Bauernbefreiung sei ebenso leicht, wie es leicht ist, einen Artikel für die „Glocke" zu schreiben. Seit Jahrhunderten verworrene Institutionen und Beziehungen, welche das Leben bis ins tiefste Innere umstricken, lassen sich nicht in zwei, drei Monaten umstürzen. Hier sind Menschen verwickelt, hier herrschen Leidenschaften, hier spielen die entgegengesetztesten und lebendigsten Interessen empfindlich mit. Man braucht Zeit, um alles zu untersuchen, zu bedenken, in Uebereinstimmung zu bringen und zu regeln; es ist Geduld nötig, um der Reorganisation einen friedlichen und gesetzlichen Ausgang zu verschaffen. Aber die Geduld, das Verständnis, etwas abzuwarten, diese erste politische Tugend reifer Völker liegt nicht in den Sitten von Leuten, die gewöhnt sind, sich durch Zorn und Empörung zu erschöpfen. Bevor noch irgend etwas geschehen konnte, schlugen Sie schon Alarm, Sie gingen mit einem Sprunge vom Entzücken zur Verzweiflung über: alles sei verloren, die Regierung gehe rückwärts, Alexander rechtfertige nicht die auf ihn gesetzten Hoffnungen — Bauern, wetzet die Axt! Was war denn in diesem Zwischenraume geschehen? Wurden denn die Komitees geschlossen? Wurden denn die wesentlichen Bedingungen der Reform verändert? Mit nichten. Murawjew hatte ein Rundschreiben versandt, welches sich durchaus nicht auf die Frage bezog; Rostowzew, sagt man, hatte ein schlechtes Projekt ausgearbeitet; einige Grundherren mißbrauchen noch ihre Macht, was unvermeidlich ist, solange diese unbeschränkt bleibt, und dergleichen mehr. Das ist es, was einen so plötzlichen Umschwung hervorgerufen hat. Nun, sagen Sie, sieht es nicht einem Scherze ähnlich? In der letzten Nummer der „Glocke" veröffentlichten Sie einen Brief an die Kaiserin, der von schönen Gedanken und Gefühlen übervoll ist. Mit

Zittern erwarte ich das Erscheinen der folgenden Nummer. Ich
fürchte, daß auch die Kaiserin jene Hoffnungen nicht rechtfertigen
wird, welche Sie auf sie setzen. Ihre Hoffnungen flackern so leicht
auf und verlöschen so schnell.

In der Glut der Leidenschaft vergessen Sie nicht nur Zeit,
Menschen und Umstände, sondern sogar Ihre eigene Lage. Den
momentanen Hinreißungen der Gesellschaft folgen, den Mantel nach
dem Winde tragen, der sich bald hier- bald dorthin dreht, das darf
man, wenn man als Journalist inmitten der Gesellschaft lebt. Aber
wenn sich die Druckerpresse am andern Ende Europas befindet, wenn
jedes ihrer Worte erst nach zwei, drei Monaten nach dem Vaterlande
gelangt, wohin führt dann eine derartige Taktik? Die Schläge müssen
unwillkürlich in die Luft treffen. Setzen wir den Fall, daß die Aufsätze, in welchen Sie sagen, alles sei zu Grunde gegangen, Alexander II.
habe die auf ihn gesetzten Hoffnungen nicht gerechtfertigt, in Moskau
zu jener Stunde ankamen, wo der Kaiser seine Rede an den Adel
hielt. Welchen Eindruck hätten sie dann auf die Leser gemacht?
Man läutet die Sturmglocke, aber der Anlaß zum Läuten ist nicht
nur lange schon vergessen, sondern es erweist sich sogar, daß es nichts
weiter als eine vom Leichtsinn aufgefangene Flunkerei war. Wie
denken Sie, indem Sie sich selbst in solcher Weise hinreißen lassen,
sind Sie auch im stande, andere hinzureißen?

Unglücklicherweise bleiben auch diese Fehlschläge nicht ohne
traurige Folgen. Durch Mäßigkeit, durch Vorsicht, durch vernünftige
Beurteilung der gesellschaftlichen Fragen, vermochten Sie der Regierung Vertrauen einzuflößen; jetzt aber schrecken Sie sie nur ab.
Alles Ungebildete, Zurückgebliebene, in Vorurteilen Verknöcherte, in
kleinlichen Interessen Versumpfte in Rußland, — alles das weist
triumphierend auf Sie hin und sagt: das sind die Folgen der liberalen
Richtung, das erzeugt das von den Fesseln befreite Wort. Mit
Wehmut muß man sagen, daß das erste freie russische Journal als
kräftigster Beweis zu Gunsten der Zensur dient, wenn es überhaupt
zu Gunsten der Zensur kräftige Beweise geben kann.

In der That, stellen Sie sich vor, Sie, der sich hinreißen
läßt und andre hinreißt, rissen plötzlich die russische Gesellschaft
hin und Rußland füllte sich mit Leuten, die sich in Extreme stürzten,
sich durch Zorn und Empörung erschöpften, schnell verflackerten und
auf halbem Wege umkämen. Stellen Sie sich vor, daß im Schoße
unsres Vaterlandes mehrere „Glocken" auftauchten, die alle mit verschiedenen Stimmen nach Ihrem Beispiele zu läuten, die miteinander
wetteifernd, die Flamme anzufachen, die Leidenschaften zu erhitzen,

zu Stock und Axt aufzurufen begönnen, um ihre Wünsche in Er=
füllung zu bringen. Was thäte dann die Regierung mit einer solchen
Gesellschaft? Wozu kann die Glut der Leidenschaften führen, wenn
nicht zum grausamsten Despotismus? Fast jede Revolution bietet
einen Beleg dafür. Und wahrlich, wenn ein Kranker, statt ruhig
und geduldig seine Heilung abzuwarten, sich den tollsten Ausbrüchen
hingibt, seine Wunden aufreißt und nach dem Messer greift, um das
leidende Glied abzuschneiden, so bleibt nichts andres übrig, als ihn
an Händen und Füßen zu knebeln.

In einer jungen Gesellschaft, die noch nicht gewöhnt ist, innere
Stürme auszuhalten und noch nicht dazu gekommen ist, sich die mann=
haften Tugenden des bürgerlichen Lebens anzueignen, ist eine leiden=
schaftliche politische Propaganda schädlicher, als irgendwo anders.
Bei uns muß sich die Gesellschaft durch vernünftige Selbstbeherrschung
das Recht auf Freiheit erkaufen, und woran gewöhnen Sie dieselbe?
An Gereiztheit, an Ungeduld, an eigensinnige Forderungen, an Gleich=
gültigkeit gegenüber der Wahl der Mittel. Durch Ihre galligen
Ausfälle, durch Ihre maßlosen Scherze und Sarkasmen, die den
anziehenden Deckmantel der Unabhängigkeit des Urteils tragen,
heißen Sie jenes leichtsinnige Verhalten gegen politische Fragen gut,
welches bei uns ohnehin zu sehr im Schwunge ist. Wir brauchen
eine unabhängige öffentliche Meinung, das ist wohl das erste unsrer
Bedürfnisse, aber eine gemäßigte, standhafte öffentliche Meinung mit
einem ernsten Blick auf die Dinge, mit einer festen Stählung des
politischen Gedankens, eine öffentliche Meinung, welche im stande
wäre, der Regierung zu dienen, sowohl als Stütze bei ihren guten
Anfängen, als auch als vernünftiges Hemmnis bei einer falschen
Richtung. Das fehlt uns, danach müssen wir streben. Von Schmäh=
reden, du lieber Gott, ist ohnedies das russische Land voll. Alles
schimpft, Hoch und Niedrig, in allen Sphären, auf allen Stufen der
Gesellschaft, überall hört man dasselbe, — eine ziel=, frucht= und
sinnlose Kritik, es wird einem übel vor diesem Chor. Wundern Sie
sich darum nicht, daß man Sie noch zu mäßig findet, freuen Sie
sich nicht, daß Ihre Scherze und Spöttereien Widerhall und Beifall
finden. Diese Nahrung sind wir immer bereit anzunehmen. Sie
wird so leicht gegeben und empfangen, und der Scharfsinn steht bei
uns so sehr in Ehren! Er ersetzt bei uns Staatsweisheit, Bildung;
durch Arbeit erworbene Gedanken, Sachkenntnis. Auf ihm gründeten
sich brillante Carrieren, kolossale Reputationen; durch ihn wurde man
Minister, General, Diplomat. Wir haben kein sichereres Mittel, uns
den allgemeinen Zoll der Bewunderung und Dankbarkeit zu erwerben,

als das, alle Staats= und Finanzfragen durch witzige Einfälle zu
lösen. Dies befreit den Leser von Arbeit, von geistigen Anstrengungen.
Auf leichte und angenehme Weise erhält man ein fertiges und dabei
genußreiches Resultat, welches als Antwort auf alle Einwürfe dient.
Ein unerschöpflicher Vorrat von Witzen, das ist die sicherste Bürg=
schaft für den Erfolg eines Journals. Ersuchen Sie nur Alexander II.
um seine Mitarbeiterschaft, singen Sie Akathisten zu Ehren Norows
und Wjasemskis, veröffentlichen Sie die von Panin verfaßten
Farcen, — alles das wird mit Entzücken begrüßt werden, alles das
wird von Mund zu Munde gehen. Aber schwerlich wird eine der=
artige Richtung den Beifall der Aufgeklärten in Rußland haben.
Diese blicken etwas ernsthafter auf die Sache. Diesen scheint es,
daß die Gewohnheit, die Sache durch effekthaschende Tändelei zu
ersetzen, für die politische Erziehung eines Volkes gefährlich sei, daß
eine Gesellschaft, erzogen an witzigen Einfällen, unfähig wird, die auf
ihr lastenden Fragen vernünftig zu lösen: endlich möchten sie, daß
das freie russische Wort dem edlen Bedürfnis des politischen Ge=
dankens entspreche, nicht aber dem fruchtlosen nach Schmähreden
und Witz.

Das, mein Herr, ist die Erklärung jener Vorwürfe, wegen
welcher Sie es für nötig fanden, sich vor dem Publikum zu recht=
fertigen. Der wesentliche Sinn derselben ist, daß in einem politischen
Journal die Eingebungen der Leidenschaft durch Gedankenreife und
vernünftige Selbstbeherrschung ersetzt werden müssen. Wenn eine
derartige Forderung eine Doktrin ist, so möge es Doktrinarismus
sein, wozu über Worte streiten? Ihnen mißfällt aber eine solche
Handlungsweise, Sie ziehen es vor, zu verflackern, sich durch Zorn
und Empörung zu erschöpfen. Erschöpfen Sie sich nur! Das ist
einmal Ihr Temperament, und es läßt sich nicht ändern, aber er=
lauben Sie uns zu denken, daß dies weder Rußland zum Nutzen,
noch Ihrem Journal zur Ehre gereicht und daß Sie jedenfalls sich
dessen nicht zu rühmen brauchen. Dagegen wird jedermann
gern Ihren wesentlichen Dienst anerkennen, die Aufdeckung von Miß=
bräuchen. Aus Furcht, von Ihnen überführt zu werden, wird auch
in den entlegensten Gegenden Rußlands der Bestechliche sowohl wie
der Bedrücker unschlüssig werden. Die Kontrolle der Regierung
fürchtet er nicht, von jung an ist er gewöhnt, sie zu umgehen, aber
vor der Kontrolle der Oeffentlichkeit, die ihn in Gestalt jedes ihn
Umgebenden unsichtbar bewacht und ihn auf dem andern Ende
Europas, auf einer Insel, deren heiliges Banner sie unantastbar
macht, überführen wird, wird er sich nicht retten können. In dieser

Hinsicht, wiederhole ich, haben Sie ein Recht auf die Dankbarkeit
eines jeden und aller, welch politische Richtung Sie auch verfolgen
mögen.

Tsch.

_____

3. Briefe K. Dm. Kawelins*).

Die Notiz der Redaktion der „Glocke" zum ersten Brief.

Ein unbekannter Korrespondent schickte uns aus Deutschland eine
Antwort an Herrn Tsch. auf seine Anklageschrift gegen uns. Wir
waren früher überzeugt, daß, wenn auch unserm strengen Richter im
Lager unsrer Gegner Sympathie zu teil werde, er sie doch nicht in
jener Mitte finden werde, die wir die unsre nennen. Immerhin
war es uns lieb, die Worte der freundschaftlichen Verteidigung zu
lesen. Es thut uns leid, daß der Verfasser der Antwort auch fordert,
daß wir diesen Brief veröffentlichen. Wenn es zur noblesse oblige
gehört, gegen sich zu drucken, so ist es decorum oblige, nicht für
sich zu drucken. Wenn in uns, nicht vom Artikel des Herrn Tsch.,
sondern von dessen strengem Tone, etwas Unangenehmes zurückgeblieben wäre, so haben uns die erhaltenen Briefe, vor allem aber
die Antwort des anonymen Freundes hundertfach dafür entschädigt.
Der Brief, dem auch ein Artikel beiliegt, lautet folgendermaßen:

Erster Brief K. Dm. Kawelins.

Geehrter Herr!

In Nr. 29 der „Glocke" ist eine „Anklageschrift" im Namen
eines „bedeutenden Teiles der denkenden Russen" veröffentlicht. Viele, die sich für denkend, pünktlich und bedachtsam halten,
fühlten sich beleidigt bei dem Gedanken, an dieser „Anklageschrift"
Anteil zu haben, und deshalb trugen sie mir auf, einen Protest zu
verfassen, den wir fordern in der „Glocke" zu veröffentlichen.

Vielleicht erscheint es Ihnen etwas bedenklich, einen Protest zum
Abdruck zu bringen, in welchem Ansichten über den Charakter Ihrer
Thätigkeit dargelegt werden; erlauben Sie mir, darauf Folgendes zu
erwidern: Erstens erheischte das Wesen der Sache selbst die Darlegung dieser Ansichten; zweitens berührt diese Frage nicht so Sie,
wie uns, hauptsächlich aber das Prinzip. Die Anklageschrift gibt

_____

*) „Die Glocke" Nr. 30 und 31.

all das dem Spotte preis, wofür unser Herz schlägt. Diesen Spott
äußert ein Russe, und wie der Verfasser selbst sagt, im Namen
denkender Russen. Nach alledem können und dürfen wir nicht
schweigen. Sie aber können nicht, und haben auch kein Recht, uns zu
verweigern, laut unser Wort auszusprechen, das in allen warmen
Herzen, an denen das russische Land nicht arm ist, einen Widerhall
finden wird. Indem Sie die „Anklageschrift" veröffentlichten, veröffentlichten Sie dieselbe nicht nur gegen sich allein, sondern auch
gegen uns und gegen das Prinzip selbst. Und darum sind Sie verpflichtet, auch unsern Protest zu bringen. Zugleich mit diesem schicke
ich Ihnen den ersten Brief an den Verfasser des Artikels „Die
Reform von oben, oder die Reform von unten." Dieser
Brief ist auch die Aeußerung der Meinung vieler, wenn auch nicht
aller derjenigen, welche die Veröffentlichung des Protestes fordern.
Auf den ersten Blick mag der Inhalt dieses Briefes als nicht übereinstimmend mit Ihren Ueberzeugungen erscheinen, und daher kann
dieser Umstand Sie abhalten, ihn zu veröffentlichen. Es scheint mir
aber, daß Sie schon längst ganz ähnliche Ansichten geäußert haben,
die nur zur Bestätigung jener Ueberzeugungen dienen, welche im
Briefe an den Verfasser des Artikels „Die Reform von oben, oder
die Reform von unten" dargelegt sind. Erinnern Sie sich an Ihr
gerechtes Urteil über die provisorische Regierung und die Nationalversammlung im Jahre 1848 in Frankreich; erinnern Sie sich auch,
wie Sie in allen Ihren Urteilen klar aussprechen, daß es Ihnen
nicht um die Form, sondern um das Wesen der Dinge zu thun sei.
Jedenfalls wird Ihnen der Inhalt meines Artikels selbst zeigen, daß
die darin berührten Fragen eines Disputes bedürfen, eines von der
Zensur unbeschränkten freien Disputes. Durch Ihr Leben und Ihre
Thätigkeit haben Sie Ihre Liebe zu Rußland bewiesen; und deshalb,
sollte sogar das Wesen der in diesem Artikel geäußerten Ansichten
nicht ganz mit den Ihrigen übereinstimmen, müssen Sie aus Liebe
zu Rußland einen freien Disput in Ihrem Journale zulassen.

Zweiter Brief A. Dm. Kawelins.

Geehrter Herr!

In Nr. 30 der „Glocke" haben Sie meinen Brief an Sie nebst
einem Vorwort veröffentlicht, worin Sie sagen, daß das „decorum
oblige" Sie hindere, unsern Protest gegen die „Anklageschrift" des
Herrn Tsch. zu veröffentlichen.

Erlauben Sie mir, zu bemerken, daß, wenn Sie unsern Protest durchlesen, Sie sehen werden, daß sein Grundgedanke nicht Ihre Verteidigung, sondern die Verteidigung des Prinzips ist, was auch die Mehrzahl der Leser klar einsehen wird. Wie ich Ihnen bereits im ersten Briefe sagte, war es nicht zu vermeiden, über den Charakter Ihrer Thätigkeit ein Urteil zu fällen, und dann gestatten Sie, Ihnen zu wiederholen, daß Sie kein Recht haben, unsern Protest, worin einige Fragen, die Sie nicht berühren, erörtert werden, nicht zu veröffentlichen *).

Empfangen Sie u. s. w.

Ein Russe.

An den Verfasser der „Anklageschrift" Herrn Tsch.

Geehrter Herr!

Sie traten mit einer Anklageschrift, wie Sie sagen im Namen vieler Denkenden, auf. Ich aber trete mit einem Protest auch im Namen vieler, und auch keineswegs Nichtdenkenden auf. Ich will mich nicht in Untersuchungen der Gerechtigkeit oder Ungerechtigkeit Ihrer Anklagepunkte einlassen. Nehmen wir an, ich sei mit Ihnen einverstanden. Ich will Ihre Handlung einer Prüfung unterziehen. Aus dieser Prüfung wird es sich von selbst ergeben, wer recht und wer unrecht hat.

Gestatten Sie mir zu fragen, was Sie veranlaßt hat, den Brief zu schreiben? Der aufrichtige warme Wunsch nach Gutem, nach Nutzen? ... Nein, geehrter Herr, in diesem Falle würden Sie anders gehandelt haben; Sie hätten nicht nach Oeffentlichkeit verlangt, Sie hätten auf eine andre Art und Weise, in einem andern Ton ge=schrieben. Indem Sie die Oeffentlichkeit verlangten, schrieben Sie

---

*) Der Gedanke, daß sich Leute finden könnten, die dächten, daß die Antwort von der Redaktion selbst verfaßt oder angeregt sei, hielt uns in der That davon ab. Aber zweifelsohne hatte unser Verteidiger das gleiche Recht auf Veröffentlichung, wie unser Ankläger, und wir bringen daher die Antwort zum Abdruck.

Wir haben noch v i e r Briefe erhalten, in welchen der Artikel des Herrn Tsch. scharf angegriffen wird. In zweien wird uns der Vorwurf gemacht, warum wir denselben veröffentlichten. Hätte die Veröffentlichung der „Anklageschrift" nur diese heißen Proteste voll Liebe und Sympathie zur Folge gehabt, so hätte ich sicherlich nicht bereut, sie veröffentlicht zu haben. Gewöhnen wir uns doch endlich an, nicht nur freie Meinungen zu haben, sondern dieselben auch laut zu äußern.   J—r.

also aus „effekthaſchender Tändelei", Sie waren nicht von der
Begeiſterung eines warmen Herzens geleitet, — durch den Inhalt
des Briefes und durch Ihr eigenes Geſtändnis haben Sie bewieſen,
daß Sie nicht dazu fähig ſind. — Sie ſchrieben, von empfindlicher
Eigenliebe hingeriſſen. Einen Blinden ausgenommen, wird jeder
ſehen, daß die Aeußerung in der „Glocke" über die Doktrinäre Sie
empfindlich berührt hat. Warum ließen Sie ſich denn nicht ſchon
früher in ſolche Auseinanderſetzungen ein? ... Es ſcheint doch, daß
der Nagel auf den Kopf traf. Diejenigen, im Namen derer ich
ſchreibe, halten ſich auch gleich Ihnen für denkende und höchſt be-
dachtſame Leute; ſie halten ſich ſogar für bedachtſamer als Sie; und
ſie haben das Recht, ſich dafür zu halten, denn aus den Urteilen über
Ihren Brief werden Sie ſelbſt Ihre Inkonſequenz und Unbedachtſam-
keit erſehen. Dieſe Leute glauben, von einem reifen, feſten, von
Herz und Vernunft erwogenen Gedanken erfüllt zu ſein, einem Gedanken, der aus dem ganzen Weſen des Menſchen fließt. Dieſe
Männer ſchöpfen ihre Gedanken aus einer gemeinſchaftlichen Quelle,
ſie leiten dieſelben von einem gemeinſchaftlichen Prinzip ab. Und
deshalb können ſie nicht ſtraucheln, aber ſie können ſich überhaupt im
Irrtum befinden; von ihrem Gedanken werden ſich dieſe Leute bis
zum Grabe nicht losſagen, weil ſie überzeugt ſind, daß er Wahrheit
iſt, eine unabänderliche, unfehlbare, unbeſiegbare Wahrheit. Sind ſie
alſo ihrem Aeußeren nach Doktrinäre oder nicht? Wie hätten ſich
dieſe Leute nicht beleidigt fühlen ſollen? ... wird ſich mancher fragen,
aber mit nichten, ſie fühlten ſich nicht beleidigt. Und wiſſen Sie
weshalb nicht? ... Weil ſie ein warmes Herz haben; weil ſie es
verſtanden haben, verſtanden mit Herz und Kopf, verſtanden mit ihrem
ganzen Weſen, daß man für den Gedanken und für deſſen Weiter-
entwickelung ein Herz haben muß; ſie haben verſtanden, daß ein
Mann der That und Denker ohne Herz — ein Grab iſt.

Trotzdem halten dieſe Leute ihren Herzensdrang, halten ſie ihre
Begeiſterung zurück. Und nicht, weil ſie dieſe Begeiſterung für ein
Verbrechen halten, nicht, weil ſie dieſelbe nicht rechtfertigen, nicht,
weil ſie dieſelbe verſpotten und darüber Poſſen reißen. ... O nein!
Sie laſſen ſich nicht hinreißen, weil ſie es vorläufig für unvermeidlich
halten, dieſelbe Ausrüſtung, wie Sie, zu haben, um euch ſicher nieder-
zuſchlagen, euch kalte Doktrinäre, euch Schüler einer falſchen Wiſſen-
ſchaft, euch, die ihr herrſchet und alles ertötet, euch, die man ſtürzen
muß. Sich in ſich ſelbſt konzentrierend, entwickeln dieſe Männer den
Gedanken bis zur völligen Reife, ſie arbeiten ihn ſo aus, daß der
Anteil, den ihr Herz daran hat, euch unbemerkbar ſein ſoll, — denn

die Abwesenheit der Anteilnahme des Herzens am Gedanken ist für euch das erste Zeichen seiner Gesundheit. Der Gedanke dieser Männer birgt bei der gleichen äußeren Ausrüstung wie der Ihrige, Wärme, Seele, Herz in sich; der Ihrige ist auch ausgerüstet, aber seelenlos und er wird bald kapitulieren.

Und so zwingt allein die Notwendigkeit, eine gleiche Waffe gegen Sie zu besitzen, diese Leute, sich in sich selbst zu konzentrieren, aber diese Konzentration kostet ihnen viel, es ist eine Selbstvernichtung, Selbstaufreibung, es sind Fesseln. Einzig nur das Bewußtsein der schrecklichen Gefahr, welche in Ihrer Richtung Rußland bedroht, kann diese Leute zu solcher Selbstopferung bewegen.

Jetzt müssen Sie verstehen, weshalb diese Leute, die zu den Wahrhaftesten gehören, sich nicht beleidigt gefühlt haben; Sie müssen jetzt begreifen, weshalb die Begeisterung der „Glocke" ihrer Seele verwandt ist. Jene sehen die Hinreißung ebensogut wie Sie, aber jene verspotten sie nicht nur nicht, sie rechtfertigen sie nicht nur, sondern sie erkennen ihre Gesetzlichkeit, ihre Notwendigkeit an. Jene sehen die Fehler der „Glocke", aber sie erblicken auch in ihr eine Herzenswärme, eine heiße Liebe zum Guten und Wahren. Jene lieben sie, wie ganz Rußland sie liebt. Hätten Sie dies nicht rings herum bemerkt, so würden Sie sich nicht an die „Glocke" mit Forde= rungen gewandt haben, wie Sie dies in Ihrem Briefe thaten.

Wer ließ sich mehr als Bielinski hinreißen? ... Nun wohl, — wollen Sie denn nicht seine Bedeutung und den Nutzen anerkennen, den dieser Mensch voll Leidenschaft, Schwung und Energie gebracht hat? Und ohne den hinreißenden Schwung hätte er nicht das gethan, was er gethan hat. ... Schade, daß er unsre Epoche nicht mehr miterlebt, — sonst würde sich ein Donner über Sie entladen. ... Sie glauben, daß Leute mit Begeisterung, mit Herz unnütz seien, daß Sie allein etwas leisten, — Sie irren sich! Diese Leute sind berufen, alles aufzurütteln, zu wecken, zu beseelen und zu beleben; die Leute ohne ein warmes Herz aber sind, abgesehen von einigen positiven Seiten, hauptsächlich zu einer negativen Aufgabe berufen: mit ihrem engen, beschränkten Blick auf das Leben, einem die Seele empörenden Blick, sind sie dazu berufen, die Energie der Gedanken jener zu steigern, welche früher oder später zu positiver Thätigkeit berufen werden müssen.

Mit verächtlichem, selbstzufriedenem Lächeln blicken Sie auf die Bewegungen des Herzens; Sie sind stolz darauf, von den kalten Prinzipien der Wissenschaft erfüllt zu sein. Stellen Sie sich, bitte, neben Ihre geistesverwandten Brüder, die edlen Repräsentanten Frank=

reichs vom Jahre 1848, die selbst das Gemetzel hervorriefen und
dann schonungslos die Unschuldigen hinrichteten.   Seien Sie ruhig,
die „Glocke" wird nicht die Ursache sein, daß auch nur ein Tropfen
Bluts vergossen wird.   Sie, Sie allein könnten diese Ursache sein!

Wüßte die „Glocke", welch dunkle Wolke sich von Ihrer Richtung
her am Horizont zeigt, könnte sie dieselbe direkt sehen, würde der von
Ihnen Angeklagte dem Glauben schenken können, daß das, was er
im Westen brandmarkte, Anspruch darauf erhebt, sich in Rußland
einzubürgern, — sie würde dann, wir sind davon überzeugt, sofort
den wirklichen starken Feind herausspüren und euch, die raffiniertesten
und, was noch schlimmer ist, die unbewußten Feinde des Fortschritts,
die ihr aber dabei ganz das einnehmende Aeußere von Männern des
gesunden, positiven und normalen Fortschritts habt, scharf aufs Korn
nehmen; sie würde es mit jener heißen Hinreißung thun, welche ihr
Wesen, ihr Leben, ihre Kraft bildet.

Was nun, wenn der von Ihnen Angeklagte, Ihrem Wunsche
gemäß, seinen Schwung eingebüßt hätte, was nun, wenn er das warme,
große Herz, welches der Russe so schnell herausspürt, in sich erstickt
hätte, er würde uns dann nicht mehr jene Seiten schenken, die er
uns geschenkt hat, die er uns noch manchmal jetzt schenkt und die uns
befriedigen und erwärmen.   Ich nehme nun das von Ihnen angeführte
Beispiel, den Brief an die Kaiserin.   Um einen solchen Brief zu
schreiben, muß man doch das besitzen, was Sie sich bemühen zu er=
töten, man muß dazu ein Herz haben, Herz und Begeisterung.   Wer
darf aber sagen, daß dieser Brief nicht von Bedeutung für Rußlands
Zukunft sein werde; dieser Brief ist so warm geschrieben, daß er
sogar Sie, die Sie über das Herz und dessen Gefühle spotten, er=
wärmt hat.

Ist denn die „Glocke" schuld daran, daß sie Fehler macht, daß
sie zuweilen mit blinder Ladung schießt, daß sie zuweilen eine Korre=
spondenz aus Rußland veröffentlicht, welche unter den Eingebungen
der Verzweiflung geschrieben, immer aber ihren Grund in einer
evidenten Thatsache hat, deren Bedeutung und Wichtigkeit die „Glocke"
einfach physisch nicht im stande ist, genau zu erwägen, und indem sie
den evidenten Charakter der Thatsache in Betracht zieht, keinen Grund
hat, die Veröffentlichung zu verweigern.   Nicht sie trägt die Schuld,
sondern wir alle, die wir ihr keine richtigen Schilderungen liefern.
Hat denn nicht die „Glocke" als Antwort auf die ihr gemachten Vor=
würfe ersucht, man möge ihr zurufen: mehr rechts oder mehr links.
Wie haben Sie denn darauf geantwortet? ... Sie haben eine An=
klageschrift verfaßt, eine Schrift, die ja vom abstrakten Standpunkte

aus eine Dosis Wahrheit enthält, aber in welchem Tone ist sie ge=
schrieben? Und dazu forderten Sie noch die Veröffentlichung der=
selben. Der Tadel ganz Rußlands wird sich für diese Forderung
über Ihr Haupt entladen ... ich bedaure Sie!

Sie sagen selbst, daß die „Glocke" „eine Kraft und Macht
im Staate" ist, Sie sagen selbst, was für eine Bedeutung sie haben
könne; wie können Sie trotzdem sich über sie lustig machen und um
Veröffentlichung ersuchen? Ich habe nicht nur ein Recht, an Ihrer
Liebe für den wahren Vorteil Rußlands zu zweifeln, sondern ich
komme durch Ihr Verfahren, d. h. durch den Ton Ihres Briefes
und die Forderung nach dessen Veröffentlichung, zur Ueberzeugung,
daß Sie sogar keinen Funken von gutem Willen haben.

Indem Sie die Bedeutung der „Glocke" zu schätzen mußten und
Rußland aufrichtig Gutes wünschten, hätten Sie ihr alle ihre Fehler,
hätten Sie ihr die richtigen Grundzüge unsrer Lage in überzeugendster
Weise zeigen und dabei die Veröffentlichung des Schreibens nicht
fordern sollen. Liegt denn aber Konsequenz und Ueberlegung in Ihrer
Handlungsweise, mit der Sie sich brüsten? Wir berufen uns auf
das Urteil aller. Wäre Ihr Verstand von Ihrem Herzen geleitet,
so hätten Sie so gehandelt, wie ich es sagte, Sie hätten konsequent
und überlegt gehandelt. Sie sehen also, daß man ohne die Anteil=
nahme des Herzens sogar eine geringfügige Angelegenheit nicht richtig
überlegen kann, von den gewaltigen menschlichen Fragen ganz zu
schweigen.

Ist es denn jetzt nicht klar ersichtlich, daß Sie mit Ihrem Briefe
nicht zum Zwecke eines guten Rats aufgetreten sind; ist es denn nicht
klar, daß Sie unüberlegt gehandelt haben und folglich kein Recht
hatten, andre der Unüberlegtheit zu zeihen; ist es denn nicht klar,
daß es Ihnen, indem Sie durch die Aeußerung über die Doktrinäre
empfindlich verletzt wurden, einfiel, effekthaschend zu tändeln.
Ueberaus treffend ist in Ihrem Schreiben die Bemerkung, daß die
Gesellschaft eine Leidenschaft für den Witz habe und sich vor dem=
selben beuge. Warum dreht sich Ihr Brief hauptsächlich um das
Verflackern u. s. w.? Sie haben bewiesen, daß in Ihnen ein warmes
Gefühl nicht aufflackern kann, deshalb haben Sie dieses Wort auf=
gefangen. Aber es handelt sich nicht darum, Sie greifen die Vor=
liebe für den Witz an und greifen selbst in einem kurzen Briefe
zehnmal zum Witz. Wo bleibt da die Konsequenz? Wo die Ueber=
legung?

Sie sagen dem Angeklagten, daß er der Erfüllung seiner hohen
Aufgabe gegenüber ein Verbrechen begehe. Und Sie, haben Sie Ihre

Aufgabe erfüllt, ohne deren Erfüllung die Erfüllung derjenigen der
„Glocke" unerfüllbar ist? Haben Sie denn der „Glocke" wahre That=
sachen über den Zustand Rußlands mitgeteilt? Denn aus den Zei=
tungen, gleichwohl ob aus unsern oder fremden, läßt sich nicht viel
Wahres über Rußland erfahren. Die Irrtümer und Fehltritte der
„Glocke" fallen auf uns zurück und nicht auf sie. Sie sind bekümmert,
daß die Fehltritte und die Hinreißung der „Glocke" ihre Bedeutung
untergraben. Nun gestatten Sie mir, Sie zu fragen: haben Sie denn
wirklich in der Absicht den Brief geschrieben und seine Veröffent=
lichung gefordert, um die Bedeutung der „Glocke" zu unterstützen?
Ohne die gebührende Verurteilung seitens vieler, die der Redaktion der
„Glocke" völlig fern stehen, würde Ihr Brief von gewisser Bedeutung
sein können, aber wir sind überzeugt, daß die öffentliche Meinung
ein wohlverdientes Urteil über ihn fällen wird.

Ich bitte Sie, sagen Sie mir, welchen Widerhall fanden in Ihnen
die Worte des Angeklagten: „Würde ich dem Glauben schenken
(d. h., daß das Werk seines Lebens Rußland Schaden bringe), so
besäße ich Selbstverleugnung genug, um meine Sache in
andre Hände zu legen, mich in irgend einem abgelegenen
Winkel zu verbergen und dort darüber zu trauern, daß ich
mein ganzes Leben verfehlt habe." Das ist doch keine Phrase.
Durch sein ganzes Leben hat der Angeklagte bewiesen, daß dies keine
Phrase ist. Nehmen wir an, daß er in seiner Thätigkeit fehlt, aber
antworten Sie mir: in welcher Absicht hat er alles, was ihm nahe
stand, geopfert, in welcher Absicht unterwarf er sich dem Ostrakismus?
Etwa um Rußland zu schaden, wie? Wie können Sie dann diese
Selbstopferung gutheißen? Angenommen, der Angeklagte hätte nichts
weiter geleistet, als die Kontrolle der öffentlichen Meinung und die
Veröffentlichung der Verbrechen in Gang zu bringen, — ist Ihnen
dies wenig? Es wird einem wirklich übel, wenn man Ihre Dank=
sagung dafür liest. Können Sie denn leugnen, daß diese Kontrolle
tausend und aber tausend Verbrechen, tausend und aber tausend
schweren Opfern vorgebeugt hat. Auch in seiner Verderbtheit büßt
der Russe nicht völlig sein Gewissen ein, — für ihn ist es die größte
Strafe, zur Schau gestellt zu werden. Was, so scheint es, hätte klüger
sein können, als eine derartige Kontrolle längst in Gang zu bringen,
dennoch fiel es einem Kopfe ohne Herz nicht ein. Um so zu handeln,
wie der von Ihnen Angeklagte, mußte man sich hinreißen lassen
können; das Herz war es, das seinen Verstand geleitet hat. Sie
sehen also wieder, daß man weder Kluges noch Gutes leisten kann,
ohne sich hinreißen zu lassen. Mit welchem Recht erdreisteten Sie

sich, einen andern öffentlich zu beschuldigen, daß er den Menschen
geringen Nutzen bringe? Um andre dessen zu zeihen, muß man selbst
mehr oder wenigstens ebensoviel geleistet haben. Sagen Sie, bitte,
gewissenhaft, glauben Sie denn, daß Sie mehr Nutzen gebracht haben,
als der von Ihnen Angeklagte? Wie achtungs- und ehrenwert auch
Ihre Arbeit sein möge, wie auch Ihre Thätigkeit, sei sie wissenschaft-
lich oder administrativ, sein möge, — Sie mögen ja Nutzen bringen,
aber Sie dürfen noch immer nicht sagen, daß Sie auch nur den
hundertsten Teil von jenem Nutzen gebracht haben, welchen der von
Ihnen Angeklagte Rußland gebracht hat. Und somit hatten Sie
kein Recht, mit einer Anklageschrift aufzutreten und laut zu sagen,
der Angeklagte leiste nichts weiter, als daß er sich hinreißen läßt.
Die Hinreißung führte ihn zur Selbstverleugnung, die Hinreißung
legte den Grund für den Nutzen, den er bringt, die Hinreißung ist
uns teuer, die Hinreißung ist uns vonnöten, die Hinreißung und
Selbstverleugnung hat uns Christus durch sein Leben und seinen Tod
anbefohlen.

Ihre Handlung ist analysiert; jetzt wende ich mich einigen Ansichten zu, die Sie in Ihrem Briefe geäußert haben.

Sie sagen zum Beispiel, daß, wenn im Schoße unsres Vaterlandes mehrere „Glocken" auftauchten, sie die gesellschaftlichen Leidenschaften zu verderblicher Glut anfachen würden. Ferner sagen Sie:
„In einer jungen Gesellschaft, die noch nicht gewöhnt ist, innere
Stürme auszuhalten, und noch nicht dazu gekommen ist, sich die
männlichen Tugenden des bürgerlichen Lebens anzueignen, ist eine
leidenschaftliche politische Propaganda schädlicher als irgendwo anders."
Wenn man diese Zeilen liest, erinnert man sich unwillkürlich an
Schreibvorlagen, und es wird einem übel, so ganz ohne Würze ist
diese Tirade, und es empört einen in der Seele, wenn man bedenkt,
daß sie von jemand kommt, der scheinbar von der neuen Generation
ist und Anspruch darauf macht, ein Denker zu sein. Glauben Sie
denn ernsthaft, daß man mit Worten die gesellschaftlichen Leidenschaften anfachen und überhaupt gesellschaftliche Bewegungen hervorrufen kann — und noch dazu wo, in Rußland, das voll gesunden
Verstandes ist — in einem Falle, wo diese Bewegungen nicht den
Bedürfnissen der Gesellschaft entsprechen, und wo sie nicht von selbst
vor sich gehen sollten, der Verhältnisse halber. ... Wenn Sie so
denken, so sind Sie, erlauben Sie mir dies zu sagen, kein Denker.
Ihre Annahme widerspricht dem Gesetze der Natur und wird von
kleinen Beispielen, England und die Vereinigten Staaten, widerlegt.
Wenn Sie dieser Ueberzeugung sind, so arbeiten Sie umsonst für

Rußland, Sie sind ein schlechter Samen, es ist besser, daß Sie in französische Dienste treten.

Wenn Sie meinen Brief lesen, werden Sie gewiß denken, daß man die Zensur verteidigen müsse. Aber erlauben Sie mir zu sagen, daß Ihr Verfahren und der Ton Ihres Briefes auch einen stärkeren Brief rechtfertigen könnte. Hätte dies ein ungebildeter, unentwickelter Mensch gethan, der sich nicht für einen der Vorgeschrittensten, für einen russischen Denker ausgibt, so würde es mir nicht einfallen, zur Feder zu greifen, aber eine derartige Handlung von einem Manne, für den Sie sich ausgeben, bringt das Blut in Wallung. Indem Sie die Frage der Bauernbefreiung berühren, äußern Sie, daß diese Reform nicht mit einemmal stattfinden könne, und Sie erwähnen mehrmals, die einander bekämpfenden Bestrebungen, die feindseligen und lebendigen Interessen, die seit Jahrhunderten bestehenden Knoten, die seit Jahrhunderten verworrenen Institutionen u. dergl.; Sie sagen, daß Geduld, Umsicht vonnöten seien, daß man untersuchen, überlegen, in Einklang bringen und ordnen müsse. Welche Sammlung von nichtssagenden Worten! Was haben Sie mit diesen Phrasen gesagt? Wenn Sie schon aus freien Stücken andre der Unüberlegtheit zeihen, so bieten Sie uns nicht leeres Geschwätz, sondern Ihre wohlerwogenen Gedanken. Rücken Sie doch mit denen heraus! Wo stecken sie? Sonst aber müssen Sie schweigen. Aber die Sache verhält sich nämlich so, daß Sie solche nicht haben; sonst hätten Sie nicht in nichtssagenden Gemeinplätzen gesprochen.

Indem ich Ihre Ansichten über die Reformfrage las, schienen sie mir Aehnlichkeit mit den Ansichten eines Schlossers zu haben, vor dem man einen Haufen von allerlei Maschinenteilen aufgestapelt und dem man gesagt hat: Setze die Maschine zusammen und bringe sie in Gang. Der Schlosser mag ein vorzüglicher Meister sein, er mag gewisse Teile der Maschine schmieden, feilen und wetzen können, aber er ist doch nur ein Schlosser und kein Mechaniker. Selbstverständlich muß dieser Schlosser Zeit, Geduld, Umsicht haben, er muß alles untersuchen und überlegen, wohin ein Teil gehört, er muß hundert-, ja tausendmal jeden Teil einpassen und verschiedene Kombinationen machen. Und mag nun auch der Schlosser während einiger Jahre die Maschine untersuchen, so thut er es doch immer tastend, und die Maschine wird trotzdem knarren. Da kommt aber ein Mechaniker und setzt sie in einer Stunde zusammen, und die Maschine beginnt zu arbeiten, daß es ein Vergnügen ist.

Die Reformfrage ist aufgeworfen und in solcher Weise, daß man keine Zeit hat, zu warten, bis die Schlosser alle Teile untersuchen und prüfen werden, man muß Mechaniker rufen, dann wird die Maschine schnell zusammengesetzt sein und nicht knarren, und jeder= mann wird zufrieden sein.

Es handelt sich nicht darum, ob man augenblicklich die Reform wirklich durchführen kann, man muß unverzüglich die Frage so auf= stellen, daß Grundherr und Bauer wissen: was jeder von ihnen sein werde und wann. Und dieses „Wann" darf nicht zu lange verschoben werden, — höchstens auf zwei, drei Jahre. Dann wird alles ruhig sein. Aber weiß denn jemand jetzt etwas? Sie über= legen und untersuchen nur, aber bis jetzt wissen Sie noch nicht, wie man die Beziehungen bestimmen soll. Ueberlegen und untersuchen Sie nur, aber denken Sie daran, daß durch Ihr Ueberlegen und Untersuchen, welches uns über die aufgestellte Frage in Ungewißheit läßt, Tausende und aber Tausende unvermeidlich die Tortur der Peitschen und Stöcke erdulden und, mit den Ketten klirrend, sich nach Sibirien schleppen müssen; und diese Tausende und aber Tausende, — sind die Blüte des russischen Volkes.

Plötzlich! Gerade plötzlich muß die Reform stattfinden; dies fordern die Umstände, hauptsächlich aber, weil es so am vernünftigsten, am richtigsten ist.

Sie wissen nicht, wie man eine solche Reform in Angriff nehmen soll; Sie sehen die unzähligen Verwickelungen; darum eben setzen Sie so viele Hoffnung auf die Komitees. Die Komitees können weder die ·Frage lösen, noch sie um einen Schritt vorwärtsbringen. Sie befassen sich nicht damit. Die Festsetzung der Lage der Bauern muß eine allgemeine, einheitliche sein und die Bedürfnisse des ganzen russischen Volkes befriedigen, und zugleich muß sie derart sein, daß sie, ohne den Interessen irgend jemandes im geringsten nahezutreten, den Verhältnissen auch des kleinsten Dorfes entspricht. Darin liegt die Aufgabe. Wir — im Namen derer ich schreibe — wir besitzen die Lösung dieser Aufgabe. Wir waren im stande, sie zu lösen, weil wir ein allgemeines Prinzip, einen Schlüssel haben, der alle Thüren öffnet, und ohne welchen, ist die Frage nur irgendwie unbekannt und kompliziert, man immer gezwungen ist, herumzuirren, nachzudenken und sie das ganze Leben lang zu untersuchen, ohne weiterzukommen. Wir vermochten sie darum zu lösen, weil wir uns in unsrer Thätigkeit nach den Eingebungen des Herzens richteten, — soweit wir zurück= denken können, haben wir uns mit der Frage der Reform befaßt, und nicht erst von der Zeit an, wo die Stimme des Zaren Sie auf= weckte. Wir vermochten endlich deshalb diese Frage zu lösen, weil

wir unser Volk kennen, weil wir Rußland kennen, nicht aus Büchern,
sondern in Wirklichkeit, vom Norden bis zum Süden, vom Westen
bis zum Osten.

An einer Stelle Ihres Briefes sagen Sie, daß „das Volk
mit Schrecken seine Sittenverderbnis erblickt habe" ...
Wie? ... Das russische Volk ist demoralisiert? Sie kennen also
das russische Volk gut. Mein Gott, welch schreckliche Verblendung!
Erlauben Sie, ich werde Sie gleich Ihres Widerspruchs überführen.
Sittenverderbtheit kann doch nur in einer altersschwachen Gesellschaft
eintreten, — nicht wahr? Wie konnten Sie dann weiter unten mit
der Tirade von der „jungen Gesellschaft" herausrücken? Wie
soll man diese Ansichten in Einklang bringen? Da sehen Sie also
Ihre Inkonsequenz und Unüberlegtheit. Sie vermochten nicht in
einem kurzen Briefe Ihre Urteile in Einklang zu bringen. Ihre An=
sichten verwirren sich also; was Wunder, daß die Frage der Reform
Ihnen als ein Wirrwarr erscheint, welchen Sie allerdings in Ihrem
ganzen Leben nicht entwirren werden.

Eine an Sittenverderbnis leidende Gesellschaft kann sich dessen nicht
bewußt sein, denn sonst ist es keine Sittenverderbnis. In einer solchen
Gesellschaft können nur außerordentliche Naturen sich der Sitten=
verderbnis bewußt sein; eine an Sittenverderbnis leidende Gesellschaft
ist selbstzufrieden und geht so an ihrer Selbstzufriedenheit zu Grunde.
Sie als ein, wie es scheint, gebildeter Mann kennen wohl gut die
Geschichte, aber diese kennen, heißt noch nicht den wahren Sinn der
historischen Erscheinungen begreifen, wie wir dies sehen; sonst hätten
Sie nicht solche unvereinbaren Ansichten über das Volk zugelassen,
wie die von Ihnen geäußerten. Das russische Volk ist nicht ver=
dorben, auch nicht krank; es hat Schrammen, die ihm in der Ver=
gangenheit von Leuten Ihrer Ansicht beigebracht wurden, Schrammen,
die mit Ihren Heilmitteln geheilt wurden, aber nicht mit Erfolg, —
erlauben Sie jetzt, daß wir sie heilen.

In Ihrer Anklageschrift haben Sie folgenden Gedanken klar
ausgedrückt: Wäre ich z. B. Redakteur eines Journals, welches sich
in derselben Lage befindet, wie die „Glocke", so hätte ich sehr viel
geleistet. Ja, freilich, die „Glocke" hätte viel geleistet, würde sie
wie Sie auf das russische Volk als auf ein verderbtes blicken.

Indem wir uns wegen einiger Fehler der „Glocke" ärgern, an
welchen wir Russen selbst schuld sind, wollen wir die Hoffnung hegen,
daß sie, ohne auf Ihren Brief zu achten, auch weiterhin unsre Seele
erwärmen und beleben und uns ins Herz läuten wird. Wir, wir
aber werden wie früher uns konzentrieren, um die neuen Prinzipien

mit einer Waffe gleich der Ihrigen auszurüsten, um dann aufzu=
treten und über Ihr Reich zu siegen, und nicht nur in Rußland allein,
sondern auch dort, wo es seinen Ursprung hat. Es thut uns leid,
die Zeit damit zu verlieren, unsre Prinzipien mit Ihrer Waffe aus=
zurüsten, es ist uns schwer, dies zu einer Zeit zu thun, wo diese
Prinzipien schon angewandt werden müssen. Wir wissen, daß man
die Lösung gesellschaftlicher Fragen bedeutend leichter und schneller
erreichen kann, wenn man sich an das Herz und an den vom Herzen
geleiteten Verstand wendet; aber ich wiederhole es, wir sind ge=
zwungen, uns an den Verstand allein zu wenden und dazu an einen
Verstand, welcher, ohne vom Herzen erwärmt zu sein, stumpf und
des Fassungsvermögens bar ist; wir sind deshalb dazu gezwungen,
weil wir vor allem Sie besiegen müssen.

Sie lachen darüber, daß in gesellschaftlichen, staatlichen, ökono=
mischen und überhaupt in allen Volksfragen das Herz eine Rolle
spielen kann. Lachen Sie nur! Lachen Sie nur! Sie werden sich
kaum vom Lachen erholt haben, als auch schon Ihre Prinzipien an
den neuen in Trümmer zerschellen werden.

Wissen Sie, daß aller gegenwärtige Wirrwarr, alle Gesetze,
der ganze alte Rumpelkram, daß dies alles zusammenstürzen wird,
und daß bei der Lösung aller gesellschaftlichen Fragen der Verstand
vom Herzen, vom einzigen Prinzip: „Liebe deinen Nächsten wie
dich selbst," geleitet sein wird. Bis dahin wird alles umherirren,
bis dahin gibt es keinen Ausweg, bis dahin wird der Greuel der
Verwüstung herrschen. Und das russische Volk ist berufen, diese
Aufgabe zu lösen und ihr, ihr stehet ihm im Wege, — fort mit
euch! Zur Seite! Oder gehet mit dem Volke, sonst werdet ihr
schmachvoll zu Grunde gehen.

An euch, junge Leute, an euch, die ihr auf den Schulbänken
und in den Auditorien sitzt, an euch wende ich mich jetzt. Euch fällt
jetzt ein erhabenes, noch nie dagewesenes Werk zu. Ihr werdet be=
rufen sein, die Welt zu retten und das wahre Reich Christi zu ver=
wirklichen. Beginnet damit, daß, indem ihr die Wissenschaften der
gesellschaftlichen Ordnung, vorzüglich die, welche sich auf ökonomische
Verhältnisse und auf die Naturrechte des Menschen beziehen, erforschet,
ihr ihnen nicht glaubet, wie sie euch auch scheinbar befriedigen
mögen; erlernet sie gründlich, damit ihr euch überzeugt, daß in ihnen
das Herz keine Beachtung findet; erlernet sie, um sie zu verfluchen;
erlernet sie, um sie zu stürzen und ein neues Gebäude aufzubauen.
Vergesset nicht, daß das Reich Christi noch nie auf Erden bestanden
hat, daß die Form, nicht aber das Wesen herrschte. Alle Gemein=

wesen lachen über die Wahrheit Christi, überall fühlt sich das Herz beklommen und bedrückt. Nur auf dem bäuerlichen Boden, — nur in der russischen Bauernversammlung, nur im russischen Dorfe erholt sich das Herz, die Brust weitet sich und man atmet freier. Sterbet, wenn es nötig sein sollte, — sterbet wie Märtyrer, — sterbet für das Wesen, wie die ersten Christen für die Form starben, — sterbet für die Aufrechterhaltung der gleichen Rechte jedes einzelnen Bauern auf den Grund und Boden, — sterbet für das Gemeindeprinzip!

---

4. Kollektivbrief an K. Dm. Kawelin.

Tsch. fügte seinem Schreiben vom 13./25. Februar*) folgenden, ihm im Original übergebenen Kollektivbrief an Kawelin hinzu:

Geehrter Herr Konstantin Dmitriewitsch!

Gestatten Sie uns, Ihnen unsern vollen Beifall über das in Nr. 29 der „Glocke" veröffentlichte Schreiben auszudrücken, womit Sie den Brief des Herrn Tsch. beantwortet haben.

J. Babst**).
A. Galachow.
P. Annenkow.
J. Turgenjew.
J. Maßlow.
N. N.

Im Postskriptum des Schreibens an Herzen, welchem Tsch. den oben wiedergegebenen Kollektivbrief beigefügt hat, lesen wir folgendes:

Ich will Ihnen ein Beispiel anführen, bis zu welchem Grade bei uns die Richtungen unbestimmt sind. Melgunow schrieb Ihnen, daß ich der Verfasser des Briefes im ersten Hefte der „Stimmen aus Rußland" bin. Darüber werde ich mit Ihnen bei unsrer Zusammenkunft sprechen. Man muß die Geschichte dieses Briefes kennen, um das zu entschuldigen, was in ihm verletzend erscheinen kann. Für heute aber möchte ich Ihnen nur eines sagen: die Hälfte des Briefes hat Kawelin geschrieben, und ich hielt ihn von zu treuunterthänigen Ergüssen ab. Jetzt urteilen Sie!

---

*) Dieser Brief ist in Nr. 61—62 des „Freien Wortes" veröffentlicht.
**) Von diesem ist auch der Brief geschrieben.

4.

Der englische Zopf fordert, daß in einem nach England ge=
sandten Buche sich nichts Geschriebenes befinde, sonst wird das Buch
als Brief angesehen und das Porto ist dann ungewöhnlich hoch.
Um dies zu vermeiden, lege ich die Widmung diesem Briefe bei,
das Buch wirst Du besonders unter Kreuzband erhalten.

Nochmals abieu, Freundesherz!

Mein Brief ist unter den Eindrücken eines sehr kummervollen
Augenblicks geschrieben.

Heute bin ich ruhiger und alles erscheint mir rosiger. Heute
denke ich daran, wie glücklich ich bin, daß ich Dich gesehen habe,
daß Du für mich keine abstrakte Idee, sondern ein lebendiger Mensch
bist, mir ebenso teuer wie früher, und womöglich — noch näherstehend
durch Deine Denkweise. Führe Deine Sache, wie Du sie bis jetzt
geführt hast, sehr vorsichtig die Ratschläge befolgend, ausgenommen
in Kleinigkeiten. Für Dich gibt es keine Ratgeber, weil Du un=
endlich weitsehend bist. So bin ich überzeugt und stolz darauf,
daß ich, an einem dem Deinen entgegengesetzten Punkte Europas
lebend, fast von selbst zu denselben Resultaten wie Du gelangt bin.
Mir aber war es leichter als Dir, und vieles in meinen Gedanken
war nur ein Resultat jenes Anstoßes, den Du mir durch Deine
Publikationen gabst. Bis man diese Gedanken verstehen wird, wird
viel, viel Zeit vergehen! Bei uns sind die Leute auch sehr flach und
abgestumpft, und es ist ihnen daher leichter, sich auf dem ausgetretenen
Wege weiterzuschleppen, als sich durch ein brachliegendes Feld einen
neuen zu bahnen. Mein Aufsatz über die russische Dorfgemeinde
hat keinen Eindruck gemacht. Die Einwürfe gegen denselben sind
unter Mittelmäßigkeit, indessen habe ich vollkommen recht, und diese
Ueberzeugung verleiht mir Kraft, diese Gedanken trotz alledem in
meinem Universitätskursus und meinen Aufsätzen weiter zu ent=
wickeln. Zum Glück kann die Frage des Rechts der Gemeinde=
mitglieder auf den Grund und Boden nicht früher endgültig gelöst
werden, bis nicht derselbe vollständig losgekauft ist; dies aber wird
35 oder 40 Jahre in Anspruch nehmen, in 40 Jahren aber wird
viel Wasser dahingeflossen sein und vieles, was jetzt dunkel ist, wird
ganz klar werden.

Abieu, und erinnere Dich in schweren Augenblicken, daß es
einen Menschen gibt, der Dich unendlich liebt und ganz versteht.

Deinen Auftrag an Tsch., daß es Dir nicht angenehm sein
werde, ihn zu sehen, hatte ich keinen Mut, ihm direkt auszurichten,
aber ich that es durch D—w*), weil Tsch. ihn darüber befragt hatte.
Es ist mir sehr schwer ums Herz deswegen. Tsch. ist keineswegs
schlechter, als die andern, er ist nur aufrichtiger.

Am 26. August verlasse ich Blankenberghe. Wenn Du mich
mit ein paar Zeilen erfreuen willst, so schreibe nach Dresden an
Maria Kasperowna. Am 3. September werde ich von Dresden fort-
fahren und bis zum 7. in Berlin weilen.

———————

In der Zeit zwischen den beiden letzten Briefen erhielt Herzen die
Nachricht vom Tode des Sohnes Kawelins und schrieb ihm einen Brief,
von welchem wir aus kompetenter Quelle folgende Kopie erhalten haben:

(1861.)

Seit lange schon wollte ich Dir, alter Freund, einige Worte
des Kummers und der Liebe sagen, bis jetzt aber gelang es mir
nicht. Dein Leid hat mich mit Schrecken, Mitleid und mit dem
peinigenden Bewußtsein unsrer Machtlosigkeit erfüllt. Ich wollte,
ich wäre bei Dir und weinte mit Dir. Ich weiß, daß wir den
Kummer mannhaft ertragen müssen, aber ich glaube, daß Du außer
uns in der That niemand dir Nahestehenden hast, und noch nie
fühlte ich die weite Entfernung so drückend. Ich weiß, daß auch
eine liebkosende Hand den Schmerz einer Wunde erneuern kann,
aber von ihr erscheint es doch leichter. Wenn Dir meine brüderliche
Umarmung helfen kann, so empfange sie zugleich mit der Thräne,
die ich auch jetzt, wo ich an Dich denke, nicht unterdrücken kann.
Aber dann die Geschichte! Deine Kräfte sind für die gemeinsame
Sache nötig. . . . Darin liegt unsre Rettung, darin liegt alles, ohne
was wir nicht leben zu können, ja, nicht leben brauchen. Bis zur
Stunde steht es traurig darum, aber es ist ein Kampf, aus dem
ein Ausweg, wenn nicht für uns, so für das künftige Geschlecht,
möglich ist. Unsre Sache ist es, zu arbeiten. Ich wußte, daß Du
in keinem Falle den Mut verlieren wirst; ich glaubte daran und
doch wollte ich, daß jemand es bestätige. Und dies geschah; auch
die Antwort, die Du einem niederträchtigen Kerl gabst, zeigte uns,
daß du an der Arbeit bist. Ich möchte bei Dir sein und mit Dir
arbeiten, aber auch hier neige ich ergeben mein Haupt und sage,

—————————

*) Dmitriew.

möge ein jeder dort stehen, wo er mehr Nutzen bringen kann. Um eines bitte ich, mein treuer Bruder, laß von Dir hören, sage, was Du thust, was Du thun wirst. In Deinem eigenen Kummer tröste Du uns. Ich umarme Dich fest, küsse Deine Tochter von mir.

Wahrlich, wir sind durch unsre Thätigkeit gesichert, wie aber die dumpfen Schicksalsschläge einen treffen können, das kenne auch ich in vollem Maße. Dein Unglück hat uns tief erschüttert, — und keine Möglichkeit, Dir ein Freundeswort zu sagen! Diese Ferne, diese Grenzen, — und wir bleiben unser so wenig — les vieux de la veille.

Was gibst Du Dich mit Deiner Zeitschrift und mit Winogorow ab! Lasse ihn sein, die Redaktion hat sich verplaudert, — und es ist durch Antworten nicht gutzumachen und die Frage hat sich derart gestaltet, daß die rieurs nicht auf Eurer Seite sein werden. Was für ein Vergnügen findest Du daran, daß man Deinen Namen zugleich mit dem Weinbergs erwähnt.

In Gedanken widme ich Dir den Aufsatz über Owen im „Polarstern", dafür aber sollst Du ihn lesen.

Heute ist der 15. Mai. — Vor 13 Jahren hat sich die französische Republik nicht ohne Fehl gezeigt. Ja, die Zeit läuft, sie läuft, bald mit ihren pudschweren Kanonenstiefeln à la Nikolaus, bald à la Mephisto auftretend: einmal nach Pferde-, einmal nach Menschenart, — die Zeit aber eilt, auch uns mitreißend. Adieu, wie absichtlich thut mir heute der Kopf weh.

————

19. Mai.

Ich drücke Dir nochmals die Hand — gib gelegentlich Nachricht darüber, wie das Schicksal und die Menschen uns die besten Tage vergiftet haben, die Tage, auf welche wir unser ganzes Leben warteten. Adieu, caro mio.

————

Dieser Brief sollte mit einer ganz andern „Gelegenheit" *) geschickt werden, jetzt übernimmt ihn Borschtschow, den ich Dir sehr

————

*) Um die „Postzensur" zu umgehen, ist es in Rußland gebräuchlich geworden, nach dem Auslande reisenden Freunden oder Bekannten Briefe mitzugeben, damit sie dieselben entweder direkt befördern oder auf der ersten Station „jenseits der Grenze" in den Postkasten werfen. Dies nennen die Russen „Occasion" — „Gelegenheit" ...

Anmerk. des Uebersetzers.

empfehle, — er ist ein edler Mensch und vorzüglicher Geologe, Bo-
taniker u. dergl. mehr. —

Ich umarme Dich nochmals. Ich würde viel drum geben,
könnte ich Dich in Wirklichkeit umarmen; es wäre gut und auch
nötig ... aber — wie und wo wir auch sein werden, wir werden
einander in Lebens= und Todesstunden umarmen*).

5.

Paris, den 6./18. April, Freitag (1862).

Du siehst, teurer Freund, daß es ein Schlechtes ohne Gutes
nicht gibt**). Der Teufel weiß, warum ich nicht schrieb, aber es
war gut so: Du hast mir fünf Witze geschrieben, darunter sechs sehr
gute. Sobald ich nach Rußland komme, werde ich jeden nicht unter
25 Frank, vielleicht auch „Russen"***) verkaufen, sollten letztere bis
dahin schon eingeführt sein.

In einem Monat, höchstens in anderthalb, werde ich bei Euch
Freunden, sein. Wir haben vieles zu besprechen; vorläufig habe ich
keine Zeit dazu. Wenn Du auch darüber witzelst, daß ich mich in
Paris mit Universitäten abmühe, die es dort überhaupt gar nicht
gibt, halte ich es doch für sehr nützlich, bei uns das Geheimnis
der „französischen Universität" †) zu enthüllen, welche sehr wenige
genau kennen. Es ist deshalb nützlich, weil unsre Universitäten wie
überhaupt unser ganzes Erziehungssystem von einem Netz französischer Institutionen umflochten ist, welches dieselben verdirbt; ohne
sie ginge es bedeutend besser. Man muß ihnen die Binde von
den Augen reißen. Das ist der Grund, weshalb ich so lange in

---

*) Der Brief ist ohne Couvert. Im Briefe selbst steht: An Professor
D. K. Es befindet sich auch eine gemeinschaftliche Photographie von Herzen
und Ogarjow darin, auf deren Rückseite von Herzens Hand steht: Mit dem
Original übereinstimmend, den 20. Mai 1861, London Orsetthouse.

**) Russische Redensart.

***) Eine Anspielung auf die in Rußland einzuführenden Goldstücke,
welche das Papiergeld ersetzen sollten.   Anmerk. des Uebersetzers.

†) Wir erinnern daran, daß nach der französischen Revolution die alte
korporative Einrichtung der französischen Universitäten — Hochschulen —
abgeschafft wurde, und daß das Wort l'université die Bedeutung des ganzen
Unterrichtsministeriums bekam, welches auf dem bureaukratisch=zentralistischen
Prinzip aufgebaut war.

Paris stecke, das mir so hassenswert und widrig erscheint. Leset Ihr den „Nord" und die Neuigkeiten, welche Ihr in letzter Zeit über die Organisation des Staatsrates, über die Zusammensetzung des Ministeriums u. s. w. mitteilt? Wenn nicht, so thut es. Nach manchen Thatsachen zu schließen, scheint es, daß diese Gerüchte und Nachrichten nicht unbegründet sind. Ich weiß nicht, was Ihr dazu sagen werdet, aber mich erschreckt dies Konstitutionsspiel so sehr, daß ich an nichts andres zu denken vermag. Der Adel wird endlich doch die Bauern bis zum äußersten bringen, sie durch seine pseudoliberalen Alfanzereien überzeugen, daß er in der That etwas gegen den Kaiser im Schilde führt, dann aber wird es losgehen. Dies steht näher bevor und ist möglicher, als es scheint. Unsre geschichtliche Entwickelung ist der französischen schrecklich ähnlich; möge Gott es verhüten, daß sie sich in den Resultaten ebenso ähneln; aber der Adel durch seine Unbesonnenheit, die Regierung durch ihre Unvernunft, die gebildete Mehrheit durch ihren Doktrinarismus und durch ihre Zurückgebliebenheit — sie sind doch im stande, die Sache so weit zu bringen. Bald werde ich à la Swerbejeff aus allen Kräften für die bestehende Unordnung, d. h. für alle Reformen, aber gegen die Konstitution eintreten. Die Narren begreifen nicht, daß sie auf Kohlen gehen, in welchen man nicht herumstochern darf, damit sie nicht aufflackern und in Explosion geraten. Aber es ist wohl bekannt, daß der, dem es bestimmt ist, zu Grunde zu gehen, zuerst den Verstand verliert*).

Ich bin keineswegs im stande, Dir Auskunft über Deinen Auftrag an die Brüder von B—n**) zu geben. Sie sind von seiner schwierigen Lage unterrichtet — dies ist vollkommen richtig; bis jetzt aber hat man keine Antwort erhalten. Ich bedaure diesen Herrn sehr, aber ich gestehe, ich traue ihm sehr wenig und erwarte nichts Gescheites von ihm. Rußland hat er auf eine unschöne, unehrliche

---

*) Es muß daran erinnert werden, daß die Bewegung, welche damals in den Adelsversammlungen stattfand, es nicht so sehr auf eine Konstitution, als auf die Reformen absah (nämlich auf die Ergänzung der Bauernreformen durch die obligate Loskaufung, auf die Reform des Polizei=, Gerichts=, Administrations= und Finanzwesens, auf die Organisation der lokalen Selbstverwaltung u. dergl. mehr), und daß sie von der Ueberzeugung ausging, daß ohne die Einberufung der „Repräsentanten des ganzen Volkes ohne Unterschied des Standes" diese Reformfragen von der Regierung nicht befriedigend gelöst werden könnten. S. z. B. die Adresse und die Bestimmungen der Adelsversammlung von Twer vom 2. Februar 1862 „Die Glocke" Nr. 26 (vom 22. März 1862).

**) M. A. Bakunin.

Weiſe verlaſſen, und zu welchem Zwecke verlaſſen? Was wird er
denn thun? Wird er Manifeſte und Aufrufe verfaſſen?*) Das iſt
veraltet und niemand wird deswegen einen Finger rühren. Sie
laſſen ſogar die bartloſen Jünglinge kalt. Heutzutage läßt ſich niemand von ſolchen Dingen begeiſtern. Nicht das brauchen wir.

Ich umarme Ogarjow. Die Denkſchriften über Gerichtsverfahren
und -verfaſſung, die er erhalten hat, kenne ich. Dies ſind Anſichten,
und darüber brauche ich nicht zu ſchreiben. Die Frage zieht ſich
ſchrecklich in die Länge und man kann ihr Ende nicht abſehen, weil
man jetzt auf den lebendigen Kern, die Organiſation der Gerichts-
behörden, geſtoßen iſt. Bis nicht die Regierung gerade und ehrlich
(bis dahin wird's freilich noch lange dauern) auf die Sache ſchauen
wird, wird ſie die Gerichtsverfaſſungsfrage nicht bewältigen können.
Ein ſolide und geſund organiſiertes Gericht, Preßfreiheit, Uebergabe
von allem, was nicht direkt die Einheit des Reiches angeht, an die
lokale Selbſtverwaltung, — dieſe drei Fragen ſtehen auf der Tagesordnung. Mit ihnen müßte man ſich befaſſen, ſtatt Konſtitutionen
zu ſpielen. Nach ihrer Löſung würde die Konſtitution ſchon von
ſelbſt als ein notwendiges Reſultat kommen, — dans une couple
d'années.

Da ich annehme, daß Euch beide das gegenwärtige Ausſehen
meiner Phyſiognomie intereſſiert, ſchicke ich Euch Photographien von
mir und auch eine für Deine älteſte Tochter, Herzen, für die ich ſeit
1859 eine große Freundſchaft empfinde. Ich hoffe, daß auch ſie mich
nicht vergeſſen hat.

Ich bin Dir unendlich dankbar dafür, daß Du das niederträchtige
Schriftſtück der Moskauer Profeſſoren**) abgedruckt haſt. Daß die
Katze wußte, weſſen Fleiſch ſie fraß***), iſt daraus erſichtlich, daß
ſie dieſes niederträchtige Dokument im größten Geheimnis hielten
und es nicht zirkulieren ließen. Sie hatten nicht den Mut, es der
Oeffentlichkeit zu übergeben; folglich mangelte es ihnen auch an

---

*) Die Hälfte von Bakunins Aufruf „An die ruſſiſchen, polniſchen
und ſlaviſchen Brüder" iſt in Nr. 122 der „Glocke" vom 15. Februar 1862
veröffentlicht.

**) In Nr. 126—127 der „Glocke" (vom 22. März 1862) iſt folgendes
Aktenſtück abgedruckt: „Seiner Excellenz dem Herrn Kurator des Moskauer
Lehrbezirks zur weiteren Beförderung. Hiſtoriſche Denkſchrift verfaßt von
der Univerſitätskommiſſion aus Anlaß der im September und Oktober unter
den Studenten der Moskauer Univerſität ſtattgefundenen Unruhen." In
einer Notiz iſt geſagt, daß dieſe Denkſchrift von (den Profeſſoren) Solowjew,
Bodjanski, Leontiew, Jeſchewski, Tſchitſcherin unterſchrieben iſt.

***) Ruſſiſche Redensart.

Ueberzeugung. Ich habe mich von ihnen gänzlich losgesagt und gehe nicht nach Moskau zurück. Es ist dort nichts zu thun. Du hast recht, Moskau ist für uns ein Begräbnisplatz*).

Adieu! Ich umarme Euch vielmals und fest. Du brauchst nicht an mir zu zweifeln, Ogarjow. Ich kann mit 43 Jahren nicht anders werden, als ich mein ganzes Leben war.

Euer

Kawelin.

Solche Gedanken über die liberale Bewegung unter dem Abel, wie sie Kawelin in obigem Briefe äußerte, legte er in einer speziellen Denkschrift in russischer Sprache dar, welche er Anfang 1862 in Berlin als Broschüre unter dem Titel „der Abel und die Bauern- befreiung" veröffentlichte. Die Schlußfolgerungen der Denkschrift sind folgende:

„Nicht in fruchtlosen Träumereien von repräsentativen Regie- rungsformen hat der Abel einen Ausweg aus seiner jetzigen schwie- rigen Lage zu suchen. Vor allem muß er sich von Grund aus ändern, er muß mit den Gewohnheiten des unmäßigen Luxus brechen und muß aufhören, umsonst Geld von den Bauern und von der Regierung, sowie für Staatsämter zu erhalten; er muß das Schlaraffen- leben aufgeben; er muß aufhören, nur an seine momentanen Vorteile und an seinen Nutzen zu denken, sondern ernsthaft den Vorteil der andern Stände des Landes und Staates selbst ins Auge fassen; er muß viel arbeiten, sich bilden, wie es nötig ist, sich angewöhnen, im täglichen Leben nach den Grundsätzen der strengen Gerechtigkeit und Parteilosigkeit zu handeln, in der Ueberzeugung, daß nur Arbeit, Kenntnisse und bedingungslose Gewissenhaftigkeit einen Stand in der Meinung des Volkes erheben und ihm Einfluß und Macht verschaffen können. Nachdem sich der Abel moralisch gänzlich verändert und seine ökonomischen Verhältnisse verbessert hat, wird er in Provinzen und Gouvernements ein weites und würdiges Feld bürgerlicher Thätig- keit finden, wo es jetzt so viel zu thun gibt und wo die Verhältnisse erst dann reiner und besser sein werden, wenn der höchste gebildete Stand sich zu diesem Zwecke ans Werk machen wird. Das Leben in der Provinz nicht nur möglich und erträglich, sondern sogar be- quem und angenehm zu gestalten, — das ist die nächste Aufgabe des Abels, und ich wiederhole, er kann dies thun und besitzt alle

---

*) S. die Notiz in Nr. 25 der „Glocke" vom 15. März 1862: Das gelehrte Moskau.

Mittel dazu. Rußland ist noch in jeder Beziehung eine traurige
Wüste, man muß es zuerst kultivieren und dabei nicht von oben,
sondern von unten beginnen. Wenn sich das Leben von den Haupt-
städten und Hauptzentren allmählich nach der Provinz zieht, dann
wird auch die von allen gewünschte administrative Dezentralisation
stattfinden. Jedenfalls kann sich die Selbstverwaltung, dieser Lieb-
lingsgedanke aller Gebildeten und Liberalen in Rußland, zuerst nur
in der Provinz unter der thätigen Mitwirkung des Adels zu reali-
sieren beginnen. In dieser fruchtbringenden Schule wird sich der
letztere gebührend zu einer weiteren umfangreichen politischen Thätigkeit vorbereiten, welche ohnedies für immer eine unerfüllte Phantasie
bleiben wird. Die Erfahrung lehrt, daß sogar in kleinen Staaten
die bürgerliche und politische Freiheit ohne eine starke Entwicklung
der lokalen Interessen und des lokalen Lebens unmöglich ist; wie
soll nun aber in einem so großen Reiche wie Rußland diese Freiheit
ohne jene Bedingung möglich sein. Seien wir also vernünftig und
befassen wir uns, ohne unsre Kräfte umsonst auf Ideale zu ver-
geuden, damit, was uns nötig ist und was jeder von uns leicht in
Angriff nehmen kann. Die Zeit wird schon das ihrige thun, wenn
wir fertig sind. Von uns hängt es ab, ihren Lauf zu beschleunigen
oder einzuhalten."

Das negative Verhalten Kawelins zur „konstitutionellen" Bewegung war in der Zeitschrift des Fürsten Dolgoruki „Der Wahrheitsliebende" 1862 (12. Mai, Nr. 3) durch seine persönliche Karriere-
erwägungen erklärt. Kawelins Broschüre rief auch bei Herzen Unzufriedenheit hervor; dies äußerte sich in seiner Zuschrift, auf welche
folgendes Antwortschreiben kam:

6.

Paris, den 10./22. Mai 1862.

Es war mir traurig und schwer ums Herz, lieber Herzen, Deine
Zuschrift zu lesen. Ich möchte nicht glauben, daß Dolgoruki mit
seiner Wahrheitsliebe plötzlich den Ton unsrer freundschaftlichen Beziehungen umstimmen könnte, bevor Du von mir erfahren hast, was
und wie es war.

Meine Broschüre ist im Mai 1861 verfaßt worden, als der
russische Adel aus vollem Halse für eine Konstitution schrie, indem

er darunter die Aufhebung der Verordnung vom 19. Februar verstand. - Bald darauf übergab ich einem ins Ausland reisenden Freunde
ein Exemplar dieses Aufsatzes mit der Bitte, ihn drucken zu lassen.
Mein Freund übergab ihn Behr in Berlin, der ihn im Dezember
vorigen oder Januar dieses Jahres veröffentlichte. Die Broschüre
widerspricht zu stark der allgemeinen Stimmung, und daher fand sie
keinen Absatz. Behr beklagte sich bei mir und bat mich um die Erlaubnis, meinen Namen darauf setzen zu dürfen, was ich erlaubte, weil ich
meine Gesinnung gar nicht verhehle und ebensowenig nach Popularität
wie nach der kaiserlichen Gnade hasche. Erst vor einem Monat etwa
kam mein Name auf die Broschüre. Ein Bekannter zeigte sie mir in
Paris. Es war also weder Geheimthuerei noch Furcht meinerseits,
wenn ich nicht erklärte, daß ich der Verfasser der Broschüre sei.

Es fiel Dolgoruki zu spät ein, mir die Maske herunterzureißen,
ich nahm sie selbst ab, lange vor seinem Pasquill.

Was soll ich noch hinzufügen? Soll ich mich denn rechtfertigen,
daß meine Sendung nach dem Auslande nicht als Lohn für diese
meine Broschüre zu betrachten ist? Daß die Rektorswürde jetzt nach
Wahl und nicht nach den Bestimmungen der Regierung verliehen
wird und mir daher für meinen treuunterthänigen Eifer nicht verliehen werden kann?

Ich wiederhole, es war mir sehr bitter, Deine Zuschrift zu erhalten. Du bist unzufrieden, daß ich Dir nicht schreibe; ich möchte
Dich sehen und sprechen. Der Brief wird das Gespräch nicht ersetzen. Dir mißfällt es, daß ich so lange in Paris weile; ich dagegen bedaure es äußerst, daß ich nicht noch zwei, drei Monate hier
bleiben kann. Nirgends kann man so eingehend unser nichtswürdiges
administratives System studieren, wie in Frankreich, von dem es fast
gänzlich übernommen ist; ich aber glaube, daß wir keine Vorbilder
nötig haben, sondern gut, klar und genau verstehen müssen, was wir
nicht brauchen. Vor allem kommt es jetzt bei uns auf das negative
Verhalten an, und so wird es noch lange sein. Damit wir zum
Spiegel gehen und uns an unsern französischen Röcken satt sehen,
war es nötig, daß ich allen Wortschwulst beiseite ließ, mit dem diese
große Nation so freigebig ist, um erst dann die hiesige Organisation,
wie sie ist, ohne Schmuck und Schnörkel zu schildern; dazu aber ist
Zeit und Mühe nötig. Die erste Hälfte der Arbeit habe ich bereits
abgeschickt, jetzt arbeite ich an der zweiten, die als Brouillon schon
fertig ist; es mangelt ihr nur noch an der letzten Feile, Durchsicht u. dergl. Drei Viertel von den Russen wissen nicht, was eigentlich
das französische Administrationssystem ist, und sie ahnen nicht, daß wir

seit dem Anfange des 19. Jahrhunderts dieses Kleinod fast gänzlich
zu uns verpflanzt haben.

Wenn Dir diese Erklärungen nicht genügen, so kann ich Dir
andre nicht geben. Noch im Jahre 1859 sprachen wir uns aus und
meine Gesinnung hat sich seit da nur wenig geändert, die Regierung
ist seit damals noch dümmer, das Publikum noch abgeschmackter geworden. Alles geht aus den Fugen, fault und stürzt. Ein mit Worten
nicht wiederzugebender und kaum denkbarer Unsinn greift um sich.
Gut ist nur das einfache Volk, welches seine Sache thut, ohne sich
um unser Geschwätz zu kümmern. Aber das Volk ist für den Zaren.
Mit seinem Instinkte fühlt es, daß es bei einer Konstitution oder
Umwälzung nur verlieren, aber nichts gewinnen kann. Wollte ich meine
Eindrücke mit zwei Worten definieren, so ließe sich die Frage auf
folgendes zurückführen: auf die Ersetzung eines byzantinisch-tatarisch-
französisch-grundherrlichen Ideals eines russischen Zaren durch das
slavische Volksideal, mit Hilfe einer möglichst weiten administrativen
Reform in allen Teilen. Alles übrige — sind europäische Fiori-
turen. Ob wir diese Aufgabe in Frieden bewältigen werden oder
durch einen Kataklysmos, das weiß ich nicht, der letztere Weg ist
kürzer, der erstere sicherer, und ich bin durchaus für diesen.

    Adieu.   Dein

                             Kawelin.

  Auf diesen Brief folgte eine leidenschaftliche Antwort Herzens, welche
wir leider nur im Konzept besitzen, das wir mit diplomatischer Genauig-
keit weiter unten abdrucken.

Während ich lange und schwermütig darüber nachdachte, Dir
über die traurige (gestrichen: unglückselige) Broschüre zu schreiben,
oder nicht, schicktest Du mir (gestrichen: durch Botkin) einen Gruß,
dem Du die Worte: „es scheint, als ob ich Dir zürne," hinzugefügt
hast. Dies erinnerte mich (gestrichen: sofort) daran, daß ich, stets
makellos und offenherzig, den mir Nahestehenden gegenüber nicht
schweigen dürfe. Das Wort „zürnen" paßt nicht hierher. Nachdem
ich Deine Broschüre gelesen hatte, ließ ich die Hände sinken (gestrichen: das hat noch gefehlt). Granowsky liegt im Grabe, Ketscher
und K. sind in Tsch.*) aufgegangen (gestrichen: und die Ansicht des)
Tsch. erscheint in Deiner Broschüre. (Gestrichen: Du weißt, wie ich
Dich liebte und schätzte, Du wirst nicht vergessen haben, wie wir
uns trennten, und mit welchen Hoffnungen. Das Beste, was ich
in den darauffolgenden drei Jahren geschrieben, meine Arbeit über

---

    *) E. Korsch.

Robert Owen, habe ich   Und dies schrieb Kawelin,
den ich so liebte und vor drei Jahren mit solchen (?) Hoffnungen
von mir ließ. Der letzte Repräsentant der Moskauer Epoche der
zweiten Jugend, dem ich „Robert Owen" gewidmet, — und (ge=
strichen: plötzlich) dieses hohle abgeschmackte (?) und schädliche Pam=
phlet, — welches (und dies führen Deine Verteidiger zu Deinen
Gunsten an) nicht für den Druck, sondern für Nikolai Nikolaie=
witsch geschrieben ist, — also damit sich die liberalisierende Regierung
es zur Richtschnur nehme. Das ist aber schon zu viel.

Ich habe eine Frau begraben, die ich liebte und unendlich achtete,
ich habe Granowski — physisch, K—r und K—sch*) — psychisch
begraben (gestrichen: ich blicke auf) den altersschwachen Turgenjew
(darüber geschrieben und gestrichen: er steht bereits mit einem Fuß
im Grabe) auf die Moskauer Universität, welche sich in eine Polizei=
wache verwandelt; (über den gestrichenen Worten: Turgenjew ist
der Auflösung nahe), und zu alledem muß ich auch Dich begraben.
Aber dies werde ich nicht schweigend thun.

(Gestrichen: Du verstehst doch gewiß, Kawelin, daß dies). . . .
Deine Broschüre reißt zwischen uns eine Kluft auf, über welche es
nur einen Weg gibt, Deine Lossagung von der Broschüre (gestrichen:
Deine Reue) als von einem Fehler, welcher unter dem Einflusse
eines hinreißenden Augenblicks (gestrichen: oder des Wahnsinns) ge=
schrieben wurde. Thust Du es aber nicht, was haben wir dann
Gemeinschaftliches, das uns veranlassen sollte, zusammenzukommen, —
Anekdoten und Wortspiele etwa?)

Ich glaube, daß (gestrichen: Dir) dies (gestrichen: diese Lossagung
nicht schwer ankäme, weil ich entschieden, so dünkt es mir), auch so
geschehen ist, daß Du die Tragweite dieses Pamphlets nicht begriffest.

Es ist die größte Ungereimtheit, aus dem Adel eine Klasse von
privilegierten Grundbesitzern schaffen zu wollen, nur aus dem Grunde,
weil es auch in Hannover und in Hessen=Kassel einen solchen höheren
Stand gibt, und zu einer Zeit, wo der Adel mit gebrochener Bremse
bergab stürzt und zerschmettert wird, aus ihm bureaukratische Doktri=
näre und knutesüchtige Bureaukraten zu schaffen.

Indem wir uns gegen die Oligarchie erklären, thun wir es
keineswegs zu Gunsten des Kanzleiformalismus, sei es auch die
preußische (gestrichen: wohlthuend) zivilisierende (gestrichen: Bureau=
kratie) Administration mit ihren Aussichten, in etwa 500 Jahren
die englische Krankheit zu bekommen; und dies alles begründest Du

---

*) Ketscher, Korsch.

damit, daß das ruffische Volk — ein Vieh sei und nicht verstehe,
geeignete Landschaftsvertreter zu wählen, die Regierung dagegen ge=
scheit sei, alles wisse: wo sie reformierend einzugreifen habe (ge=
strichen: und wann), und wer gewählt werden müsse (il a fait
ses preuves; gestrichen: und dem allem haft Du, Kawelin, gewisse
politisch=sentimentale Sentenzen beigefügt, so, daß die Aristokratie
von Aristos — der Gute, der Beste herkomme. Mache Dich also
nur gut Kind und Du wirst ein Engländer werden).

(Gestrichen: Und was für politisch=sentimentale Moralprebigten!
Ich erkenne Dich gar nicht wieder.)

Ich will nicht von der Form sprechen und den politisch=senti=
mentalen Moralprebigten à la Madame Genlis. Fehler und wieder
Fehler!

Ich werde Deine Antwort erwarten, — ober (gestrichen: im
Falle Deines Schweigens) werde ich auch Dich nicht erwarten. Gegen
die Broschüre werden wir schreiben, aber dabei (gestrichen: Deine)
ihre Anonymität wahren und selbstverständlich weder Dich noch unsern
Abschied im Jahre 1847, noch unsre Zusammenkunft vor drei Jahren
vergessen. (Gestrichen: Unser Weg ist vielleicht [?] schmal und wir
sind vielleicht exklusiv, — dafür aber aufrichtig.)

7. Juni.

7.

Paris, ben $\frac{30. \text{ Mai}}{11. \text{ Juni}}$ 1862.

Dein Brief, mein teurer Herzen, ist eines der schwersten Er=
eignisse in meinem Leben. Du stellst die Frage sehr einfach: Es
bleibt mir die Wahl zwischen Dir und meinen Ansichten; ich habe
keinen Mittelweg. Nach Granowski habe ich niemand so geliebt
wie Dich; ja, auch bei Granowskis Lebzeiten liebte ich Dich nicht
weniger als ihn. Für meine Meinungen habe ich mich ganz hin=
gegeben und gebe mich noch ganz hin, wenn auch ganz andern Feinden,
wie früher. Es ist mir bitter, mich von Dir zu trennen, aber es
bleibt mir nichts andres übrig. Wie ich schrieb, so denke ich, und
jetzt noch mehr als je. Nicht die Eigenliebe drängt mich dazu, dies
zu sagen, sondern die Ueberzeugung. Handelte es sich nur um eine
persönliche Frage, so würde ich mich gern schuldig bekennen, was es
mir auch kosten würde.

Erstens sind die Gerüchte, daß ich meine Broschüre für einen Nikolai Nikolaiewitsch schrieb, der reinste Unsinn. Ich verfaßte sie im Mai 1861, als die Verordnung vom 19. Februar bei dem Adel ein Jammergeschrei und bei den Bauern Bestürzung hervorrief. Niemals habe ich es nicht nur vor niemand verheimlicht, daß diese Broschüre von mir sei, sondern ich versandte sie überall, kopierte sie unterwegs auf dem Schiffe auf der Wolga und verteilte sie an jedermann. Ich wußte, daß man mich zurückgeblieben, bestochen, verräterisch u. dergl. nennen werde; aber trotz alledem setzte ich die handschriftliche Verbreitung der Broschüre fort und ließ sie schließlich drucken. Das übrige weißt Du aus meinen Briefen. Für Michail (nicht aber für Nikolai) Nikolaiewitsch ist mein Aufsatz über die Universitätsereignisse verfaßt, welcher bei Dir abgedruckt wurde und den man nicht früher zirkulieren lassen konnte, bis er nicht seine Wirkung gethan hatte*).

Du bist über meine Handlung betrübt. Vermagst Du es, so lies diesen Brief ruhig bis zu Ende, und wenn Du darin irgend ein Falsch findest, so stoße mich von Dir. Vorläufig bringe unsrer Freundschaft dieses letzte Opfer und höre mich bis zu Ende an.

In einer Nummer der „Glocke" sprachst Du folgenden Gedanken aus: Die Menschen suchen sich jene gesellschaftliche Form aus, welche für sie paßt; jedes Volk — das Ideal, über welches es nicht hinauszugehen vermag. Für die Ameisen und Bienen ist ihr Gemeinwesen gerade passend, und wer weiß, wieviel Zeit vergangen ist, bis sie dasselbe ihrem Bedürfnisse angepaßt haben.

Ich habe die „Glocke" nicht zur Hand und citiere Dir Deinen Gedanken mit meinen eignen Worten. Zu einer Zeit, wo alle sich an Deinen Pamphleten berauschten, wählte ich aus Deinen Aufsätzen solche Gedankenperlen, welche mir als Programme für ganze künftige Traktate erschienen, und ich verehrte dies Aufleuchten einer Genialität, welche mit ihrem Gedanken Jahrhunderten vorauseilte. Die Sache ist die, daß die Menschen, wenn sie, die Nebelwelt der Phantasie verlassend, den festen Boden der Wirklichkeit unter den Füßen fühlen, nicht nur die Religion, sondern auch die Philo-

---

*) „Die Glocke" Nr. 119—120. Nachdem der Verfasser einen Ueberblick über den Zustand der Petersburger Universität und der Studentenunruhen im Jahre 1861 gegeben, schlägt er Reformen im Geiste der Autonomie der Universitäten und der Anerkennung der Studentenvereine vor und äußert sich gegen die Grausamkeit der Strafen für politische Verbrechen, als welche in Rußland alle Bewegungen unter der Jugend angesehen werden. S. Anhang.

sophie, nicht nur die philosophische Philosophie, sondern auch
die politische Philosophie über Bord werfen müssen. Wie auch
eine Form des Gemeinwesens beschaffen sein mag, man darf und
kann sie doch nicht als Gegenstand des Kultus, als einen Gott,
dem man Menschenopfer bringt, betrachten; es ist mit ihr wie mit
einem Stiefel oder einem andern Kleidungsstück, das man nicht
nach dem gleichen Schnitt für alle Menschen anpassen kann, denn
jeder braucht einen eigenen Schnitt. Ohne irgend einer Form des
Gemeinwesens eine besondere Wichtigkeit zuzuschreiben, denke ich vor
allem daran, wie man die alte bestehende durch eine neue ersetzen
kann, wenn diese nur tauglich ist. Darin liegt für mich das ganze
Interesse.

Wenn nun diese oder jene Form des Gemeinwesens kein Gegen=
stand der religiösen Gottesverehrung ist, so muß man vor allem
daran denken, wie man sie mit möglichster Schonung der Menschen,
der Gewohnheiten, der Interessen verändern könne, weil es sich den
Menschen um das Heute und nicht um das Menschengeschlecht und
die Ewigkeit handelt, welche sich in der Geschichte in so regenbogen=
farbigen Miragen abspiegelt. Die Dynastie zu vertreiben, dem herr=
schenden Hause den Garaus zu machen, das ist gar nicht so schwer
und hängt oft vom dümmsten Zufall ab; den Adeligen die Köpfe
abzuschlagen, nachdem man die Bauern auf sie gehetzt hat, — dies
ist nicht so unmöglich, wie es scheint; den Soldaten an den Ge=
danken zu gewöhnen, daß er gegen jeden losziehen müsse, gegen den
es ihm einfällt, das ist nach einer gewissen Anstrengung auch nicht
unmöglich. Kurz, ich halte es gar nicht für so schwierig, alle be=
stehenden, überlebten und ausgewitterten Grundlagen der Gesellschaft
in Rußland zu unterwühlen, es zu einem wuchtigen Sturze zu bringen.
Aber was wird später werden? Aus dem Bestehenden wird aus dem
einfachen Grunde nichts Neues hervorgehen, weil, wäre es wirklich
etwas Neues, sich das Alte keine zwei Tage hätte halten können.
Und so wird eine Minderheit, ich weiß noch nicht welche, auf der
Oberfläche auftauchen und dann wird sich alles in alter Weise kry=
stallisieren, zuerst der Mehrheit der vorhandenen Elemente und An=
sichten gemäß, und dazu mit dem vollen Haß gegen das Neue, vor
welchem jetzt die saumselige (?) Unentschlossenheit mit der Frage steht,
ob es nicht dem Alten vorzuziehen sei?

Was ich da sage, sind keine Phantasien, keine Mutmaßungen,
sondern furchtbare Wirklichkeit. Die Formel der russischen Geschichte
erinnert schrecklich an die der französischen. Wenn man Tocquevilles
Werk liest, so überläuft einen ein Zittern, so sehr erinnert das

vorrevolutionäre Frankreich an bie jetzigen Einrichtungen und An=
sichten bei uns; vor der weiteren Entwicklungsphase Frankreichs möge
uns die Geschichte bewahren!

Alle Greuel unter Nikolaus sind Kinderspiel im Vergleich mit
ber systematischen Knechtung und Demoralisation des französischen
Volkes. Wie die da oben auch bei uns sein mögen, so ziehe ich sie
bennoch ben Beutelschneidern Nr. 1 und 3*), biesen Auserwählten
des ganzen Landes, vor. Blindlings handeln will und kann ich
nicht, — an ben Hokuspokus ber radikalen Verwandlung der Völker
von einer Form in die andere in 24 Stunden, — baran glaube ich
nicht, weil ich überhaupt nicht an Wunder glaube.

Und woran ich nicht glaube, bafür möchte ich keinen einzigen
Menschen, kein einziges Interesse opfern. Ich möchte nicht auf mich
alle Folgen nehmen, bie mit dem Versuche, Wunder zu schaffen, ver=
bunden sind. Ich glaube, baß bas Leben bas Seinige thun wird,
baß ber gesunde Organismus geheilt werden wird, aber nicht mit
einemmal, sondern mit ber Zeit.

Das sind ber Sinn und bie leitenden Prinzipien meines Auf=
satzes, ber mir so viel Kummer eingetragen hat. Ich verfaßte ihn, weil
ich ben gegenwärtigen Moment als sehr gefährlich für uns betrachte.
In ben Köpfen herrscht ein unglaublicher Wirrwarr. Die Regierung
handelt unsinnig und bas Publikum und bie Gesellschaft wetteifern
barin mit ihr. Kann man benn inmitten bieses allgemeinen Turm=
baues zu Babel ernsthaft zu jebem Unzufriedenen sagen: Es ist Dir
unbequem, schwer, erstickend, also nur immer zu, Bruder, haue nach
rechts und nach links. Was Dich brückt, bas ist eben schlecht. Meine
Zunge wird es nicht aussprechen können. Ich weiß, baß bie Ab=
sichten, Ziele, Bestrebungen unsres Publikums meistens bie groß=
herzigsten, baß ber Gedankenfond ber humanste, baß bie Forderungen
an sich bie gerechtesten sind. Aber um ein Gemeinwesen zu schaffen,
ist dies alles wenig, man muß eine Form ausarbeiten, man muß
bas Schiff vorsichtiger vom Stapel lassen, bamit es nicht zerschelle.
Wenn es aber schon frei auf bem Wasser ist, so wird bas Schwimmen
schon leicht gehen. Da ich so benke, so hielte ich mich für einen
ehrlosen Menschen, würde ich bem Herren, bem Popen, bem Bauer,
bem Offizier, bem Studenten raten, ben Zersetzungsprozeß ber ver=
alteten historischen gesellschaftlichen Form zu beschleunigen. Nein,
so stark meine Stimme ist, werde ich ihnen zurufen: Gehet vorsichtig,
behutsam vor, schüttet nicht Oel ins Feuer, nahet Euch nicht mit

---

*) Napoleon I. und III.

einem Lichte einer Pulverkammer. Lasset Eure Gedanken sich absetzen, wartet, bis die Krystallisation beginnt. Wir werden es nicht
erleben, — was liegt daran, die kommenden Generationen werden
uns später danken. Jede neue Sache ist eine Arbeit, und eine große
Arbeit: geduldet Euch!

Was daraus werden wird, weiß ich nicht. Ob mein Traum in
Erfüllung gehen wird und ob wir, wenn auch langsamer, dafür aber
um so sicherer mit frischen Kräften den neuen Weg finden werden,
oder ob man genötigt sein wird, den Knoten mit einer Axt zu zerhauen, — dies wird die Zeit lehren. Aber ich fasse die Sache so
auf, wie ich spreche, und ich werde nicht aufhören, auf demselben zu
beharren. Mögen die Studenten mich einen Feigling nennen, mögen
mich die Adeligen für einen Verräter halten, mögen meine besten
Freunde mich des Ehrgeizes, der Kriecherei und der Käuflichkeit verdächtigen, — solange ich dieser Ueberzeugung bin, werde ich nicht
meinen Ton mäßigen.

Du vergleichst mich mit Tsch. Wenn Du nicht gereizt gegen
mich wärst, könnte ich mich wegen dieses Vergleiches beleidigt fühlen.
Sage, um Gottes willen, was für Gemeinschaftliches besteht zwischen
diesem viereckigen Schädel und mir? Dieser Tölpel will mit der
Abschaffung der Adelsprivilegien so lange warten, bis wir einen Mittel-
stand haben. Gegen die Studenten bittet er bei der Regierung Gendarmen zu Hilfe. Wo denn, wann denn habe ich Aehnliches geäußert, nicht in Worten, aber in meinen Prinzipien selbst? Ich sage
einfach: Ziehet nicht das Schwert! Wer das Schwert zieht, wird
durch das Schwert umkommen. Gehet vom Bestehenden aus. Wenn
es nichts wert ist, wird die Sache, das Leben selbst zeigen, was
vonnöten ist. Bis jetzt beruhte die Welt auf der Gewalt und litt
Strafen. Nehmet nicht zur Gewalt Zuflucht und alles wird gut
sein. Zwischen dem hier Gesagten und Tsch. ist doch ein gewisser
Unterschied.

Aber nicht allein diese allgemeine Richtung der Broschüre mißfällt Dir. Du erhebst in Deinem Briefe drei kapitale Beschuldigungen gegen mich: Ich wolle einen privilegierten Grundbesitz, statt
der Adelsoligarchie eine aufgeklärte Bureaukratie, und schließlich halte
ich den russischen Bauer für ein minderjähriges Kind. Alle diese
drei Punkte möchte ich aufklären.

Wenn Du Dich meines Aufsatzes über die russische Dorfgemeinde erinnerst, der im „Athenäum" vom Jahre 1858 erschien,
so wirst Du wohl seit lange meine Gedanken in dieser Hinsicht kennen.
Ich bin gegen das individuelle persönliche Eigentum, als eine aus-

schließliche Form des Grundbesitzes. Ich bin nicht gegen das Prinzip desselben, aber daneben möchte ich den Gemeindegrundbesitz haben, als ein Korrektiv, als ein Gegengewicht gegen die Konkurrenz des persönlichen Besitzes, so denke ich auch jetzt. Dieses Fehlen des Privatbesitzes, seine Abschaffung wäre der größte Unsinn, der sicherste Weg zur chinesischen Unbeweglichkeit, mit Opferung des Prinzips der Individualität und der Freiheit. Und es wäre auch unmöglich durchzuführen. Die Masse des Volkes bei uns strebt nicht nach Gemeinbesitz, sondern nach Privateigentum. Beide Formen muß man bewahren, weil sie einander ergänzen.

Ueber politische und Zivilprivilegien habe ich nie gesprochen und ich wünsche dieselben nicht. Ueberdies besitzt doch ein jeder bei uns Grund und Boden, mithin wären alle Privilegierte, würde man zur Basis der Vorrechte den Grundbesitz nehmen.

Nur mit Vorsatz, ohne verstehen zu wollen, was ich wünsche, kann man in meiner Broschüre den Wunsch nach einer aufgeklärten Bureaukratie erblicken. Es ist mir ganz gleich, welche politische Form man bei uns ausbrüten wird. Meine ganze Sorge besteht darin, daß jetzt in diesem Augenblick eine allgemeine, für alle Volksklassen bestimmte Konstitution unmöglich, aber eine adlige allein undenkbar ist. Daß ich für die Zukunft die Konstitution nicht verneine, das ist am Schlusse meiner Broschüre offen gesagt. Auch jetzt denke ich dasselbe. Aus der gegenwärtigen falschen Lage kann sich leicht eine Militärdiktatur entpuppen, eine Konstitution nicht, wenigstens keine solche, von der die ordentlichen Leute träumen. Ich sage das: Leget in der Selbstverwaltung den Grund zu einer wahren und sichern politischen Freiheit. Verfolget dieses, das übrige wird sich von selbst machen. Ist denn dies ein Wunsch nach einer aufgeklärten Bureaukratie?

Schließlich beschuldigst Du mich, daß ich den russischen Bauer für ein Vieh halte, welches unfähig ist, Vertreter zu wählen. Für ein Vieh! Du weißt selbst recht gut, daß ich nicht so denke, noch jemals so gedacht habe. Warum sagst Du das also? Ich habe mich nur in folgendem geirrt: Ich fürchtete, daß man den Bauer in seinen bürgerlichen Rechten betrügen, und daß er nicht verstehen werde, von ihnen Gebrauch zu machen. In Wirklichkeit aber zeigte es sich, daß er seine bürgerlichen Rechte besser kennt und besser zu wahren weiß, als der Herr. Darin habe ich mich in der That geirrt. Daß er aber nicht verstehen wird, seine politischen Vertreter zu wählen, das denke ich auch jetzt. Politische Vertreter eines Volkes müssen viel mehr kennen, als die lokalen Verhältnisse und Gebräuche, solche

aber gibt es unter den Bauern nicht; unter den andern Ständen
wird der Bauer nicht wählen, weil er ihnen nicht traut, und mit
vollem Rechte. Bis nicht die Kluft zwischen den Ständen überbrückt
ist, so lange halte ich aus den oben erwähnten Gründen eine wirkliche
Konstitution bei uns für unmöglich, eine französische aber möchte ich
nicht für Rußland*).

Es schien mir und scheint mir noch, daß der Unterschied zwi=
schen Deinen und meinen Ansichten nicht die Sache selbst, sondern
das Temperament verursacht. Denkst Du denn, Rußland und der
Menschheit eine gewisse politische und bürgerliche Form aufzubrängen?
Sicherlich nicht. In dieser Hinsicht, wie in allen übrigen, kann es
kein Glaubenssymbol geben. Darüber sind wir einig. Wir unter=
scheiden uns dadurch, daß Du ungeduldiger bist, als ich, da Dir aus
der Ferne alles regenbogenfarbig erscheint und weil Du glaubst, man
müsse nur eine Anstrengung machen und sich losreißen und alles
werde gut gehen. Ich aber quäle mich mein ganzes Leben mit den
garstigen Dingen unsres öffentlichen Lebens ab, ich sehe und kenne
vieles, was Du nicht siehst und nicht kennst, und ich glaube, daß
aus dem gegenwärtigen unsinnigen Wirrwarr etwas wahrhaft Neues
und Großes entstehen wird, aber ich bin überzeugt, daß es noch sehr
weit bis dahin ist. Vor allem müssen wir aber die Krisis möglichst
ruhig, behutsam und mit möglichst geringer Vergeudung unsrer Kräfte
durchmachen, da wir diese für die Zukunft brauchen.

Die jetzigen Bestrebungen, Gedanken, Leidenschaften, Gärungen
scheinen mir Schaum, Visionen, die nicht verdienen, daß man ihret=
wegen die ganze Zukunft auf die Karte setzt. Einer von uns irrt
sich, vielleicht wir beide; aber lege die Hand aufs Herz und sage,
ob wir deshalb aufeinander Steine werfen dürfen? Als Du mit
unerhörter und nie gesehener Kühnheit alles bei uns aufdecktest, als
Du in Deinen genialen Aufsätzen und Pamphleten Gedanken säetest,
welche Jahrhunderten vorauseilten, für die Gegenwart aber die
mäßigsten, nächstliegenden, auf der Tagesordnung stehenden Forde=
rungen aufstelltest, da erschienst Du mir als jener große Mann,

---

*) Es ist merkwürdig, daß auch Kawelin, wie fast alle Russen, die für
oder gegen eine Konstitution sprechen, diejenige Seite derselben außer acht
läßt, welche die persönlichen Rechte, wie Unverletzlichkeit der Person,
Religions=, Preßfreiheit u. dergl. bestimmt. Diese Rechte, welche dem Bauern
wie dem Adeligen nötig sind, besitzt Rußland bis jetzt nicht im mindesten;
diese Rechte wurden, wenn auch nur bis zu einem gewissen Grade, auch
von der französischen Konstitution des „Beutelschneiders" III. und sogar I.
anerkannt.

mit dem die neue russische Geschichte beginnen müsse. Ich weinte über Deine Aufsätze, ich kannte sie auswendig, ich wählte aus ihnen Epigraphe für künftige historische Arbeiten, politische und philosophische Untersuchungen. Noch vor kurzem schrieb Ch. Mazade in der „Revue des deux Mondes“ einige Seiten über diese Deine Thätigkeit. Später bist Du von diesem Programm etwas abgewichen. Ungeduld und Widerwillen bemächtigten sich Deiner. Aus einem Denker und einem Manne, der die Mißbräuche aufdeckte, wurdest Du zum politischen Agitator, zum Parteihaupte, das auf jeden Fall eine neue Ordnung der Dinge sofort bei uns einführen möchte und wenn nicht mit fried= lichen Mitteln, dann durch eine Umwälzung. Deine frühere Thätig= keit ist mehr nach meinem Sinne. Ich glaube, daß man bei uns nur auf diesem Boden mit Erfolg wirken kann. Deine Forderungen, die ausschließlich eine Reform im Auge hatten, und die nicht nur von sehr großem Talent und von Liebe zu Rußland, sondern auch von Abwesenheit jeder Spur einer Gewaltthätigkeit unterstützt waren, übten eine unwiderstehliche Macht aus und machten einen erschütternden Eindruck. Ich bin überzeugt, daß Du, indem Du diesen Weg ver= ließest, Dich geschwächt und die Feinde Deiner Sache stark gemacht hast. Ich hatte mir vorgenommen, sobald ich nach London käme, Dir dies alles zu sagen; aber indem ich Deine neue Richtung oder vielmehr die Deines Organes für irrtümlich hielt, dachte ich gar nicht daran, daß wir uns aus diesem Grunde den Rücken wenden müßten. Es ist selbstverständlich, daß, indem wir verschiedene Mittel für ein und dasselbe Ziel wählen, — denn ich beharre darauf, daß das Ziel dasselbe ist — wir darüber debattieren können und müssen. Für mich bleibst Du derselbe, wenn Du Dich auch, meiner Meinung nach, irrst. Irrst Du Dich mit aufrichtiger Ueberzeugung, so ist es schwer, Dir zu sagen: entweder sage Dich von Deinen Gedanken los oder ich will Dich nicht kennen.

Ich habe alles gesagt. Es ist mir bitter, Dir einen solchen Brief zu schreiben. Nun frage ich Dich: Kannst und willst Du mich bei Dir sehen oder nicht? Wenn ja, so werde ich sehr glücklich sein und ich bin bereit, Dir alle Aufklärungen zu geben, die Du von mir fordern wirst. Wenn nicht, so sei es, wie Du willst. Es wird weder mein erster noch mein letzter Kummer sein, aber es ist un= möglich, dem abzuhelfen. Ich kann um kein Jota von meinen Ueber= zeugungen abweichen, bevor ich nicht selbst einsehe, daß ich mich irrte. Dann aber werde ich es von selbst, aus freien Stücken, nicht aber auf fremde Forderungen hin laut kundthun. Solche Bedingungen habe ich nie angenommen und werde es auch nie thun.

Ich erwarte eine kategorische Antwort von Dir: soll ich zu Dir kommen, oder nicht. Bevor Du antwortest, erwäge diesen Brief und mein Verschulden genau. Du hast viele Verehrer und Anbeter; ich habe wenig Freunde behalten. Ich liebe Dich auch jetzt so wie früher, wenn Du auch ungerecht gegen mich bist, so ungerecht, wie es sogar Fremde nicht zu sein pflegen. Wenn Du mich auch zurückstoßen solltest, ich werde dennoch nicht aufhören, Dich zu lieben, weil es mit der Freundschaft nicht wie mit alten Schuhen ist; man kann sie nicht aus dem Fenster werfen, wenn es einem einfällt.

Noch ein letztes Wort. Du sagst, daß Du meine Broschüre untersuchen, im Namen unsrer alten Freundschaft die Anonymität bewahren wirst. Ich habe selbst in den letzten Anzeigen über meine Broschüre meinen Namen genannt, wie ich es Dir bereits schrieb, und daher wünsche ich gar nicht, daß Du aus persönlichen Rücksichten diese Broschüre anders als jede andre behandelst. Eines von beiden: entweder wirst Du Dich aus meinem Briefe überzeugen, daß ich so schreiben mußte, wie ich es that, oder Du wirst es nicht. In diesem oder im andern Falle sollst Du Dich über die Broschüre so äußern, als ob sie ein Dir völlig Fremder geschrieben hätte. Mir wäre Deine Ueberzeugung teuer, aber um Gnade flehe ich nicht, nicht um Deine, noch um die des Kaisers. In dieser Hinsicht suche und will ich vollständige Freiheit Freund und Feind gegenüber, ohne mich vor jemand zu beugen und nur mir selbst und meinen Ueberzeugungen folgend. Adieu.

Dein Kawelin.

P. S. Schreibe hierher auf meinen Namen poste restante.

8.

Paris, den 7./19. Juni 1862.

Dein Brief, teurer Herzen, war für mich eine ebensogroße Freude, wie die Depesche aus Ems, die mir die Ankunft meiner Frau und Tochter daselbst anzeigte. Vielmals, vielmals danke ich Dir für denselben. Ich lege unermeßlichen Wert auf unser persönliches Verhältnis und je länger ich lebe, um so mehr. Das Leben hat unerbittlich Blatt für Blatt von der herrlichen Blume der Freundschaft gerissen und jetzt sind nur wenige geblieben: ich darf damit nicht verschwenderisch umgehen, auch ist dies nicht meinem Alter an-

gemessen, bevor ich beginne, mich zum Mineralienreich rechnen zu
müssen. Du willst nicht, daß ich komme? Es sei, wie Du willst;
für mich ist die Begegnung mit Dir eine Sache des Herzens, der
Erinnerung, ich darf fast sagen der Anbetung, obwohl wir uns auf
verschiedenen Wegen befinden. Ich wiederhole es, ich glaube, daß
uns nur die Mittel, nicht die Zwecke trennen. Ich wiederhole es,
daß Deine Gedanken, welche Du unvermutet ausstreust, mir als
Programme für Jahrhunderte hinaus scheinen. Wenn ich Zeit haben
werde, werde ich mich einmal mit einer Auslese dieser jets de
lumière befassen, wie dies neulich Frauenstädt mit Schopenhauer
vornahm. Ich kenne keinen, der Dir als Denker gliche. Aber zürne
mir nicht, wenn ich Dir sage, daß Du inkonsequent bist. So wenigstens
scheint es mir. Die ganze Welt stürzt, die ganze Synthese ist alters=
schwach geworden. Kann man denn auch nur einer Meinung, einer
Ansicht beistimmen? Ich gestehe, daß ich das nicht einsehe. Das ist
noch wenig. Es scheint mir, daß der Grundgedanke des Jahr=
hunderts, — die Ansicht, daß der Mensch das Produkt der Natur=
geschichte ist, die weder Ziele noch Aufgaben hat, ein Produkt von
bekannten (oder richtiger, unbekannten) Kombinationen, — bereits ein
Ausweg aus allen gewaltthätigen Versuchen ist, Völker und Stämme
auf dem oder jenem Wege zu führen. Glaube mir, ich wollte sagen,
bedenke, befinden sich denn nicht die Regierungen und ihre Gegner
auf demselben Irrwege, indem sie den Völkern Gewalt anthun
wollen. Es scheint mir, daß es eine endgültige Errungenschaft ist,
daß jede Gewaltthätigkeit, woher sie auch käme, nicht unter den
Schlägen einer andern Gewaltthätigkeit zu Grunde geht, welche sie
nur erwärmt, künstlich in ihr das Leben unterhält, sondern infolge
ihrer innern prinzipiellen Insolvenz, wenn sich auch niemand gegen
sie erhebt, ja, um so schneller, je weniger man sich gegen sie erheben
wird. Solange das Uebel (d. i. die Gewaltthätigkeit) vorhanden
ist, so bedeutet das, daß noch nicht alle Bedingungen für sein Ent=
stehen beseitigt sind, es bedeutet, daß einige Verhärtungen sich noch
nicht aufgelöst haben. Dies kann allein der Gedanke, das Bewußt=
sein thun, und nichts weiter. Das gesellschaftliche Leben, das ist der=
selbe Organismus (d. i. eine von den Erscheinungen desselben), gegen
welche man mit Gewalt nichts ausrichten kann. Den Kranken heilt
man, aber man schlägt ihn nicht, damit er gesund wird.

Wir Russen sind, wie es mir scheint, eben jenes Volk, das durch
seine ganze Physiognomie berufen ist, dieses Prinzip in der Geschichte
einzubürgern, es zu einem andern Bewußtsein zu bringen. Wir
haben uns als Volk nicht so gestaltet, wir sind nicht groß geworden,

daß wir irgendwie geneigt sein dürften, anders auf die Sache zu blicken. Schon in unsrer Kindheit haben wir eine schreckliche Um= wälzung mitgemacht, deren Sinn mir noch bis jetzt nicht völlig klar ist — die petrinische. Aber kaum begannen wir die Augen zu öffnen, als die von Peter I. geschaffene Gewaltthätigkeit, das Gerüst seiner schlauen Unternehmungen, in Trümmer zu zerfallen, ohne jede neue Revolution zu verschwinden begann. Je ruhiger bei uns alles ab= läuft, um so schneller wird alles verwittern. Um daran zu glauben, braucht man weder Fanatiker noch Prophet, noch ein geschworener Idealist zu sein. Es ist offenbar, es fällt einem in die Augen, so daß vielleicht nur der Träge oder derjenige, der nicht sehen will, es nicht merken wird.

Ich will von den Polen nicht dasselbe sagen. Die Ordnung, welche in Polen herrscht, ist nicht von ihnen geschaffen. Sie sind Eroberte, und ich begreife vollkommen den sich empörenden Polen, wie ich den aufrührerischen Bulgaren, Serben, den gegen Oesterreich rebellierenden Italiener verstehe. Ob aber der nächste Weg zu Polens Freiheit die gewaltsame Abschüttelung des russischen Joches ist, das ist wieder eine andre Frage. Ich glaube, ich bin tief überzeugt, daß nicht. So unsinnig und abscheulich die russische Herrschaft in Polen ist (besonders aber war), so ist es jetzt doch nicht vorteilhaft für sie, unser Joch abzuschütteln. Käme der russischen Regierung der glück= liche Gedanke, auf Polen, auf jedes Stückbreit des ehemaligen polnischen Landes, welches die Polen auch jetzt noch für das ihre betrachten, zu verzichten, so würde sich ein wunderbares Schauspiel zeigen: es würde die Polen wieder zu uns ziehen, weil hinter der polnischen Frage eine ungleich wichtigere, die slavische steht, in welcher man sich ohne Rußland nicht rühren kann. Durch gegen= seitige Reibung heilen wir uns von Roheit und Unsinnigkeit, sie sich aber von den nichtslavischen Säften und Skrofeln, von denen sie strotzen. Die Annäherung zwischen Polen und Russen geht, abgesehen von allem, langsam für sich vorwärts, aber ohne Halt zu machen; gewiß ist die Annäherung im Hasse gegen die Regierung weder die sicherste, dauerndste, noch die tiefste Seite dieser vielbedeutenden Er= scheinung: sie wird mit den veränderten Verhältnissen verschwinden und nur Enttäuschungen zurücklassen. Von Dauer wird nur die Annäherung sein, welche durch die gegenseitige Wiedergeburt, durch das Bewußtsein der Einigkeit in dem tiefen Hauptunterschied mit der europäischen Synthese verursacht wird.

Und so ist mein Losungswort: Frieden und Einfachheit, Ab= wesenheit jeglicher Gerüste, von was für edlen Motiven sie auch

bedingt sein mögen, wie sie auch in ihren Absichten rein und heilig
sein mögen. Gegen Dich handelt man ungerecht — dulde; Dein
Recht wird von dem Unrechte niedergetreten — dulde; es scheint
Dir, daß wenn Du Gewalt gegen Gewalt anwendest, Deine gerechte
Sache siegen wird; das ist ein bitterer Irrtum — dulde; dulde
tausendmal: das Uebel wird von selbst und rascher wie Staub im
Winde verwehen, Du aber wirst rein bleiben. Dulde, nicht im Namen
des Himmelreichs und des einstigen Heils, sondern im Namen dessen,
daß Wahrheit und Heil nur im völligen Fehlen der Gewalt liegt.
Es soll nur der Gedanke, das Bewußtsein protestieren. Sie sind
frei wie die Luft.

Und so willst Du mich nicht sehen! Das ist ein großer Schmerz
für mich. Schicke mir wenigstens Deine letzte Photographie; ich
werde Dich dann wenigstens so sehen. Vielleicht aber werde ich es
nicht aushalten, ich werde Dich besuchen kommen, aber nicht bei Dir,
sondern auf irgend einem neutralen Gebiete. Ich achte Deine Lage,
Deine Verdienste, Dein Recht, so zu glauben, zu denken, zu handeln,
wie Du es nach Ueberzeugung und Gewissen für das beste hältst.
Ich will Dich sehen, so wie Du bist, mit Deinen Irrtümern, Fehlern —
diesem unentbehrlichen Ballast eines jeden — weil Du mir, ganz so
wie Du bist, teuer bist. Streiten werde ich mit Dir nicht, wozu
auch? Ich will Dich doch nicht überzeugen; und wollte ich es, so
ist es besser schriftlich zu thun: in einem Brief findet sich kein Raum
für Gereiztheit. Ich wollte nur Dich umarmen, meine persönliche
Anhänglichkeit an Dich befriedigen, da ich nicht weiß, wenn wir uns
sehen werden und ob es uns gelingen wird, uns je wiederzusehen.

Sonntag fahre ich nach Ems, um meine Frau und Tochter zu
besuchen und in zwei Wochen kehre ich hierher zurück. Darum schreibe
mir nicht und schicke mir nicht Deine Photographie, bis ich Dir nicht
meine Rückkehr anzeige.

Und so bleibe gesund! Ich umarme Dich fest, fest, von ganzem
Herzen.

                                        Dein
                                            Kawelin.

9.

Paris, den 17.'29. Juli 1862.

Lieber Freund!

Ich bin jetzt in Paris und noch nicht ganz von dem Fieber geheilt, welches mich in Ems heftig überfallen hatte. Daher verzögerte sich meine Rückkehr, meiner Voraussetzung zum Trotz. Ich erwarte als Antwort auf meinen Brief vom Juli einen von Dir. Hast Du meinen erhalten?

Bleibe gesund. Grüße Tata und küsse Olja, — so heißt sie doch? Ich wohne: Rue de Grenelle St. Honoré, Hôtel des Empereurs, Appartem. 35. Ich werde etwa einen Monat hier bleiben, so hoffe ich wenigstens.

Dein Dir wie immer ergebener und Dich von Herzen liebender

Kawelin.

10.

Lies es für Dich.   (6. August 1862.)

Ich habe einen großen Brief an Ogarjow geschrieben. Jetzt habe ich, wie es scheint, alles gesagt, man könnte vielleicht noch manches erklären, aber etwas Wesentliches bleibt nicht hinzuzufügen. Urteilet und denket, wie Ihr wollt, ich aber bin überzeugt, ja überzeugt, daß Ihr die Sache der „Glocke" verderbet. Je entschiedener und offener sie das Banner der socialen Revolution in Rußland schwingen wird, um so mehr wird sie ihren früheren Einfluß einbüßen. Gedenke meiner Worte.

Bakunin ist hier. Wir sahen uns einmal. Da ich keine Freundschaft für ihn empfinde, so erachte ich es für einen Luxus, ihn noch zu sehen. Was haben wir denn Gemeinschaftliches? Es war für mich sehr rührend, daß er mir das Diplom eines völlig ehrlichen Menschen ausstellte, indem er hinzufügte, daß, wäre ich es nicht, er, Michail Bakunin, sicher nicht mit mir sprechen würde. Indem er mich mit N. F. Pawlow verglich, fand er, daß ich nicht Pawlow, sondern besseres wäre. Da siehst Du, Bruderherz, was ich erlebt habe, daß Michailo Alexandrowitsch mir ein Patent auf Ehrlichkeit verleiht. Wahrscheinlich werde ich bald sterben. Dazu bildet er sich, ich weiß nicht weshalb, ein, daß ich großen Kredit bei Golownin habe, kurz,

Dolgorukows Lied singe; ich weiß aber bis jetzt nicht recht, was eigentlich meine Sendung nach dem Auslande bedeutet. Golownin sagt, daß, indem er meine falsche Lage zwischen der Regierung, die mit Argwohn auf mich blickt, und den Studenten, die mich für einen Konservativen halten, einsehe, er, Golownin, mich für die Zukunft erhalten wolle; andre aber, welche die Sache verstehen, sagen, daß Golownin mich einfach hübsch gehen ließ und sich von mir befreite. Was mich persönlich betrifft, so sind mir die beiden Versionen völlig gleichgültig. Irgend einen aktiven Posten annehmen, ob jetzt oder später, bei einer so sinnlosen Regierung, kann und will ich nicht. In der Universität bin ich unmöglich, weil ich dort zwischen zwei Feuern stehen würde, — den Studenten und der nach rechts und links schwankenden Regierung, die durch irgend eine Dummheit in einem Nu das zerstört, was man lange und mit Mühe aufgebaut hat. Meine Kommission läuft im Februar ab, wo ich beabsichtige, noch auf unbestimmte Zeit im Auslande zu bleiben und zu arbeiten. Ich habe vieles in Aussicht genommen. Im Zusammenhang mit den Gedanken, welche ich Ogarjow skizzierte, steht der Gedanke, nach der Methode der Naturwissenschaften die Operation des Denkens und des Willens zu kontrollieren. Lockes und Kants Werke sind veraltet und nach ihnen wurde nur auf den Resultaten, die sie geliefert haben, gebaut. Es dünkt mich, daß hier der Schlüssel liegt zum Ausgang aus den dualistischen Anschauungen in eine neue Gedankenwelt. Seit etwa sechs Jahren beschäftigt mich dieser Gedanke. Doch ob ich dazu kommen werde, ihn so darzulegen, wie ich es möchte, das weiß ich nicht. Ich habe nie Zeit dazu.

Um auf Bakunin zurückzukommen, so hat er mir mißfallen. Abgesehen von verbrauchten und abgenutzten Gemeinplätzen, alten Klassifikationen von Menschen und Dingen, habe ich nichts Rechtes von ihm gehört. Er ist abgelebt und es geht zu Ende mit ihm.

Etwa einen Monat werde ich hier bleiben und dann nach Belgien gehen. Ich möchte Dich zum Sterben gern umarmen, aber jetzt kann ich nicht die Zeit vorausbestimmen. Jedenfalls werde ich Dich zwei Wochen vorher benachrichtigen. Die Nachrichten aus Rußland sind von meinem Standpunkte aus nicht so schlimm. Verhaftet ist nicht Nikolai, sondern Alexander Ssolowjewitsch. Die Verhaftungen wundern mich nicht und, ich gestehe Dir, sie erscheinen mir nicht empörend. Die revolutionäre Partei findet alle Mittel für gut, um die Regierung zu stürzen und die letztere wehrt sich mit allen Mitteln. Anders waren die Verhaftungen und Verbannungen unter dem niederträchtigen Nikolaus. Menschen gingen zu Grunde für ihre Gedanken, Ueber-

zeugungen, Glauben und Worte. Ich wollte, Du wärest die Regie=
rung und ich möchte dann sehen, wie Du gegen Parteien handeln
würdest, welche im geheimen und offen gegen Dich arbeiteten. Ich
liebe Tschernyschewski sehr, sehr, aber einen solchen brouillon, einen
so taktlosen, selbstbewußten Menschen sah ich noch nie. Für nichts
und wieder nichts zu Grunde zu gehen! Daß die Feuersbrünste mit
den Proklamationen im Zusammenhange stehen, das ist jetzt ganz
zweifellos *).

Adieu!　　　　　　　　　　　　　　　Dein

　　　　　　　　　　　　　　　　　　　　Kawelin.

Der eben erwähnte „große Brief" an Ogarjow befindet sich leider
nicht in der uns zugänglichen Kollektion. Hier findet sich Brief 11, der
fast ein Jahr später durch die folgenden Zeilen in der „Glocke" (Nr. 162
vom 1. Mai 1863) in Ogarjows Artikel „Die Leichenrede" veranlaßt
wurde. Diese „Leichenrede" ist aus Anlaß des Todes des Offiziers
Potebeja in Polen verfaßt und beginnt mit dem Aufruf: „Freunde,
Jünglinge!"

„ . . . Der Adel hat aufgehört jede Initiative im Leben zu
haben. Dasselbe fand auch in der Litteratur statt. Von den Vätern
schon nicht zu reden, hat sich die Mehrzahl der Söhne (Jünglinge,
an die unser Wort nicht gerichtet ist) dem Gefühle der Aufrecht=
erhaltung der grundherrlichen Rechte ergeben; unbewußt und eigen=
nützig sind sie in die Fußtapfen der erkauften Zeitungsschreiber,
Professoren, welche das verfaulte Spinngewebe ihrer hochmütig klein=
lichen Ideen weben, Exprofessoren, die früher gutmütig,
später erbost wurden, als sie sahen, daß die gesunde Jugend
mit ihrer skrofulösen Denkweise nicht sympathisieren könne,
getreten."

------

*) Dennoch gab weder die Presse der Katkowschen Richtung noch die
der Regierung damals wie später eine greifbare Bestätigung derartiger
Verdächtigungen.

11.

Ogarjow!

Ich schreibe Dir aus Anlaß einer rein persönlichen Frage, welche nur Dich und mich angeht. In der „Leichenrede" (die „Glocke" Nr. 162) sprichst Du von mir und äußerst Dich von Deinem Standpunkte aus nicht günstig über meine Begriffe und Ansichten. Darauf erwidere ich selbstverständlich nicht. Aber warum sagst Du, daß ich erbost wurde, als ich sah, daß die gesunde Jugend mit meiner strofulösen Denkweise nicht sympathisieren kann? Es that mir weh, diesen Satz zu lesen, es that mir im Namen der frühern Zeit, im Namen der Vergangenheit weh! Ich könnte Dir chronologisch beweisen, daß die Broschüre, die Dir mißfällt, damals verfaßt wurde, als ich noch für die Jugend ein Götzenbild war und folglich keinen Anlaß hatte, erbost zu werden. Aber es handelt sich gar nicht darum. Es thut mir weh, daß Du, der Du mich doch kennst, in Deinem Herzen einen andern Anlaß zu meinen Ansichten als die Ueberzeugung zulassen konntest! Ist es denn möglich, daß, indem wir in unsern Ansichten, in unsern Zielen und besonders in den Mitteln, die zu diesen Zielen führen, sehr weit auseinandergingen, wir auch dadurch das Recht erlangten, uns gegenseitig zu mißachten, zu verleumden und unsern Ansichten rein persönliche Motive zu unterschieben. Das ist Deiner nicht würdig! Wir haben uns in unsern Begriffen und Anschauungen verändert. Im Artikel „Die allgemeine Volksversammlung" Nr. 14 (Beilage zu Nr. 162 der „Glocke"), der mit „Ein Altgläubiger" unterzeichnet ist, in welchem aber jeder Dich erkennen wird, nennst Du die Altgläubigen Deine Brüder im Glauben und in Gedanken beugst Du mit ihnen Dein Knie vor Gott. Keinen blassen Schatten davon vernahm ich von Dir, als wir bekannt und Freunde waren. Und würde ich denn recht haben, wollte ich Dir persönliche Motive bei der Veränderung Deiner Begriffe und Ansichten zuschreiben? Es ist etwas andres, mit ihnen nicht einverstanden zu sein; es ans Tageslicht zu bringen, daß sie dumm, abgeschmackt, häßlich, schädlich und dergleichen sind, — wer würde dagegen sein! Aber wenn man den Menschen kennt, so kann man doch die Unterschiebung von niedrigen Motiven unterlassen. Diese Forderung ist meines Erachtens gerecht; wenigstens wenn wir voneinander sprechen.

Ich schreibe Dir nicht unter dem Eindruck des Aergers oder
der Kränkung, sondern, ich wiederhole es, weil es mir um die Ver=
gangenheit weh thut, weil mir traurig zu Mute ist, daß Du die
Pietät vergessen hast, welche wir der Vergangenheit schulden. In
ihrem Namen entschließe ich mich, Dir zum letztenmal zu schreiben.
Es war meine Sache, Dich daran zu erinnern und nun handle Du
selbstverständlich nach Deinem Gutdünken. Ich glaube nicht, daß es
Dir, indem Du mir niedrige Motive zuschreibst, dadurch besser und
mehr gelungen ist, meine Ansichten und Begriffe zu widerlegen.
Urteile über die Sache und lasse die Person aus dem Spiele, das
ist besser. Ich wenigstens, indem ich mich von Euch trennte, be=
wahre meinerseits die Erinnerung an die Vergangenheit und schone
sie für das Alter. Sie ist besser als unsre Gegenwart und als das,
was noch kommen wird. Ich hoffe, daß Du auch meinen heutigen
Brief als einen Zoll der Vergangenheit betrachten wirst, und nicht
als den Wunsch, in der „Glocke" eine Berichtigung zu erblicken,
deren ich gar nicht bedarf.

Kawelin.

Iw. S. Turgenjews Briefe

an

Al. Iw. Herzen und deſſen Freunde.

———

1.

Ich fühle mich Dir gegenüber, lieber Herzen, schuldig — ich schrieb Dir lange nicht, obwohl ich mich Deiner oft erinnerte; aber ich brachte diese ganze Zeit auf dem Lande zu, in völliger Einsamkeit — und die Einsamkeit erzeugt bei mir immer eine unglaubliche Faulheit, welche in der Poesie Ruhe, Versenkung in Ruhe und dergleichen genannt wird. Nichtsbestoweniger flogen mir zuweilen Gerüchte über Dich und Deine Familie zu — und nun, für zwei Tage in Paris angekommen, möchte ich mir nicht die Gelegenheit entgehen lassen, Dir in Gedanken die Hand zu drücken und Dir und allen den Deinen alles Gute zu wünschen. Wo werden wir uns wohl sehen? Die Dinge haben eine solche Wendung genommen, daß man auf diese Frage keine bestimmte Antwort geben kann. Es wurde mir eine Absicht von Dir bekannt — und ich lobe Dich nicht dafür, wofür Dich viele loben werden, weil für Dich diese Absicht auszuführen so natürlich ist, wie eine Flasche Champagner*) zu leeren. Du bist ein braver Bursche und ich liebe Dich sehr.

Ich verreise wieder auf vier Wochen aufs Land, um zu jagen, — was später sein wird, das weiß nur der Allmächtige. Ich glaube nicht, daß Du in der Schweiz bleiben wirst. Grüße von mir Deine Frau, Herwegh**) und die andern. Ich hörte, daß Du diese Tage eine Gletscherpartie gemacht hast. Schreibe mir etwas darüber. Ich drücke Dir herzlich die Hand und verbleibe stets

Dein ergebener

J. Turgenjew.

---

*) S. Anhang.

**) Hier ist der bekannte deutsche Dichter gemeint, der Vorsitzender des deutschen Emigrantenklubs „Demokratischer Verein" war. Siehe u. a. S. W. Annenkow, Die Ereignisse des März 1848 in Paris, — „Der russische Bote" 1862, Nr. 3, S. 260—261.

2.

Paris, ben 22./10. Juni 1850.

Eine Stunde nach Deiner Abreise, lieber Alexander, kam ich vom
Lande zurück; Du kannst Dir wohl denken, wie dies mich ärgerte;
ich wäre so froh gewesen, Dich vor meiner Abreise nach Rußland
nochmals zu sehen. Ja, Bruder, ich kehre zurück; alle meine Sachen
sind gepackt, übermorgen verlasse ich Paris, und in einer Woche,
künftigen Sonnabend, besteige ich den Dampfer in Stettin. Du
kannst sicher sein, daß ich Deine Briefe und Papiere unversehrt übergeben werde — und wenn Du mich auch nicht würdigtest, mir
Deinen Aufenthalt mitzuteilen — ich werde doch alle meine Versprechen erfüllen; unsrer Verabredung gemäß werde ich Dir Bücher
und Zeitschriften auf den Namen des Fräulein Ern*) schicken — an
Rothschild also; noch heute gehe ich zu ihr, um sie darüber zu verständigen. Gott weiß, wann es sich fügen wird, daß ich Dir wieder
schreibe; Gott weiß, was mich in Rußland erwartet, mais le vin est
tiré, il faut le boire. — Ueber einen etwaigen wichtigen Umstand
kannst Du mich durch eine Annonce im „Journal des Débats" benachrichtigen: Mr. Louis Morisset de Caen u. s. w. Ich werde dieses
Blatt lesen und verstehen, was Du meinst. Also abieu, lieber Herzen;
ich wünsche Dir das allerbeste; ich werde in Deinem Namen alle
Deine Freunde umarmen. Wir werden viel von Dir sprechen. Unter
derselben Adresse werde ich Dir Nachrichten von Ogarjow geben
und dergleichen. Bleibe gesund und handle nach Möglichkeit. Ich
drücke Deiner Frau herzlich die Hand und küsse Deine Kinder. Einen
Gruß an Herwegh und seine Frau. Ich umarme Dich nochmals
und bleibe

Dein

J. Turgenjew.

---

*) Maria Kasperowna Ern, die Schwester eines Bekannten von Herzen
in Wjatka, in Moskau mit Unterstützung von seiten Herzens Vater erzogen,
hatte sich mit der Familie Herzens nach dem Auslande begeben, wo sie den
Musiker Reichel, Proudhons und Bakunins Freund, heiratete, der jetzt
Direktor des Konservatoriums in Bern ist.

3.

Courtavenel, den 22. September 1856.

Warum läſſeſt Du nichts von Dir hören, lieber Freund? Ich wartete immer auf Dein Schreiben und auf die Zuſendung meiner Novelle, entſchloß mich aber endlich, Dir ein paar Worte zu ſchreiben. Biſt Du in Putney angekommen und ſeid ihr alle geſund? Ich wohne hier auf dem Lande und ergöße mich am far niente und an der Jagd. Schlimm iſt's nur, daß die Jagd aus Mangel an Wildbret ſehr mittelmäßig, das Wetter aber abſcheulich iſt. Deine Memoiren im zweiten Teile des „Polarſterns" hab' ich zu Ende geleſen. Es iſt was Herrliches — nur die Unrichtigkeiten der Sprache ſind be= dauerlich. Setze jedoch unbedingt dieſe Arbeiten fort: ſie ſind von einer männlichen und ungekünſtelten Wahrheit, und ihre traurigen Töne werden wie unwillkürlich durch eine friſche Heiterkeit unter= brochen. Alles dies gefiel mir außerordentlich — und ich wiederhole meine Bitte: ſetze Dein Werk unbedingt fort, ohne Dich durch irgend etwas abhalten zu laſſen. Sonderbar! In Rußland mußte ich dem alten Akſakow zureden, ſeine Memoiren fortzuſetzen — hier nun — dir. Und dies iſt nicht ſo widerſprechend, wie es auf den erſten Blick erſcheint. Seine Memoiren wie auch die Deinigen geben ein getreues Bild des ruſſiſchen Lebens, nur von ſeinen zwei entgegengeſetzten Polen und von zwei verſchiedenen Geſichtspunkten ausgehend. Aber unſer Land iſt nicht nur mächtig und reich, es iſt auch groß und umfaßt vieles, was einander fremd erſcheint!

Fet kam auf einige Tage her; ich gab ihm Deine Adreſſe und einen Band ſeiner Gedichte; er wird ihn Dir zuſenden.

Laß, bitte, von Dir hören; wenn ich in Paris angekommen bin, werde ich Dir häufig und ausführlich ſchreiben; hier bemächtigte ſich meiner eine unglaubliche Faulheit. Meine Adreſſe iſt: Au château de Courtavenel, près de Rosny — en Brie — (Seine et Marne). Ich umarme die Deinen und auch Ogarjow. Bleibe geſund.

Dein

Iw. Turgenjew.

4.

Liebster Alexander Iwanowitsch!

Vor allem danke ich Dir für Deine Freundlichkeit. Der Eng= länder ist ein ehrlicher Mann und wird Dir ein echtes Gewehr geben — ich werde Dir das Geld schicken, sobald es, wie Gogol sagt, aus meiner „schönen Ferne“ angekommen ist.

Auch in Kolbassins Namen grüße ich Dich innig, obwohl die Nachricht, daß Du bereits einem andern erlaubt hast, Deine Sachen zu drucken, ihn wahrscheinlich betrüben wird. Uebrigens, falls Du P. keine schriftliche Erlaubnis gegeben, wird er, glaube ich, kaum etwas zu thun vermögen, weil, abgesehen davon, daß Du Erben hast, die Zensur ihn fragen kann: Mit welchem Rechte drucken Sie Is= länder? Und darum bitte ich Dich, in der Bevollmächtigung dem Namen Kolbassins auch den P.s hinzuzufügen. Ich werde sie ihm zuschicken. Und nachdem er sich mit P. verständigt haben wird, wird er im stande sein, sich um die Sache zu bemühen.

Ueber den Namen Ippodrom Suchosanet habe ich mich fast tot gelacht, und ich sehe nicht ein, weshalb Du die Buchstaben J. T. nicht gelassen hast; könnten sie denn nicht Iliogabal Tiesenhausen bedeuten? Ich bitte Dich, geniere Dich nicht; ich meinerseits erwarte Deinen Brief mit Ungeduld. Schon in Rußland machte ich kein Hehl daraus, daß ich Dich kenne und liebe, um so mehr darf ich es jetzt vor jedermann kühn bekennen.

Ich aß gestern mit Pinto bei Melgunow zu Mittag; er gefiel mir sehr, aber dieser Bart in Form einer Kaskade — —! Spaß bei= seite, er scheint mir eine so schöne und reine Natur. A propos d'Italiens, grüße von mir den allerliebsten Saffi, qui a fait ma conquête.

Ich grüße auch die Deinen — Ogarjow, seine Frau und Deine Kinder. Wie steht's mit Ogarjows Gedichten? Werden sie veröffent= licht und wo nämlich?

Es ist nicht gut, daß Du gezwungen warst, zum Feuer Zuflucht zu nehmen ... und wahrscheinlich auch zur Charpie. Was meine Neuralgie betrifft, so wollte ich, daß Deine Prophezeiung in Er= füllung ginge, denn ich habe ziemliche Angst.

Dieser Tage hoffe ich die drei Bände meiner Erzählungen und Novellen zu erhalten; ich werde Dir sogleich ein Exemplar zusenden. Lies es à loisir — und sage mir dann Deine Meinung. Auch

Ogarjow bitte ich darum; eure Meinung iſt mir teuer, und ich glaube ihr.

Nun abieu, Freund; ich küſſe Deine klaren Augen. Wenn ich am Leben und geſund bleibe, werde ich Dich in London, wenn nicht ſchon im Februar, ſo unbedingt im April ſehen — da ich vor meiner Rückkehr nach Rußland einen Teil der Saiſon in London zubringen will. Ich danke Dir nochmals. Bleibe geſund.

Dein

Jw. Turgenjew.

P. S. Wenn Du auf meinen Vorſchlag die fragliche Autori= ſation ſchriftlich ſchickſt, ſo teile mir bei dieſer Gelegenheit mit, ob Dir Lengh das Gewehr übergeben hat; jedenfalls antworte mir raſcher, wenigſtens mit ein paar Worten.

5.

Paris, den 6. Dezember 1856.

Geſtern ſchickte ich Dir, lieber Herzen, durch Rothſchild 500 Frank und bitte Dich, auf die übrigen bis Neujahr zu warten. Frage bei Rothſchild wegen dieſer 500 Frank an, und Du wirſt ſie bald bekommen.

Die „Amneſtie" und die anderen Broſchüren habe ich erhalten; es iſt unbequem, ſich ſchriftlich darüber zu äußern, ich laſſe es daher auf unſre Zuſammenkunft, die immer wahrſcheinlicher wird. Für jetzt begnüge ich mich mit der Aeußerung meiner Sympathie. N. A. M.*), den ich oft ſehe, liegt mir in den Ohren wegen der zwei Buchſtaben, die am Kopfe Deines Briefes ſtehen ſollen; er verſichert, daß dies gefährlich ſei, ich aber bin überzeugt, daß dies Kleinigkeiten ſind, und möchte nur, daß im Briefe ſelbſt nichts über die Details und die Umſtände unſrer Zuſammenkunft er= wähnt werde.

Längſt ſchon ſchickte ich Kolbaſſin Deine Bevollmächtigung, bis jetzt aber habe ich keine Antwort von ihm erhalten; ich glaube, es wäre prächtig, wollte man erlauben, wenigſtens einen Roman von Dir zu veröffentlichen.

*) N. A. Melgunow; ein Teil ſeiner Briefe an Herzen iſt im „Freien Wort" Nr. 58 vom 1. April 1883 veröffentlicht.

Man berichtet aus Rußland über den koloffalen und unerhörten Erfolg von Nekraffows Gedichten, in zwei Wochen wurden 1400 Exemplare förmlich im Sturm gekauft; seit Puschkin ist das nicht mehr vorgekommen. Von Nekraffow habe ich schon lange keine Briefe; es scheint, daß er sich in Rom langweilt und dort Grillen fängt. Auch in Rußland langweilte er sich, aber nicht so sehr. In einem fremden Lande unter unbekannten und unverständlichen Erscheinungen zu leben, ist schlimm für einen zwar klugen, aber schon etwas abgelebten Menschen, der, wenn auch geweckt, dennoch ganz ungebildet ist! Er ahnt undeutlich die Bedeutung dieser Erscheinungen, und um so mehr bemächtigt sich seiner Widerwillen und Erbitterung, nicht wegen seiner Machtlosigkeit, sondern wegen der unwiderruflich verlorenen Zeit!

Hier fühle ich mich gut und fühlte mich noch besser, wäre nicht meine verfluchte Blase! — Sie verbittert mir sehr das Leben — besonders arbeiten kann ich fast gar nicht, dafür lese ich außerordentlich viel. Suetonius, Salluftius (der mir sehr mißviel), Tacitus und teilweise Titus Livius habe ich förmlich verschluckt. Du wirst fragen, was für eine Latinomanie mich ergriffen hat? Ich weiß es nicht, vielleicht hat die gegenwärtige Zeit sie hervorgerufen.

Lies unbedingt: The Confessions of an opium-eater. — Lies es durch und sage mir dann, ob dieses Büchlein auf Dich denselben Eindruck gemacht hat, wie auf mich. Ich habe es zweimal nacheinander gelesen — à la lettre.

Adieu; ich küsse Dich auf die Stirn, Ogarjow auf den Bart, seine Frau auf die Hand — und Deine Kinder auf ihre klaren Augen. Bleibt alle gesund und munter und vergeßt nicht

Euren Euch liebenden

Iw. Turgenjew.

6.

Paris, den 5./17. Dezember 1856.

Lieber Herzen!

Ich möchte durchaus „Barnume und Horace"*) lesen. Thue mir den Gefallen, es mir durch jene Dame zu schicken, die Du Maria Kasperowna nennst und die ich nicht kenne**). Teile mir ihre Adresse mit und benachrichtige sie, daß ich zu ihr komme.

Ogarjows Gedichte habe ich erhalten und gelesen; sie gefallen mir so wie früher, obwohl es besser ist, sie von ihm zu hören, als sie selbst zu lesen. Seine sanfte und melancholische Stimme verleiht ihnen einen besonderen Reiz — wenn man sie aber selbst liest, so bemerkt man viele Nachlässigkeiten und Stellen, die nicht knapp genug sind. Diesen Gedichten waren etwa drei Seiten Deiner „Erinnerungen" beigefügt, die mir außerordentlich gefielen. Es zeigt sich in ihnen klar, daß es eigentlich Dein Beruf ist, solche Chroniken zu schreiben. Sie sind in ihrer Art Aksakows wert. Ich glaube, bereits gesagt zu haben, daß ihr beide in meinen Augen zwei elektrische Pole eines und desselben Lebens seid, und daß aus Eurer Vereinigung für den Leser eine galvanische Kette von Vergnügen und Belehrung entsteht. Aber dieser Vergleich scheint schon ein wenig nach dem Orient zu riechen.

Poggenpohl***) ist ein Intrigant; ein Deutschrusse, versichert er mit seinem deutschen Accent, er hasse die Deutschen und fühle sich eins mit dem russischen Bauer. Auch bei mir sprach er vor, bei aller Welt übrigens. Gott weiß, auf welche Weise er sein Blatt bekommen hat, und jetzt, wo der Wind in Rußland anders weht, will er auch nicht zurückbleiben u. s. w. Ein ehrlicher Mensch sollte sich mit solchen Kerlen nicht abgeben.

Der Wind hat sich aber noch nicht so gedreht, wie man es glaubte. Dieser Tage bekam der „Zeitgenosse" einen tüchtigen Ausputzer, und Beketow wurde entfernt, weil er drei Gedichte aus Nekrassows Buche, welches Muffin-Puschkin in seinen letzten Stunden als Zensor nicht ohne Hintergedanken durchließ, abgedruckt hatte.

---

*) „Barnume und Horace", eine kleine Skizze von Herzen, die als Feuilleton in A. A. Krajewskis „St. Petersburger Zeitung" unter dem Titel „Beide sind besser" erschienen ist.

**) Maria Kasperowna Reichel.

***) Poggenpohl war damals Redakteur der offiziösen Zeitung „Le Nord".

Man muß ſagen, daß Panajew in dieſer Sache wie ein Junge gehandelt hat. Aber die Gedichte „Die Hechte in der Oper" — (ich
lachte ſchrecklich über dieſen Titel) — haben einen außerordentlichen
Erfolg, wie mir dies alle mitteilten, mit denen ich im Briefwechſel
ſtehe *).

Ich bin ſehr neugierig auf das, was die engliſche Preſſe zu der
geſtrigen Note (über die ſchweizeriſchen Angelegenheiten) im „Moniteur" ſagen wird. ... So weit iſt es gekommen. ... Wir wollen
ſehen.

Ich habe zwei Exemplare meiner Novellen erhalten und werde
Dir eines ſchicken. Lies ſie in den Mußeſtunden und teile mir Deine
Meinung darüber mit.

Adieu. Bleibe geſund und munter. Ich umarme Dich, die
Deinigen und Ogarjow. Seine Frau grüße ich.

Dein

Iw. Turgenjew.

7.

Paris, den 9./21. Dezember 1856.

Lieber Herzen!

Ich danke Dir, daß Du mich mit Kaſchperow **) und Gribowſki
bekannt gemacht haſt. Wie es ſcheint, ſind beide gute Burſchen.
Kaſchperow, der bereits geſtern verreiſte, habe ich zu Frau Viardot
geführt und er ſpielte und ſang ihr ſeine Stücke vor. Er war mit
ihr und ihren Ratſchlägen zufrieden, obwohl er keine großen Lob-
ſprüche von ihr hörte. Was mich betrifft, ſo glaube ich, daß er
Talent hat, — aber Gott weiß, ob etwas daraus wird.

In meinem letzten Briefe vergaß ich Dir zu ſchreiben, daß ich
Dir Jakow Roſtowzew mit der größten Freude abtrete.

Ich vergaß ganz und gar, daß Maria Kaſperowna eigentlich die
Frau Reichel iſt, die ich ſehr gut kenne. Vorvorgeſtern gingen wir
ſelbdritt zu ihr, — fanden aber Reichel nicht zu Hauſe und brachten
mit ihr die Zeit zu. Schicke ihr für mich, ich bitte Dich, „Horace

---

*) Wie es ſcheint, nannte Herzen Nekraſſow, den er nicht liebte, „Hecht
in der Oper". Das ſollte heißen, daß Nekraſſow den Ideen des „Zeit-
genoſſen" eigentlich fernſtünde.

**) Kaſchperow, der ſpäter einige Opern komponierte, die ſchwachen
Erfolg hatten, und das Journal „Die Morgenröte" herausgab.

und Barnume", sie wird es mir dann übergeben. Sage Ogarjow, er soll mir sein Gedicht schicken, ich werde es pünktlich und nach Kräften mit Anmerkungen versehen, zurückschicken.

Deine Broschüre habe ich erhalten. Die Einleitung scheint mir ganz richtig zu sein.

Kaschperow nahm das fragliche Exemplar meiner Novellen und Erzählungen, gab mir aber das Wort, es Dir aus Berlin zu schicken.

Abieu für heute; bleibe gesund und munter. Ich verbleibe

Dein Dich liebender

Jw. Turgenjew.

8.

Paris, den 8. Januar 1857.

Lieber Herzen!

Vor etwa drei Tagen teilte ich Ogarjow meine Bemerkungen über sein Gedicht mit, jetzt aber will ich Dir ein paar Worte schreiben. Bitte, schicke mir Deine „Memoiren" und sei sicher, daß Du meine aufrichtige Meinung hören wirst. Neulich las ich in der „St. Petersburger Zeitung" „Barnume und Horace" und bedauerte nur, daß es so kurz ist: es ist ein kluges und feines Dingelchen. Ueber die Drucklegung der Uebersetzung Deines Werkes *) finden jetzt Verhandlungen statt, aber Dein Leumund ist ein so schrecklicher, und die hiesigen Buchhändler sind solche Hasenherzen, daß wenig Hoffnung vorhanden ist; sogar Panier, b. h. seine Firma, hat abgelehnt. Ich machte die Bekanntschaft vieler hiesiger Litteraten, verkehre bei Frau d'Ary; ich muß gestehen, daß ich bis jetzt noch keinem jungen sympathischen Wesen begegnet bin; alle sind entsetzlich flach und hohl. Verschaffe mir eine Gelegenheit, mit Michelet bekannt zu werden, es wird mir sehr angenehm sein. Vom Oktober an bekomme ich die „Lesebibliothek", die jetzt in Druschinins Leitung übergegangen ist; er hat die Absicht, ihr einen konservativ-englischen Charakter zu geben, und hat bereits einen Aufsatz über Bielinski verfaßt, in welchem er ihn von oben herab behandelt; aber der Aufsatz ist nichts weniger als scharf, er gleicht einem Vogel ohne Schnabel, es läßt sich damit nicht in harte Schädel dringen. Und wie soll sich denn auch in

---

*) Es handelt sich hier um Herzens Memoiren: „Gewesenes und Gedachtes".

Rußland Konservatismus finden? Man kann doch nicht zu einem morschen Zaune sagen: Du bist kein Zaun, sondern eine Mauer, an die ich mein Gebäude lehnen will!

Gribowski sehe ich ziemlich oft, er scheint ein guter Kerl zu sein. Denke Dir, Melgunow veranstaltete (aber unter uns bleibe es) am Neujahrsabend einen Reveillon, der ihn gewiß 300 Frank kostete. Als Gäste waren Pinto, Gribowski, ich, zwei Offiziere in Uniform, vollkommene Hengste, etwa in der Art, wie man sie vor Omnibusse spannt, und dazu einige Loretten außer Dienst. Melgunow führte mich mit der ihm eigenen phlegmatischen Würde beiseite und hielt mir folgende Rede: „Hier können Sie das sehen, was man in Paris Demimonde nennt, aber ich muß Ihnen bemerken, daß Sie von diesem Muster nicht auf die andern schließen dürfen, denn die hier anwesenden Loretten sind zum Teil alt, zum Teil häß= lich." Mit Verwunderung blickte ich auf seine Stirn, in die er ein Käppchen geschoben hatte, und dachte mir: wozu dann diese Ausgaben?

Dieser Mann ist ein Sonderling erster Güte, vom reinsten Wasser, — bei alledem ganz allerliebst.

Du hast mir zum europäischen Neujahr gratuliert, ich gratuliere Dir zum russischen.

Apropos, dieser Tage werde ich Dir die übrigen 500 Frank schicken.

Adieu bis auf weiteres. Ich umarme Dich und alle die Deinen und verbleibe

Dein Dich liebender

Jw. Turgenjew.

9.

Paris, den 16. Januar 1857.

Lieber Herzen!

Vorvorgestern erhielt ich Deine „Memoiren" und habe sie gleich durchgelesen *). Sie machten einen starken und guten Eindruck auf mich; in diesen Kapiteln findet sich außerordentlich viel Poesie und Jugendfrische. Die Gestalt Deiner Frau (die wir in der That wenig

---

*) Ein Teil von „Gewesenes und Gedachtes", wo die Erzählung von Herzens Heirat enthalten ist, die im „Polarstern" Nr. 3 (1857) veröffent= licht wurde.

kennen) ift fehr anziehend und lebendig gefchildert, die Auszüge
aus ihren Briefen laffen ihre merkwürdige Natur erkennen. Das
letzte Kapitel hat mir fehr gefallen und es wird nur folche Leute
empören, welche fchon allein Dein Name ärgert. Ich meinerfeits
möchte nur zwei Einwürfe machen: erftens, haft Du vorfichtig gehandelt, indem Du K. *) (den doch alle erkennen werden) feine
Sehnfucht nach einer Revolution u. f. w., u. f. w. befchriebeft?
Zweitens: in diefem letzten Teile ift Dein Stil fchon allzu nach-
läffig; die himmelfchreiendften Galicismen treten einem auf Schritt
und Tritt entgegen; hätte wenigftens Ogarjow die Korrekturbogen
durchgefehen.

Es ift dies um fo unangenehmer, als Deine Sprache fonft fehr
glatt, fließend und klar ift und ihre eigene Phyfiognomie hat. Ich
hätte es unternommen, all diefe kleinen Flecken, deren Grund in
Deinem langen Aufenthalte im Auslande zu fuchen ift, in einer
halben Stunde auszumerzen. Aber ich wiederhole es, die „Memoiren"
find ausgezeichnet und man lieft fie mit Vergnügen, an manchen
Stellen fogar mit Rührung. Einige Nebenperfonen find vorzüglich
gezeichnet (fo z. B. der Bifchof Partheni).

Das Heft der „Lefebibliothek" wird diefer Tage an Dich ab-
gefandt: augenblicklich befindet es fich bei Melgunow, bei dem ich
es morgen oder übermorgen nehmen werde. Nicht ich fchickte Dir
Nekraffows Gedichte; er felbft hat es gewiß thun laffen — oder
wahrfcheinlich hat fich jemand von Deinen geheimen Anhängern
Deiner erinnert. Apropos Deine Anhänger. Du wirft nicht erraten,
von wem ich erft geftern große Lobfprüche auf Dich hörte: vom
Fürften Orlow (der bei Siliftria verwundet wurde), dem Sohne des
bekannten Orlow. — Er hat nicht nur alles gelefen, was Du verfaßt haft, fondern fogar auch (ceci entre nous) vor etwa einem
Monat alle Deine Werke für den Großfürften Michail Nikolajewitfch
mitgenommen. Er hat mir außerordentlich gefallen; das Unglück
hat ihn nüchtern gemacht, auch fonft läßt fich feine gute Natur erkennen. Du wirft alfo unwillkürlich ausrufen: Où la vertu va-t-elle
se nicher? Er wird den ganzen Winter hier zubringen, und ich hoffe,
daß wir öfters zufammenkommen werden **). Ich glaube, daß Du
doch mit Oppenheim bekannt bift? Ich fehe ihn oft, er ift fehr klug
und originell.

---

*) Ketfcher.
**) Es ift hier der Fürft N. A. Orlow gemeint, der fpäter Gefandter
in Paris war.

Bei b'Ary verkehre ich vom Gesichtspunkte eines Naturforschers aus. Was für „Flieglein und Mückchen" *) man da nicht trifft! Abieu, ich umarme Dich und verbleibe

Dein

Jw. Turgenjew.

10.

Paris, Sonnabend, ben 28./16. Februar 1857.

Melgunow zeigte mir Deinen Brief an ihn, lieber Herzen, — ich antworte kurz auf Deine Vorwürfe. Ich fange Grillen, weil ich krank bin und nichts schaffe. Ich werde erst dann geheilt werden, wenn ich Paris verlasse. Dies werde ich erst in einem Monat thun, mich dann eiligst zu Dir nach London begeben — vielleicht werde ich mich da erholen — und von dort nach Rußland gehen, wo ich mich auf immer vergraben werde. Die Gedichte „Woinarowskis" kenne ich nicht.

Nekrassow (ben Du nicht liebst) war von dem letzten Bruchstück Deiner Memoiren entzückt. Tolstoi **) wird auch nach England kommen. Du wirst ihn liebgewinnen und er Dich gewiß auch.

Ich werde Dir nach London alle Zeitschriften mitbringen, die ich habe, um sie Dir dort zu lassen. Jetzt aber kann ich Dir nichts Neues mitteilen. Von Schewyrjews Prügelei wirst Du gewiß schon gehört haben.

Ich grüße die Deinigen und küsse, wen ich barf.

Noch einmal, bleibe gesund und auf Wiedersehen in Putney, wo ich mich bessern werde.

Rends-toi, brave Herzillon!

Dein

Jw. Turgenjew.

---

*) Ein Ausdruck aus Krylows Fabel „Der Neugierige".

Anmerk. des Ueberfetzers.

**) Graf Leo Nikolajewitsch.

II.

Ausführliche historisch-getreue Beschreibung der in der Hauptstadt Moskau zwischen dem Grafen Bobrinski und dem Professor der Eloquenz Schewyrjew stattgefundenen Prügelei.

Der ehemalige Adelsmarschall Tschertkow, verabschiedet wegen Erhebung von Leuten, die er in Schenken und in der Nähe der Kapelle zur Mutter Gottes von Twer *) aufgelesen, zu Landwehroffizieren, veranstaltete eine Soiree für die Mitglieder der Gesellschaft der Kunstfreunde. Auf dieser Unterhaltung waren unter andern auch der obenerwähnte Professor und der Graf anwesend. Es entstanden Debatten (wie dies in Moskau üblich ist) über Slavophilentum, Aksakows Aufsatz, Heldentum, und endlich über Robert Peels Rede, die in Schutz zu nehmen, dem erwähnten Grafen einfiel. — „Dann sind Sie also kein Patriot," bemerkte der Professor. Darauf antwortete mit staunenswerter Geistesgegenwart der Graf: „Aber Du bist ein Hundesohn und mit einem Bastard verheiratet." — „Du aber stammst selbst von einem Bastard ab," sagte seinerseits der Professor und bums!· versetzte er dem Grafen eine Ohrfeige. Da konnte der Graf nicht mehr an sich halten, er schleuderte den Professor zu Boden und begann ihn mit den Füßen und einem Stuhle zu bearbeiten. Die Gäste, welche beim Anblick dieses Schauspiels begriffen, daß der Graf, ein hochgewachsener und starker Mann, den alten schwachen Professor sicher töten würde, machten sich schleunigst aus dem Staube; der Hausherr allein verlor nicht die Geistesgegenwart und lief auch davon, aber direkt zu Sakrewski, dem er unverzüglich darüber Bericht erstattete. Sakrewski, bekannt als Rechtskundiger und Administrator, fand sich gleich zurecht; telegraphisch meldete er nach Petersburg, daß der und der sich prügelten, was da also zu thun wäre? Unterdessen schlug Bobrinski immer weiter auf Schewyrjew los und hätte ihn sicherlich totgeschlagen, wenn es nicht der auf dem Schlachtfelde allein zurückgebliebenen Frau Tschertkow teils durch Ermahnungen, teils durch die Bemühungen ihrer schwachen Hände, sowie durch Bitten und Thränen gelungen wäre, den gereizten Grafen zurückzuhalten, so daß er dem Professor nur eine Rippe zerbrach. Schewyrjew wurde halb-

---

*) Ein Versammlungsort der verdächtigen Elemente in Moskau.

tot fortgetragen und ist bis jetzt noch im Bett. Die Sache blieb dabei und vorläufig sind weitere Folgen nicht zu verzeichnen.

Das, lieber Herzen, ist die ausführliche, in allen Einzelheiten getreue Beschreibung jener berühmten Prügelei, wegen welcher ein Jammergeschrei durch ganz Moskau ging.

Ich übergab Tolstoi Deinen Gruß, er war sehr erfreut darüber und bat mich, Dir mitzuteilen, daß er schon seit lange Deine Be- kanntschaft zu machen wünsche, — er liebt Dich aber schon jetzt, ebenso wie Deine Werke (obwohl er NB. weit davon ist, ein Roter zu sein).

In einem Monat sehen wir uns, — meine Blase jedoch hört nicht auf, mich zu quälen.

Adieu bis dahin, bleibe gesund: Ich grüße die Deinen und Ogarjow.

(Ich habe Deine Vorrede zu den Memoiren der Fürstin Dasch- kow noch nicht gelesen, da ich davon nur ein Bruchstück besitze. Der Stil ist gut.)

Dein

Iw. Turgenjew.

12.

Sinzig, den 17. Juli 1857.

Liebster Freund!

Vor allem danke ich Dir fußfällig für die Delavoy geschickten 250 Frank, deren Empfang er mir mitteilte. Für die Bekannt- schaft mit den Saburovs muß ich Dir danken, weil sie beide, Bruder und Schwester, zu den angenehmsten Russen gehören, denen ich je begegnet bin. Sie werden Dir wahrscheinlich von meinem hiesigen Thun und Lassen erzählt haben. Ich meinerseits will Dir sagen, daß, wie es mir scheint, das Wasser und die Wannenbäder hier mir helfen; zuerst verstärkten sich meine Schmerzen; jetzt aber werden sie mit jedem Tage leichter, was wird weiter werden! Hier gibt es wenig Leute, und ich bin froh darüber; vielleicht wird es mir doch gelingen, zu arbeiten — ich habe bereits etwas begonnen. Ich gehe schrecklich viel, — gestern bestieg ich einen Berg (1400 Fuß über dem Meeresspiegel), etwa acht Werst von hier; ich klomm bis zur Spitze empor, betrachtete die Basaltbrüche und kehrte gleich darauf nach Haus zurück. Nachrichten aus Rußland gibt es wenig. Ich erwarte einen Brief von Nekraſſow, den ich bis nach Berlin begleitete, und der jetzt wahrſcheinlich ſchon ſeit lange auf dem Newskiproſpekt*) promeniert und deſſen ſäuerlich graue Luft einatmet. Deine „Glocke" iſt bis zu den höchſten „Regionen" gelangt**), welchen Eindruck ſie dort machte, darüber kannſt Du ſelbſt urteilen. Ich hoffe dieſer Tage einige Nachrichten zu ſammeln.

Fürſt Dolgorukow, der jetzt Orlows Stelle einnimmt, erweiſt ſich als einer der größten Obſkuranten; die Gendarmen miſchen ſich wieder in das Privatleben, in die Familienverhältniſſe u. ſ. w.

Was macht Ogarjow? Wie ſteht's mit ſeiner Geſundheit? Grüße ihn, ſeine Frau und alle die Deinen.

Drucke eine zweite Auflage des erſten und zweiten Teiles des „Polarſterns". Hier hört man nur Klagen darüber, daß er ſo ſchwer zu bekommen iſt.

Adieu, Bruder, bleibe geſund. Ich werde bei meiner Rückreiſe nach Rußland nach London kommen, um Dich zu ſehen und mich mit Dir über manches zu beſprechen.

Dein

Iw. Turgenjew.

P. S. Für jeden Fall wiederhole ich Dir meine Adreſſe: Sinzig bei Remingen am Rhein, Regierungsbezirk Coblenz.

13.

Rom, den 22. Dezember 1857.

Bevor Du dieſen Brief lieſt, lies das beigefügte Aktenſtück, welches ich Dir behufs ſchleunigſter Veröffentlichung in der „Glocke" überſchicke. Daſſelbe iſt nach Dokumenten verfaßt, und ich erhielt es aus der zuverläſſigſten Quelle. Füge dem Inhalt noch folgendes bei: Kotſchubej ſtellte unter anderm die Sache ſo dar, als ob die Kugel aus der Wunde herausgefallen wäre — man fand ſie aber in Salzmanns Körper; im Laufe der halbjährigen Verſchleppung der Sache ließ Kotſchubej alle ſeine Zimmer, darunter auch ſein Kabinett,

---

*) In Petersburg.
**) Die „Glocke" begann am 1. Juli 1857 zu erſcheinen. Einige Zeit darauf ſchrieb Turgenjew an Herzen, daß ſich der Hof durch den in der erſten Nummer erſchienenen Artikel „Die allerhöchſten Reiſenden" über die verwitwete Kaiſerin Alexandra Feodorowna ſehr beleidigt fühlte.

umändern, so daß Salzmann, als man ihn dort hereinführte, nichts wiedererkennen konnte, wo doch jedem anständigen Menschen an Kotschubejs Stelle vor allem daran gelegen wäre, daß die Angelegenheit nach Möglichkeit öffentlich verhandelt und klargelegt werde. Für all dies wurde er vom Poltawaschen Adel zum Adelsmarschall gewählt und bekam bei der Krönung den Annenorden, von dem er behauptete, daß er ihn nicht für sich, sondern aus Rücksicht auf den Adel wünsche. — Wenn man dies alles liest, so fallen einem die Worte des Polizeimeisters im „Revisor" ein: „Glauben Sie ihr nicht; nicht ich habe sie durchgeprügelt — sie hat sich selbst durchgeprügelt." — Diese Worte könnte man zum Motto für das Vorwort nehmen, welches Du, wie ich hoffe, schreiben wirst; schimpfe nur nicht zu sehr: diese niederträchtige Angelegenheit spricht für sich selbst.

Du wirst sehen, daß ich mehrere unnötige, die allgemeine Wirkung schwächende Verzierungen im Stil gestrichen habe; — auch glaube ich, es wäre nicht übel, den Titel selbst zu ändern. Den Namen des wohlthätigen Generaladjutanten mußte ich zu streichen versprechen. Benachrichtige mich sofort vom Empfang dieses Briefes; schreibe mir nur ein Wort darüber, daß das Dokument in Deinen Händen ist*).

Und solche Fälle sind bei uns keine Ausnahmen — im Gegenteil —, sie bilden die Regel, die übliche Norm unsrer Jurisprudenz; jeder, der die russischen Einrichtungen kennt, kann es bezeugen! So erwirkte neulich Graf Panin die Erlaubnis, der Presse zu verbieten, daß sie von Oeffentlichkeit der Gerichtsverhandlungen spreche, und nach den neuesten Nachrichten ist bei uns die Reaktion in vollem Gange und Triumphe! Es thut einem um Rußland und den Kaiser leid!**).

Adieu, bleibe gesund; halte (dies alles ist ausgestrichen) den Namen Deines Korrespondenten geheim, veröffentliche aber die Sache in der „Glocke" möglichst schneller. Ich grüße alle Freunde.

Dein

Turgenjew.

Meine Adresse ist: Rome, Hotel d'Angleterre Nr. 57.

----

*) Die Angelegenheit der Verwundung des Oesterreichers Salzmann durch den Fürsten Viktor P. Kotschubej war in der „Glocke" vom 1. Januar 1858, Nr. 7 veröffentlicht. Fortsetzung s. in Nr. 60 und im Anhang zu Nr. 75.

**) S. Anhang.

14.

Rom, den 7. Januar 1858.

Liebster Herzen!

Hiermit antworte ich auf Deinen mit Wortspielen und Freund=
schaftsergüssen gespickten Brief. Ich danke Dir für die Zusendung
der einzelnen Teile der „Glocke", aber ich erhielt bereits gestern die
ganze Nummer von einem Deiner glühendsten Verehrer — deren
Zahl Legion ist. Schicke mir künftighin die „Glocke" sous bande,
den Polarstern idem, Korfs Buch idem. Das ist die schnellste und
sicherste Beförderungsweise. Die sechste Nummer der „Glocke" ist
gut, artet aber, meines Erachtens, etwas in Charivari aus. Die
Glocke und Charivari aber, das reimt sich nicht. Ich weiß wohl,
daß man nicht in jeder Nummer einen Aufsatz wie Deinen Brief
an den Kaiser*) schreiben kann; aber die „Scherze" sind überflüssig,
besonders in einer Zeit, wo sich in Rußland sehr ernste Dinge vor=
bereiten. Die zwei Reskripte, sowie das dritte über denselben Gegen=
stand an Ignatiew erregten bei unserm Adel eine unerhörte Unruhe**).
Unter äußerlicher Bereitwilligkeit verbirgt sich die stumpfsinnigste Hart=
näckigkeit und Furcht und der schmutzigste Geiz; aber jetzt ist keine
Umkehr mehr möglich: le vin est tiré — il faut le boire. Schade auch,
daß Du die Nachricht von dem Siege — dem Verbleiben Behrings —
zur Zeit veröffentlichtest, wo derselbe durch Achmatow***) ersetzt wurde.
Dieser Herr ist von ganz anderm Schlage: Er ist süß, höflich, gottes=
fürchtig — und läßt bei gerichtlichen Voruntersuchungen die Bauern
zu Tode peitschen, ohne die Stimme zu erheben und ohne die Hand=
schuhe auszuziehen. Unter Nikolai Pawlowitsch trachtete er nach der
Würde eines Oberprokurators der heiligen Synode; nun ist er aber

---

*) Brief an den Kaiser Alexander II. Aus Anlaß des Werkes von
Baron Korf (Ueber die Thronbesteigung des Kaisers Nikolaus I. und die
revolutionäre Bewegung im Jahre 1825) in Nr. 4 der „Glocke".

**) Es sind darunter die Reskripte an den Wilnaer Generalgouverneur
(Nasimow) vom 20. November 1857 und das an den Petersburger (Ignatiew)
gemeint, mittels welcher die Regierung die Bauernbefreiungsfrage offen und
entschieden angeregt hatte.

***) Behring war der Polizeimeister von Moskau, der sich durch seine
Grobheit und durch die Aufreizung seiner Untergebenen zu einem Ueberfall
auf die Studenten Ende 1857 verhaßt gemacht hatte (s. die „Glocke" Nr. 5 u. 6).
Seine Absetzung meldete die „Glocke" in Nr. 8, ebenso, daß die Polizisten,
welche die Studenten beleidigt hatten, auf Befehl des Kaisers vor das
Kriegsgericht gestellt worden waren. Dies teilte die „Glocke" „mit tiefer
Hochachtung" in der Notiz „Der Kaiser und die Studenten" mit.

Oberpolizeimeifter geworden — übrigens zwei ganz gleiche Würden. A propos, ich will hoffen, daß Du „Salzmann" in der „Glocke" und nicht im „Polarftern" veröffentlicht haft; in der „Glocke" wird es taufendmal wirkfamer fein. Hier eine Anekdote, welche Du jedoch nicht unter die Leute bringen follft. Man wollte in Moskau die Schaufpieler chikanieren und ihnen ihr Geld ab= nehmen; fie befchloffen, als Deputierten den alten Schtfchepkin zu fchicken, um Gebeonow um Recht zu bitten — (d. h. Milch vom Bock fordern). Selbftverftändlich wollte er auch nichts davon hören. „Dann," fagte Schtfchepkin, „bleibt mir nur übrig, mich beim Minifter zu befchweren." — „Das follen Sie fich nicht unterftehen!" — „Dann muß ich mich alfo an die ‚Glocke' wenden," verfetzte Schtfchepkin. Gebeonow wurde feuerrot und gab fchließlich den Schau= fpielern das Geld zurück. Solche Wunder, Freund, verrichtet Deine „Glocke" *).

Ich bin froh darüber, daß euch beiden mein kleiner Auffatz gefallen hat; ich fchrieb ihn mit fchwerem Herzen.

Und hiermit empfehle ich mich auch weiterhin eurer Nachficht.

Botkin, mit dem ich täglich zufammenkomme, fympathifiert völlig mit Deiner Thätigkeit und läßt Dir fagen, daß Du und Deine Publi= kationen nach feiner Meinung eine ganze Epoche in Rußlands Leben bilden.

Du fchreibft mir, daß Du Iwanow **) ein Buch empfohlen haft, welches Buch aber — das fcheint in Deinem Tintenfaffe ftecken ge= blieben zu fein.

Bitte, fchimpfe nicht über Alexander Nikolajewitfch, da ohnehin alle Rückfchrittler in Petersburg über ihn herziehen. Wozu ihn dann von beiden Seiten puffen, er kann dann noch den Mut ver= lieren.

Nun abieu, bleibe gefund und fchicke mir unter Kreuzband alles, was bu vorrätig haft. Mein Konterfei wird ganz ohne mein Wiffen

---

*) In derfelben Nummer der „Glocke" antwortete Herzen auf „die ftrenge Kritik feines anonymen (sic!) Kritikers", verteidigte feine Scherze und bedauerte, daß er ihm nicht erlaubt habe, den ganzen Brief zu veröffent= lichen. Uebrigens wurde fpäter die Anekdote über Schtfchepkin in der Nach= rede über ihn in der „Glocke" veröffentlicht. (Die „Glocke" Nr. 171 vom 1. Oktober 1863; Genfer Ausgabe S. 443—447.)

**) A. A. Iwanow, der bekannte Maler. Ueber Herzens Verhältnis zu ihm, befonders aber darüber, wie Iwanow, indem er wegen feines Bildes „das Erfcheinen Chrifti" eifrig zu ftudieren begann, den Glauben verlor, erzählt Herzen nach Iwanows Tode in der „Glocke" Nr. 22 vom 1. September 1858.

feilgeboten, Gott weiß, von wem und wie gemacht; so weit kam ich noch nicht, mir einzubilden, daß mein Gesicht au gros du public interessant sein könne.

Dein

Jw. Turgenjew.

15.

Paris, den 30. Mai 1858.

Lieber Freund!

Zürne mir nicht für mein Schweigen; ich mußte genaue Er= kundigungen über die Dir bekannte Angelegenheit einziehen. Es hat sich folgendes herausgestellt:

Die Quelle der Hindernisse ist nicht unsre hiesige Gesandtschaft, auch nicht Francks Intriguen; es sind einige norddeutsche Regie= rungen, die sich mit dem Hinweis auf die vermeintliche Gefahr Deiner Publikationen an die hiesige Polizei wandten. Die Folge davon war die Verordnung an die Buchhändler, Deine Publikationen überhaupt nicht zu verkaufen; im Laufe von 14 Tagen geschah es wirklich nicht, jetzt aber sind sie wieder erlaubt, d. h. man sieht wieder einmal durch die Finger, — und ich selbst sah die „Glocke" u. a. bei Franck und in der Rue de Rivoli; nur einige Nummern der „Glocke" (so Nr. 8 und 12), sowie die Briefe aus Italien wurden endgültig ver= boten. Dies alles wurde mir im geheimen mitgeteilt und mit der Bitte, es nicht zu verbreiten; ich bitte Dich daher, nicht darüber zu sprechen, um so mehr, als die Sache vorläufig im richtigen Geleise ist. Die ausländischen Buchhändler in Paris befinden sich vollständig in den Händen der Polizei: ein Wort — und man jagt sie von hier fort. Aber was, wie es mir scheint, unglücklicherweise, aus dem Geleise gekommen ist — das sind unsre heimatlichen Angelegenheiten. Die Reaktion hat endlich ihr Haupt erhoben. Titow ist durch irgend einen Narren, Grimm, ersetzt, Kawelin*) entfernt worden, Schtscher= batow gab seine Demission. Vor einigen Tagen versammelte Kowa= lewski sämtliche Redakteure und hielt eine sehr niedergeschlagene An= rede an sie: „Ich bin alt," sagte er, „und kann nicht mit Hindernissen kämpfen; mich wird man nur vom Amte jagen, Ihnen aber, meine

---

*) Kawelin wurde vom Unterricht des Thronfolgers entfernt, weil er im „Zeitgenossen" seine Denkschrift über die Befreiung der Bauern ver= öffentlicht hatte.

Herren, kann es noch schlimmer ergehen; ich bitte Sie daher, äußerst vorsichtig zu sein." Bald darauf begab er sich nach Moskau, um überall Verbote zu erlassen. Diese revirements waren zu erwarten, aber man darf sie nicht übertrieben fürchten. Was sie auch thun mögen, der Stein ist bergab ins Rollen gekommen, und es ist unmöglich, ihn aufzuhalten. Uebrigens hoffe ich auf Alexander Nikolajewitsch, obwohl leider wahrscheinlich seine Umgebung noch schlimmer ist, als wir es dachten.

(Von einer andern Hand ist folgendes hinzugefügt:)

Ich beeile mich, in Turgenjews Briefe euch, meine Freunde, zu benachrichtigen, daß ich mit großer Dankbarkeit für euch im Herzen die Meerenge glücklich passiert habe. Ich werde euch ausführlicher schreiben, jetzt aber will ich nur folgendes bemerken: Paris liegt in Trümmern, die Menschen sind stumm, die Boulevards im Glanze und die Polizisten in großer Menge.

Adieu

P. Annenkow.

(Von der Hand Turgenjews:)

Ich grüße alle Freunde und umarme Dich. Mittwoch reise ich nach Rußland; ich werde Dir aus Berlin schreiben. Addio. Im lieben Vaterlande werde ich einen schweren Stand haben.

Dein

J. Turgenjew.

16.

Paris, den 16. September 1859.

Lieber Freund Alexander Iwanowitsch!

Morgen verreise ich nach Rußland und — Du wirst gewiß hinzufügen: „Erst jetzt fiel es Dir ein, an mich zu schreiben." In der That, etwas spät erinnerte ich mich daran, — aber was ist zu machen! Eigentlich schreibe ich Dir, um zu erfahren, ob es wahr ist, daß dich Tscherny(sche)wski besucht hat, was der Zweck seines Besuches war und wie er Dir gefallen hat? Schreibe darüber ausführlich — nicht an mich, mich wird Dein Brief nicht antreffen, — übrigens werde ich alles in Petersburg erfahren, — sondern an Kolbassin und Schenschin, die sich sehr dafür interessieren. Du kennst Kolbassins

Abreffe und wirft beide ſehr verpflichten. In zwei Wochen etwa wird ein Herr Dich beſuchen, den Du ſicherlich gut aufnehmen wirſt, es iſt der Dekabriſt Wegelin, der Deine Bekanntſchaft machen möchte. Er wird Dir zwei wichtige Manuſkripte von mir bringen, die mir bei meiner Anweſenheit in Vichy für den „Polarſtern" übergeben wurden. Ich lernte einen andern Dekabriſten, Wolkonski, kennen; er iſt ein ſehr lieber und guter Alter, der Dich auch liebt und ſchätzt. Haſt du den jungen Roſtowzew geſehen?

Bleibe geſund. Ich grüße Ogarjow, ſeine Frau und die Deinigen. Ich drücke Dir herzlich die Hand.

Dein

Iw. Turgenjew.

P. S. Der Sicherheit halber könnteſt Du verblümt über Tſch(ernyſchewski) ſchreiben. Kolbaſſin iſt ein durchtriebener Burſche, er wird es ſchon verſtehen.

17.

Paris, den 21. Mai 1860.

Lieber Freund!

Auf Grund Deines Briefes und andrer Umſtände verreiſe ich den 28., d. i. in einer Woche, um in Deiner griechiſchen Straße zu erſcheinen. Annenkow muß jetzt bei Dir ſein: ſchreibt mir beide ein paar Wörtchen. Ich habe die Nummer der „Glocke" erhalten, wo Du Dich ſo „splendidly"*) über mich äußerſt. Ich war beſchämt und konnte es nicht glauben, aber es war mir doch angenehm. Ich habe vieles mit Dir zu beſprechen u. ſ. w. Ich umarme Dich und Ogarjow im voraus, bis aufs Wiederſehen.

Dein

Iw. Turgenjew.

---

*) S. Anhang.

18.

Paris, den 3. Juni 1860.

Zürne mir nicht, liebster Alexander Iwanowitsch, daß ich Dich ebenso wie „Hahnenkopf"*) behandelte; ich nahm mir immer vor, Dich zu besuchen, ging aber nach Soden bei Frankfurt. Die Sache ist nämlich so: Ich konnte in London nur drei Tage zubringen, und es wäre daher nicht der Mühe wert gewesen u. s. w.; aber die Haupt= sache ist die, daß ich gemeinschaftlich mit Hahnenkopf in den ersten Tagen des August auf der Insel Wight sein und dort drei Wochen zubringen werde, so daß wir uns satt sehen und sprechen werden. Uebrigens werde ich Dir noch aus Soden schreiben, diesen Brief aber wird Dir Nikolai Michailowitsch Shemtschushnikow**) über= geben, den ich à bras ouverts zu empfangen bitte; ich bin sicher, daß Du ihn von Herzen lieb gewinnen wirst. Er wird Dir zwei wichtige Dokumente übergeben, die ich zu veröffentlichen bitte und für deren Glaubwürdigkeit ich mit meinem Worte bürge.

Und hiermit bleibe gesund und munter. Ich umarme Dich und sage Dir: Auf Wiedersehen im August. Ich grüße Ogarjow, dessen Frau und alle die Deinen, drücke Dir herzlich die Hand und verbleibe

Dein ergebener

Iw. Turgenjew.

19.

Paris, den 4. Juni 1860.

Du wirst Dich gewiß, liebster Alexander Iwanowitsch, über mich müde geschimpft haben; die Enträtselung meines Schweigens jedoch ist folgende: Vor einigen Tagen gab ich einem guten Freunde von mir, Shemtschushnikow, einen Brief an Dich nebst einigen Doku= menten, die man mich bat, Dir zukommen zu lassen. Er wollte gleich abreisen, befindet sich aber noch jetzt in Paris. Donnerstag fährt er aber bestimmt. Und zur Vermeidung weiterer Mißverständnisse will ich Dir sagen, daß ich nach dem Beispiele Hahnenkopfs davon ab= gekommen bin, jetzt auf drei Tage nach London zu fahren, da ich

---

*) P. W. Annenkow.
**) Später Sektionschef im Verkehrsministerium.

von 1. August ab drei Wochen auf der Insel Wight zubringen und Dich wahrscheinlich (d. h. sicherlich) sehen werde. Jetzt aber gehe ich nach Soden in der Nähe Frankfurts, wo ich sechs Wochen verweilen und Wasser trinken werde; von dort aus werde ich Dir schreiben und meine genaue Adresse angeben. Nun aber bitte ich Dich, mir nicht böse zu sein, umarme Dich, grüße alle die Deinigen und verbleibe

Dein ergebener

Iw. Turgenjew.

20.

Soden, den 10. Juni 1860.

Liebster A. J.!

Für heute beschränke ich mich auf die Mitteilung, daß ich glücklich in Soden, einem Flecken bei Frankfurt a. M. im Großherzogtum Nassau angekommen, daß ich im Hotel de l'Europe abgestiegen bin; daß es seit morgens gießt; daß ein Arzt mir rät, die Quelle Nr. 18, ein andrer, die Quelle Nr. 19 zu trinken; daß es hier glücklicherweise sehr wenig Russen gibt, dafür aber einen General, der auf 25 Schritt nach Ohrfeigen, nach Kommißbrot, nach dem Korridor der Kaserne des ismailschen Regiments zur Nachtzeit und nach dem Stanislausorden um den Hals riecht; ferner, daß ich hier vier Wochen bleiben und mich dann auf der Insel Wight in Deine Umarmung stürzen werde — (apropos, hast Du schon Botkin ans Herz geschlossen und hat sich Nikolai Shemtschuschnikow bei Dir gezeigt?), daß die Musikanten, die mich mit der üblichen Begrüßungsserenade empfingen, mit „Gott schütze den Zaren"*) begannen; daß ich mit wahrer Begeisterung die Rede des Königs von Hannover bei der Grundsteinlegung des Denkmals für seinen gottseligen Vater gelesen habe; der König ist nämlich derselbe, welcher Herrn Barris in den Grafenstand dafür erhoben hat, weil dieser gesagt hatte, daß ganz Deutschland dumm wäre. Lies um alles in der Welt diese Rede: ein derartiges Durchdrungensein von der eigenen Würde war sogar bei unserm Nikolai Pawlowitsch nicht zu merken!

Vorläufig genug. Schreibe mir zwei Worte — ich werde Dir mit zweihundert antworten — und bleibe gesund und munter.

---

*) Die Anfangsworte der russischen Nationalhymne.

Ich erwarte die Nummer der „Glocke" über den durchgeprü=
gelten Krajewski*). Ich grüße Ogarjow und alle die Deinigen.

Dein

Jw. Turgenjew.

P. S. Hahnenkopf ist in Italien, wird aber im August, vom
Zephyr getragen, nach Wight kommen — und zwar so: (Hier folgt
eine Zeichnung.)

21.

Soben, den 2./14. Juni 1860.

Liebster Alexander Jwanowitsch!

Du kannst mich äußerst verpflichten, und ich weiß, daß Du es
gern thun wirst. Du besitzest wahrscheinlich den „Ausflug in die
Waldregion" und „Assja", zwei meiner Novellen; die eine war in
der „Lesebibliothek" (1858), die andre im „Zeitgenossen" (Nr. 1 vom
selben Jahre) veröffentlicht. Ich brauche diese Novellen äußerst not=
wendig. Ich habe die vollständige Ausgabe meiner Werke verkauft
und die Durchsicht derselben übernommen, aber der Termin geht jetzt
zu Ende. Bitte Ogarjow, die beiden Sachen aufzusuchen und bemühe
Dich selbst darum und schicke sie mir sogleich hierher auf meine
neue Adresse (ich habe das Hotel de l'Europe verlassen, wo man
mich ausraubte) und nämlich: bei August Weber (Soben bei Frank=
furt a. M.), Du wirst mich dadurch sehr verpflichten. Ich rechnete
darauf, dieselben in Paris zu finden, fand sie aber nicht. Ich bitte
Dich, erfülle meine Bitte unverzüglich oder schreibe mir, daß Du
es nicht kannst.

Ich fühle mich sehr wohl, und wie es scheint, wirkt das Wetter
gut auf mich. Eines ist schlimm, daß es fortwährend regnet. Ich
erwarb käuflich Nr. 72 der „Glocke" — das Vorwort**) ist sehr gut.
Deine Fürsorge um Timaschew***) thut mir wohl.

---

*) In Nr. 73—74 der „Glocke" (vom 15. Juni 1860) ist der Artikel
J—r.s (Jslander=Herzen) „Die religiöse Bedeutung der St. Petersburger
Zeitung", deren Redakteur damals A. A. Krajewski war, veröffentlicht,
worin dieser dafür verspottet wird, daß er den General Lamoricière, den
damaligen Befehlshaber des päpstlichen Heeres, als Bayard pries.

**) S. Anhang.

***) S. Anhang.

Ich drücke Dir fest die Hand.

Bis aufs Wiedersehen im Anfang August

Dein

Iw. Turgenjew.

P. S. Sind Sh.*), B.**) und T. nach London gekommen?
Benachrichtige mich davon.

22.

Courtavenel, den 6./18. 1860.

Lieber Alexander Iwanowitsch!

· Du wirst wahrscheinlich erstaunt gewesen sein, als Du durch
Mme. N. N. erfuhrst, daß ich durch London gejagt bin, ohne Dich
zu sehen. Aber erstens wußte ich gar nicht, daß Du in London
warst, und dann hatte ich absolut keine freie Minute, so daß ich auch
Ogarjow nicht gesehen habe. Ich befinde mich jetzt auf dem Gute
der Frau Viardot, gehe auf die Jagd, soviel das langanhaltende Regen-
wetter es erlaubt; in einigen Tagen aber begebe ich mich nach Paris,
um eine Wohnung zu suchen. Wenn Du Deine Absicht in betreff
der englischen Gouvernante nicht geändert hast, so werde ich mich mit
Vergnügen daran machen, mit Hilfe der mir bekannten Inhaberin
der Pension in Paris: Rue Lafitte, Hotel Byron, eine solche zu suchen.
Ich hoffe, daß Du durch Ogarjow unser Projekt erhalten hast; schreibe
mir mit voller Aufrichtigkeit Deine Meinung darüber. Ich lege in
dieser Sache (wie überhaupt) größern Wert auf Deine Meinung als
auf hundert andre***). In Paris werde ich die letzten Nummern der
„Glocke" lesen; ist es möglich, daß Du unsern „Herrn" für die
abscheulichen österreichischen Diners, die an die häßlichste Epoche des
Nikolaitischen Regiments erinnern, scharf aufs Korn genommen hast?
Was sind das für Ergüsse †)! Auch die Sache der Bauernbefreiung
geht in schnellem Trabe rückwärts.

Ich erwarte Deine Antwort und drücke Dir freundschaftlich die
Hand, wenn sie mit Deinem Körper zusammen in Deinem Adlerhorste

---

*) Shemtschuschnikow.
**) Botkin.
***) S. Anhang.
†) S. Anhang.

nicht eingefroren ist. Uebrigens, nicht nur der Nordwind, auch der Nordsturm ist Dir angenehm.

Ich grüße Deine Kinder, die ich nicht mehr zu küssen wage.

Dein

Iw. Turgenjew.

23.

Courtavenel, den 27. September 1860.

Liebster Alexander Iwanowitsch!

Kaum hatte ich Deinen Brief, den mir Delavoy brachte, erhalten, als ich ihn unverzüglich der Frau X. übergab, die auch ihrerseits Dir sofort antworten wollte. Ich hatte nicht wenig Scherereien mit ihr: man mußte sie aus dem Abgrund von schiefen Verhältnissen, Schulden und dergleichen, in den sie geraten war, in die freie Gotteswelt herausretten. Ihr Mann, ein nicht schlechter und sogar ehrlicher Mensch, ist durch seinen kleinlichen, gereizten, eigenliebigen und unerträglichen Egoismus schlimmer als ein Bösewicht. Durch seine Geldverschwendung (bei gänzlichem Mangel nicht nur an Komfort, sondern sogar an Kleidung) erinnert er mich an Bakunin (selbstverständlich in nichts anderm), denn dabei ist er beschränkt bis zum äußersten. Um dem Uebel ein Ende zu machen, habe ich mich entschlossen, die Frau X. in einer Pension unterzubringen, wo sie für 175 Frank monatlich alles komplett hat, ihren Mann nach Petersburg zu schicken, wo ihn eine von Kowalewski erwirkte Stelle erwartet, alle seine Schulden genau zu bestimmen, um ihnen dadurch Einhalt zu thun, und den wilden und schlechterzogenen, aber klugen Knaben der Frau X. einem Institut zur Erziehung zu übergeben. Aber der Gatte, der bis dahin vom Gelde und den Schulden seiner Frau gelebt hatte, willigte nur unter der Bedingung ein, Heidelberg zu verlassen, daß er von ihr und dem Sohne daselbst Abschied nähme, und nun rannte sie auf zwei Tage dorthin, was ihr 300 Frank kosten wird. Wenigstens wird sie ihm Geld zur Abreise und seine Schulden in Heidelberg ins klare bringen, d. h. sie wird sie auf sich nehmen. (Hauptsächlich ist er bei Hoffmann, dem ehemaligen Moskauer Professor, verschuldet.)

Danke Ogarjow in meinem Namen für seinen freundschaftlichen Brief. Von seinem Rate in betreff unsrer zukünftigen Schulen wird Notiz genommen werden; was sagst Du zu unserm Projekte?

Ich habe mir in Paris eine Wohnung für acht Monate gemietet (Rue de Rivoli 210) und übersiedle dahin in einer Woche. Ich er= warte Deine Antwort in betreff der Engländerin.

Ich hoffe, daß Du nebst allen den Deinen gesund und munter bist, obwohl das Wetter fortdauernd abscheulich ist. Ich drücke Dir fest die Hand und grüße die Deinen.

Dein

Iw. Turgenjew.

24.

Paris, den 13. Oktober 1860.

Es wird von Iwan Turgenjew ein Brief an Alexander Herzen geschrieben, dessen Inhalt folgende Punkte angeben:

1. Bis jetzt habe ich den Namen des Verfassers des Berliner Buches nicht erfahren, sobald ich ihn jedoch erfahre, teile ich ihn Dir mit*). Wer Wagner ist, weiß ich nicht. Aber in der „Lesebibliothek" ist ein Aufsatz über Savonarola erschienen, der von M. Essen unter= schrieben ist. Dieser Essen wurde nach dem Kaukasus verbannt für seinen aus Stambow geschriebenen Protest gegen eine abscheuliche Rede, welche von einem Professor Namens Antropolochski (oder ähnlichen Namens) gehalten und von der Universität Kasan gut= geheißen wurde.

2. Ich danke Dir für den auf zehn Jahre zugesagten jährlichen Beitrag von 50 Frank. Wegen dieser Geschichte hatte ich viele höchst unangenehme Plagen. Wir hoffen, etwa 300 Frank zusammenzu= bringen; damit wird das Kind also nicht Hungers sterben können.

3. Bakunins Photographie zeigte mir N. N. und ich kann (und werde) von Sacharjin einige Abdrücke erhalten. Deine Photographie aber bekam ich nicht und glaube sogar nicht, daß Dein Sohn bei mir war, wenigstens hinterließ er keine Spuren seines Besuches.

14. Oktober.

Bei diesem Punkte traf mich Dein Auspußer. Ich gestehe, daß ich ihn verdient habe, wenn auch nicht in dem Sinne, wie Du es glaubst. Ich fühle mich mancherlei Sünden schuldig, aber ich verspüre in mir keine besondere Leidenschaft für Klatschereien. Es trug sich

---

*) Es ist wahrscheinlich Zelagins Buch „Iskander=Herzen".

folgendermaßen zu. Du weißt, daß ich der Frau X. gegenüber mich
in der Lage eines Onkels resp. Kinderwärters befinde und mit ihr
ganz offenherzig spreche. Ich bin überzeugt, daß zwischen ihr und P.
absolut gar nichts los ist, und diese Ueberzeugung beruht eben auf
jenen psychologischen Thatsachen, welche Du erwähnst; aber les appa-
rences — sind wirklich gegen sie. Darum begann ich ihr vorzustellen,
daß es eine Dummheit sei, die Nachteile einer Situation auf sich zu
nehmen, ohne deren Vorteile zu genießen; und zur Bekräftigung dessen,
daß dies nicht nur alberne Leute behaupten, berief ich mich auf Deine
Autorität, da ich weiß, daß sie Dich achtet und liebt. Ich hielt es
nicht für nötig, mir Verschwiegenheit auszubitten, und vergaß, ihre
Naivität und Gutmütigkeit in Betracht zu ziehen.

Uebrigens ist es kein Unglück, sie ist Dir wie mir für unsre
freundschaftlichen Warnungen dankbar; und darum mäßige Deinen
Zorn. Deinen Brief habe ich ihr übergeben. Sie wohnt Rue de
Clichy Nr. 19, bei Mme. Rorion. Vor einigen Tagen wäre ihr
Sohn fast am Croup gestorben und sie hat sich sehr erschrocken.

Du schreibst, daß Deine Tochter hierherkommt, aber mit wem
und wo sie absteigen wird, erwähnst Du nicht. Ich brauche es Dir
nicht erst zu sagen, daß meine Tochter, ihre Gouvernante (die sich
als eine herrliche Frau zeigt) und ich, daß wir alle bereit sind, sie
auf Händen zu tragen und uns in jeder Beziehung ihrer anzunehmen,
aber dazu müssen wir doch wissen, wo sie wohnen wird.

Bis auf weiteres adieu, strenger, aber gerechter Mensch. Ich
drücke Dir fest die Hand und verbleibe

Dein ergebener

Iw. Turgenjew.

P. S. Die „Glocke" mit dem Artikel über die Zusammenkunft
in Warschau habe ich noch nicht erhalten*). Dieser Tage aß ich mit
Dolgoruki zu Mittag. Hier befindet sich auch der herzliebe Jeschewski
und — Tschitscherin.

---

*) S. Anhang.

25.

Paris, den 24. Oktober 1860.

Lieber Freund!

Ich weiß nicht, ob die Nachricht zu Dir gelangt iſt, daß Iſch. vor drei Tagen vom Schlage gerührt wurde. Das war zu er: warten; aber traurig iſt es, daß er eine Frau und ein Kind hinter: laſſen, die er in nichts geſichert hat. Seine Witwe aber (unter uns geſagt, eine ziemlich widrige Dame) ſchreit, kreiſcht, weint, ſchwört auf ihre Liebe zu ihrem geſetzlichen Ehegatten, aber ſie glaubt nicht oder gibt vor, nicht zu glauben, daß der Knabe von ihm ſei und daß der Verſtorbene irgend ein ernſtes Verhältnis mit einer andern haben konnte, da er, wie ſie hinzufügt, noch vor drei Tagen „zu meinen Füßen ſchwur und ausrief: ‚O, Viktorina!‘“ Es muß be: merkt werden, daß dieſelbe „Viktorina“ einmal von ihrem Manne fort und mit ihrem Geliebten nach Odeſſa ging. Ich übernahm die Sorge für das arme Kind, da das ganze Vermögen in den Händen der Witwe iſt und ich bis jetzt ſehr wenig Erfolg hatte. Sprach er denn mit Dir nichts über ſeine Verhältniſſe? Wenn ja, ſo ſchreibe es nur m i r und an keinen andern, damit keine Klatſcherei entſteht. Die Sache iſt ſehr heikel. Du kennſt meine Adreſſe: Rue de Rivoli 210.

Ich danke für die Zuſendung der „Glocke“, der „gottgeſegnete Tauſendfuß“*) — in your happiest. Den „Warſchauern“**) haſt Du auch gut heimgeleuchtet. Aber nur zu, nur zu! Wie es in einem Gedichte heißt:

> „Er ſchlug ihn immerzu, immerzu . . .
> Es ging zu Grunde der Mann im Mantel.“

Obwohl bei uns die Männer im Mantel ein zähes Leben haben (man ſagt, daß ſich Orlow wieder auf die Beine geſtellt hat), ſo iſt es doch nötig, immer drauf loszuſchlagen.

Iſt es möglich, daß Du noch lange in Bournemauth bleibſt? Haſt Du meinen Brief bekommen? Benachrichtige mich, wenn Du überſiedelſt und wohin.

P. W.***) ſendet Dir aus Petersburg Grüße. Ich bekam von ihm einen höchſt intereſſanten Brief. Der chaotiſche Zuſtand in unſerm Vaterland iſt ſehr rührend.

---

*) S. Anhang.
**) S. Anhang.
***) Annenkow.

Ich habe den Schluß der „Galligen"*) verſtanden und bin Dir
boppelt bankbar. Es iſt hohe Zeit, dieſen ſchamloſen Beutelſchneider
an den Pranger zu ſtellen. Auch uns Ueberflüſſige haſt Du in Schuß
genommen. Hab Dank dafür.

Ich habe mich an die Arbeit gemacht, aber ſie ſchreitet entſeßlich
orwärts.

Vorläufig abieu. Ich drücke Dir feſt die Hand und grüße alle
die Deinigen.

Dein ergebener

Iw. Turgenjew.

26.

Paris, den 4. November 1860.

„Dem Herzen und den Augen lieber" (die ſtärkſte Freundſchaft
jedoch erlaubt mir nicht, den folgenden Vers hinzuzufügen: „Wie
die kaum entfaltete Frühlingsblume") — Alexander Iwanowitſch!
Ich habe Dein Brieflein mit den Beilagen erhalten. Die Adreſſe
der Frau Sh. iſt: Paſſage Sandrié 5. Du wirſt kaum in etwas
Erfolg haben: ſie benimmt ſich unſinnig, ſchimpft, lügt, weint, fällt
in Ohnmacht, mit einem Worte: ſie poſiert. „Aus Achtung vor dem
Andenken" Alexanders, der vor ſeinem Tode ihr irgend etwas ſchwor,
will ſie das Kind nicht für ſeinen Sohn anerkennen und hat der
Mutter nur 2000 Frank als ein Almoſen gegeben. Wir wollen es
verhindern, daß das Kind Hungers ſtirbt, und wir treffen Anſtalten,
ihm eine Penſion zu beſtimmen. Würdeſt Du wenigſtens 100 Frank
monatlich dazugeben?

Die Ueberſeßung Deines Sendſchreibens an die Serben iſt
etwas aventuré (franzöſiſch) geſchrieben, übrigens, für die Serben
geht es.

Ich kann Dir dafür bürgen, daß Frau X. keineswegs eine Circe
iſt und nicht daran denkt, den jungen P. zu verführen. Ob er in
ſie verliebt iſt, weiß ich nicht, jedenfalls verdient ſie nicht, der Gegen-
ſtand der mütterlichen Verzweiflung zu ſein u. ſ. w. u. ſ. w. Heidelberg zeichnet ſich ſcheinbar durch Klatſcherfindungen aus. So hat
man in Betreff meiner erdichtet, daß ich zwangsweiſe eine leibeigene
Maitreſſe bei mir halte und daß die Frau Beecher Stowe (!) mir

---

*) S. Anhang.

deswegen öffentlich Vorwürfe machte, ich sie aber ausschimpfte. Auch eine schöne Gegend.

Ich danke für die „Glocke". Künftighin bitte ich, mich nicht zu vergessen.

Ich drücke Dir fest die Hand und verbleibe

Dein ergebener

Iw. Turgenjew.

27.

Paris, den 20. November 1860.

Liebster Alexander Iwanowitsch!

Obwohl Ogarjow (den ich freundschaftlich grüße) mir auch sagt, daß ich mich über die Geschichte mit der Sh. freuen muß, so beginne ich doch schon, ihrer überdrüssig zu werden. Du kennst sie, und darum will ich nicht wieder damit anfangen; ich will mich nur auf einige Aphorismen beschränken:

1. Vor allem hat Frau Sh. nach ihrer eigenen Rechnung und den mir vorgelegten Papieren ein Vermögen von mehr als 150000 Frank (ihre 100 Seelen mitgerechnet).

2. Frau Sh. hatte ihren Mann anderthalb Jahre nicht gesehen, da sie nach Odessa mit ihrem Geliebten gegangen war, der sie später fortjagte; dann kehrte sie zu ihrem Manne zurück, der sie wieder aufnahm.

3. Daß das Kind der Sohn Shs. ist, unterliegt nicht dem mindesten Zweifel: Kolbassin war Zeuge, wie er dessen Mutter zu verführen suchte; mich führte Sh. zu ihr, als sie schwanger war; mit Kosobojew ging er in die Mairie, das Kind einzuschreiben; bis an sein Ende war er sehr zärtlich mit ihr (d. h. mit der Geliebten und nicht mit der Mairie) und starb, den Sohn in den Armen haltend, der ihm überdies ähnlich ist, wie ein Wassertropfen dem andern.

4. Die Hydropsie, von der man auch mir sprach, hinderte meinen Großvater nicht, 18 Kinder zu zeugen, was ich übrigens auch der Frau Sh. mitteilte.

5. Ich bin überzeugt, daß Sh. im allgemeinen log und seiner Frau gegenüber insbesondere: dies beweist noch gar nichts, wie auch das, daß er keine Anordnungen hinterlassen hat und dergleichen, — 's ist eine russische Natur.

6. Endlich bittet man die Sh., sie bei ihrer Ueberzeugung lassend, um nichts mehr; aber sie fordert, daß man dem Kinde kein Almosen gebe, und neulich schickte sie den beau-frère ihres Geliebten zu mir, der mir mit dem „Tribunal" drohte, wenn ich nicht das Kind lassen sollte.

Aus dem allem schließe ich, daß es augenblicklich in Europa nur zwei vollkommen selbstlose Menschen gibt: Garibaldi und ich. Merke Dir noch, daß ich dem Sh., der mich Aristokrat schimpfte, gar nicht nahe stand und daß seine Geliebte außerordentlich häßlich ist.

Daß aber die Scenen zwischen der Frau Sh. und mir von jeder möglichen Komik waren, das steht außer Zweifel; und ich will wirklich einmal dieses Material benutzen.

Und hiermit entscheide Du, allerhöchster Richter! Und thu mir den Gefallen, mache es so, daß ich den ganzen Unsinn vergesse.

Die „drei Reiter" sind sehr gut; der Artikel enthält einige gelungene Griffe, aber im allgemeinen erschien er mir geschraubt. Vielleicht befand ich mich unter dem Einflusse der Geschichte mit Sh.

Ich erwarte Mme. M. mit Olga*). Ich drücke Dir freundschaftlich die Hand.

Dein
Jw. Turgenjew.

28.

(Auf demselben Bogen:)

Liebster Nikolai Platonowitsch**)!

Ich werde N. N. aufsuchen und mich bemühen, ihm nützlich zu sein, nötigenfalls werde ich ihn mit Herrn Viardot zusammenbringen, sie aber mit M. A. Markowitsch, welche, wie es scheint, sich jetzt sehr ernsthaft an die Arbeit gemacht hat. Schicken Sie mir, wenn möglich, und wenn Sie damit fertig sind, die „Schraubenmutter" von der Kochanowskaja, von der ich so viel hörte. Ich werde sie pünktlich zurückschicken.

Ich drücke Ihnen freundschaftlich die Hand.

Ihr ergebener
Jw. Turgenjew.

---

*) Herzens Tochter und ihre Gouvernante.
**) Ogarjow.

29.

Paris, den 1. Januar 1861.

Profit Neujahr!

Ich schicke Dir, teuerster amico, ein Briefchen von Golownin an den Fürsten N. J. Trubetzkoi aus Anlaß der von Dir in der „Glocke" angeregten Frage und schicke Dir auch unter Kreuzband ein Bruchstück aus dem „Sammelwerk für Marinewesen", in welchem sich eine ausführliche und, soviel ich es beurteilen konnte, aufrichtige Untersuchung über den Untergang des „Plänklers" befindet. Du wirst auch ersucht, den Großfürsten Konstantin Nikolajewitsch in Deinem Blatte zu schonen, da er, wie man sagt, u. a. in der Sache der Bauernemancipation wie ein Löwe gegen die Adelspartei kämpft und jedes Deiner ungnädigen Worte in seinem empfindsamen Herzen einen schmerzlichen Widerhall findet. Du wirst auch gebeten, sobald Du den Auszug aus dem Sammelwerk gelesen hast, ihn mir unbedingt und unverzüglich zurückzuschicken *).

Deine Olga blüht und hat eine sehr gute Wohnung.

Vorläufig habe ich über nichts mehr zu schreiben. Ich erwarte Deinen Aufsatz über Owen **).

Ich grüße alle die Deinigen und umarme Dich.

Iw. Turgenjew.

P. S. Lies in der „Lesebibliothek" den „Strekalowschen Schaf-bock" und die „Hafenbeamten"; ich brauche Dich wohl nicht daran zu erinnern, daß unsre Beziehungen dieser ***) Art geheim bleiben müssen.

30.

Paris, den 9. Januar 1861.

Lieber A. J.!

Ich bitte Dich, schreibe mir unverzüglich, woher Du die Nach-richt vom Tode K. Aksakows erhieltest und ob sie glaubwürdig ist? Weder in der Presse, noch in den Briefen, die ich aus Rußland be-

---

*) S. Anhang.
**) Dieser Aufsatz erschien im 6. Hefte des „Polarstern" (1861).
***) Darunter meint Turgenjew seine Vermittlerrolle in Bezug auf die Uebergabe von Materialien von solchen Personen wie Golownin an Herzen.

kam, ist ein Wort darüber. Ich will immer noch nicht an den Tod
dieses Menschen glauben *).

Deine Kommission habe ich Rjurikowitsch übergeben, der eigentlich nicht ein Rjurikowitsch, sondern ein Gediminowitsch **) ist. Er
versprach mir, Deine Worte an ihren Bestimmungsort zu übermitteln,
und bat mich um die Rückgabe des Bruchstücks.

Die „Raskolniks" (Sektierer ***) habe ich schon längst erworben
und gelesen. Es ist außerordentlich interessant. In schönem Lichte
erscheint dort Feodor Michailowitsch Turgenjew. Er war der größte
Hundsfott und Leuteschinder. Es ist mir erinnerlich, daß wir eben
darum nicht zu ihm fuhren, ungeachtet dessen, daß er unser Ver-
wandter war, obwohl auch meine Blutsverwandten nicht zu den
Makellosesten gehörten.

Beni †) war bei mir, brachte mir das Porträt, gefiel mir sehr
und verschwand. Ich muß ihn auffinden.

Olga aß bei mir am Sonntag mit den andern Kindern zu
Mittag. Ich stellte einen Bären vor und ging auf allen Vieren.
Dies ist dans mes moyens, aber heiraten! o grausamer Spott!
Zu dem „Zeitgenossen" und Nekrassow habe ich jede Beziehung abgebrochen, was u. a. aus den Schimpfereien à mon adresse in fast
jedem Hefte erhellt. Ich ließ ihnen sagen, sie möchten meinen
Namen nicht in der Mitarbeiterliste veröffentlichen, und nun veröffentlichen sie ihn am Schlusse unter den Schuften. Was ist zu
machen? Soll ich denn in den Zeitungen die Geschichte mit Katkow ††)
wieder auffrischen?

-----

*) Herzen hatte es aus dem Briefe Iwans, K. S. Aksakows Bruder,
erfahren. (Abgedruckt im „Freien Wort" Nr. 60 vom 1. Mai 1883.)

**) Gediminowitsch ist wahrscheinlich der musizierende Fürst Juri
Golitzyn, welchem Herzen einen humorvollen Artikel widmete, der in seinen
posthumen Werken veröffentlicht ist.

***) Es ist dies das Sammelwerk von Regierungsnachrichten über die
Raskolniks, ein Materialiensammelwerk, dessen Herausgabe von Herzen
Waffili Kelssiew übertragen wurde. Turgenjew meint hier die zweite
Lieferung.

†) Beni-Benkowski, ein in England geborener Pole, nahm einen
(übrigens bis jetzt sehr wenig aufgeklärten) Anteil an der russischen radikalen
Bewegung jener Zeit.

††) Turgenjew meint damit die Polemik, welche Katkow aus dem
Grunde provoziert hatte, weil er in der von Turgenjew im „Zeitgenossen"
veröffentlichten Novelle Faust diejenige Studie erblickte, welche Turgenjew
ihm für den „Russischen Boten" versprochen haben sollte, während es
sich, wie es scheint, um die bedeutend später veröffentlichten „Visionen"
handelte.

Ich kam noch nicht dazu, Ogarjows Artikel*) zu lesen. Ich werde Dir bestimmt meine Meinung darüber schreiben, Du aber antworte mir, bitte, in betreff Alsakows.

Bleibe gesund. Ich grüße alle die Deinigen.

Iw. Turgenjew.

31.

Paris, den 12. Februar 1861.

Ich habe schon lange nicht an Dich geschrieben, lieber Alexander Iwanowitsch. Indessen hat sich manches angesammelt, was ich Dir zu sagen habe.

Firstly muß ich Dir kund thun, daß Deine Artikel in der „Glocke" über den Tod K. S. A.s **) und über die Akademie ***) herrlich sind, besonders der erstere, von dem ich weiß, daß er in Moskau, sowie in ganz Rußland einen tiefen Eindruck machte. Wie ich in die Akademie geraten bin †), ist mir rätselhaft, um so mehr, als dort gewisse Zivilgeneräle sitzen, die so sehr ihren Popenstand verraten.

Vorgestern kam Botkin hierher, und denke Dir, fast blind! Ich fürchte, daß er dieselbe Krankheit hat, wie d'Oubril sie hatte, nämlich Gehirnerweichung. Er ist sehr schwach geworden; heute führe ich ihn zu Raillet.

Ueber die Hochzeit P. W. Annenkows bist Du wohl schon informiert; ein Beispiel für uns, Bruder! Er heiratet ein Mädchen von etwa 28 Jahren, das nicht sehr schön, aber gut und klug ist.

Meine Arbeit schreitet langsam vorwärts; die ganze Zeit gab ich mich mit meiner eigenen und der (sehr starken) Bronchitis meines Freundes Viardot ab. Sliepzow war bei mir und gab mir Nachricht über Dein Thun und Lassen. Die Erwähnung meines Namens in Gesellschaft Bielinskis und andrer erschien mir wie der Annenorden mit der Krone, und ich fühlte einen Eitelkeitskitzel in meiner Seele, indessen ... kommt eben meine Köchin herein und übergibt

---

*) Das ist gewiß Ogarjows Aufsatz „Zum neuen Jahre" in Nr. 89 der „Glocke" vom 1. Januar 1861.

**) Alsakow. S. Anhang.

***) S. Anhang.

†) Turgenjew meint damit seine Wahl zum korrespondierenden Mitgliede der Petersburger Akademie der Wissenschaften.

mir Dein Briefchen über Trubetzkoi u. s. w. Heute noch werde ich die ausführlichsten Erkundigungen einziehen und sie Dir morgen mitteilen.

Du hast Dich, wie mir scheint, noch nicht überzeugt, daß die „Zukunft" schlecht ist?

Ich umarme Dich und grüße alle die Deinigen. Auf morgen.

. Dein ergebener

Iw. Turgenjew.

32.

(1861, den 13. Februar.)?

Lieber A. J.!

Da hast Du die Erkundigungen, die ich einziehen konnte. Der Fürst N. P. Trubetzkoi, ehemaliger Adjutant des Herzogs von Mecklenburg (des Schwiegersohns der Großfürstin Helena Pawlowna), ist allem Anscheine nach ein guter und edler Mensch. Fürst Dolgorukow äußert sich sehr günstig über ihn; er kennt ihn nicht persönlich, kennt aber die Familie, in der er erzogen wurde u. s. w. Ueber Dubrowin weiß niemand etwas. Uebrigens gibt es hier einen Herrn (Oberst des Generalstabs — den Du kennst), bei dem ich mich über Dubrowin, sowie über Verhaftungen von Offizieren in Petersburg, die scheinbar geheim blieben, wenn sie wirklich stattgefunden haben, erkundigen kann. Ich werde ihn sprechen und Dir das Resultat unsres Gesprächs mitteilen. Sliepzow sagte mir gar nichts über den Diakon.

Es scheint mir, daß ich Dir bereits über Botkins Ankunft hier geschrieben habe. Es steht schlecht mit dem Armen; das Gehirn und die Sehkraft sind angegriffen; wir wollen ihn in jener Pension unterbringen, wo sich M. A. Markowitsch befindet: sie ist ja so gut und wird ihn pflegen. Auch M. L. ist nach Paris gekommen, aber ich habe ihn noch nicht gesehen.

Von Annenkow bekomme ich regenbogenfarbige Briefe: ich bin glücklich über sein Glück. Ich kann Dir in höchst glaubwürdiger Weise mitteilen, daß der Ukas über die Emanzipation bald veröffentlicht werden wird: glaube keinen andern Gerüchten; wer, denkst Du, sind die Hauptgegner des Ukases? (Ich spreche nicht von Gagarin, das ist selbstverständlich) — Murawjew, Kniashewitsch und Fürst A. M. Gortschakow!! Mein Onkel schreibt mir, daß bie schrecklichen Fröste mit Schneegestöber viel Unheil anrichten: aller Verkehr ist unterbrochen, das Vieh geht ein u. s. w.

P. S. Ich werde Dir bald wieder schreiben; bis dahin bleibe gesund; ich umarme Dich und grüße die Deinigen.

Dein

Iw. Turgenjew.

———

33.

Paris, den 9. März 1861.

Vor allem muß ich Dir sagen, daß Du ein schrecklicher Mensch bist. Was für Lust hast Du, mit dem Messer in der Wunde zu wühlen! Was soll ich thun, wenn ich eine Tochter habe, die ich verheiraten muß, und daher gegen meinen Willen in Paris bleibe? Alle meine Gedanken, mein ganzes Ich, sind in Rußland.

Ich werde Dir alle nichtofficiellen, aber sicheren Neuigkeiten mitteilen. Vorläufig gibt es nichts; in Warschau will man es mit der Milde *) versuchen; die Brutalité war zu groß **), sogar für eine russische Administration; sogar ihrer bemächtigte sich Scham; aber sollten die Polen es nur versuchen, von einer Verfassung zu reden, so werden sie sehen, welche Fäuste man gegen sie ballen wird. Wie früher kommt aus Petersburg das (wie es scheint, unzweifelhafte) Versprechen, am 6./18. März die Freiheit zu proklamieren. Aber die Verkleinerung der Landparzellen wird den Bauern kaum gefallen, besonders in den Gouvernements der Schwarzerdzone. Es ist noch gut, daß es dabei die so dumme Uebergangszeit nicht geben wird.

Schicke die „Glocke" an Delavoy; er wird alles veröffentlichen, was und wo es nötig ist. Aber denke Dir doch, er heißt nicht Heinrich, sondern Hippolyt. Ich selbst erfuhr erst vor kurzem diese erschütternde Thatsache. Darum heißt es ja bei Racine:

Pour qui sous Hippolyte
Des héros de la Grèce assemblait-on l'élite?

———

*) Milde — die Erlaubnis des feierlichen Begräbnisses der am 27. Februar Getöteten, sowie der Absendung einer Adresse an den Kaiser, in welcher der Wunsch des Schutzes der nationalen Selbständigkeit Polens ausgedrückt wurde.

**) Brutalité — das Schießen in die demonstrative Prozession in Warschau am 27. Februar 1861.

Ein abscheuliches Schauspiel stellt hier die alte parlamentarische Partei vor: sie alle, der Voltairianer Thiers, der Protestant Guizot, der Lamartinist Lamartine, ächzen und krächzen über den Papst, über den neapolitanischen König u. s. w. Sie denken, daß sie damit eine Reaktion gegen die hiesige Regierung hervorrufen werden, diese aber reibt sich nur die Hände. Wenn es so weitergeht, so wird es damit endigen, daß Napoleon das Haupt der Liberalen in Frankreich werden wird!! ... Klug ist er, klug und auch wie glücklich, das läßt sich kaum sagen.

Herr Lochwitzki ist einer der schmutzigsten großrussischen Cyniker. Ich habe seine Polemik nicht gelesen. Stelle Dir vor, der Charkower Student Strachow hielt es nicht aus und starb *).

Sheligowski kenne ich sehr gut. Ich förderte seine Hochzeit, die dieser Tage stattfinden wird. Ein wahres Heiratsfieber liegt jetzt in der Luft. Was geht ihn jetzt Warschau u. dergl. an.

Adieu, bleibe gesund; grüße alle die Deinigen und N. N., wenn er noch in London ist.

Dein

Rue de Rivoli 210.

Jw. Turgenjew.

34.

(1861.)

Lieber A. J.!

Ich schicke Dir eine Kopie von Annenkows Brief, welcher den andern Tag nach dem großen Tage geschrieben wurde. Du wirst sehen, daß er interessant ist. Bis jetzt sprechen die Depeschen (in der Presse veröffentlichte wie private) einstimmig von dem vollkommenen Stillschweigen, mit welchem in ganz Rußland das Manifest aufgenommen wurde. Was wird weiter werden? Das Manifest ist offenbar französisch verfaßt und von irgend einem Deutschen in ein unbeholfenes Russisch übertragen. So finden sich darin Wendungen wie: „wohlthuende Einrichtungen" ..., „gute patriarchalische Bedingungen" ... — welche kein russischer Bauer verstehen wird. Aber den Kern selbst wird er schon zerbeißen, und die Sache ist nach Möglichkeit ordentlich arrangiert.

---

*) Der Student Strachow nahm an einer schmutzigen und grausamen Maskeradengeschichte teil, wobei eine Modistin beleidigt wurde; dies wurde in Nr. 93 der „Glocke" erwähnt.

Vorgestern veranstalteten wir ein Tedeum in der Kirche, und
der Pope hielt eine kurze, aber kluge und rührende Rede, die mir
Thränen entlockte, Nikolai Iwanowitsch Turgenjew aber schluchzte
fast. Auch der alte Fürst Wolkonski (Dekabrist) war anwesend, vorher hatten viele die Kirche verlassen.

Ich danke für den „Polarstern", den ich mit Vergnügen lese.
Deine Bruchstücke sind herrlich, wie immer, Bestushews Memoiren
sind sehr interessant, die Briefe Lunins kannte ich bereits, Beresins
Gedichte erschienen mir au-dessous de leur réputation; Deinen
Aufsatz über Owen hatte ich noch keine Zeit zu lesen. Aber wer hat
Dich so mystifiziert und die Uebersetzung der bekanntesten Predigt
des Paters Bridaine unter Ludwig XIV. für das zeitgenössische Werk
eines Nestors u. s. w. ausgegeben, und wie konntest Du so herein-
fallen?

Bringe in der „Glocke" ein paar Worte über den Tod Schew-
tschenkos. Der Arme hat sich durch unmäßigen Genuß von Schnaps
zu Grunde gerichtet. Nicht lange vor seinem Tode erlebte er einen
merkwürdigen Fall. Ein Isprawnik (im Tschernigowschen Gouvernement) schickte ihn wie einen gemeinen Arrestanten in die Gouverne-
mentsstadt, weil Sch. sich geweigert hatte, ihn in Lebensgröße
in Oel zu malen. Dies ist Thatsache.

In einem Monat fahre ich nach Rußland aufs Land, unterwegs werde ich auf einen Tag zu Dir nach London kommen.

Abieu. Ich umarme Dich und grüße alle die Deinen. Ich
danke Krusew für seinen Brief und werde ihm antworten.

Dein

Iw. Turgenjew.

P. S. Die hiesigen Russen haben lange Gesichter gemacht, aber
sie haben sich bereits beruhigt. Die „Times" aber spricht von
haughty and factious noblesse! Dr . . k ist diese noblesse und
Gott sei Dank dafür!

P. S. Für das Aprilheft der „Glocke" empfehle ich Dir Muchanow;
nimm 'mal diesen widerlichen, blutdürstigen und ausschweifenden Alten
scharf aufs Korn *).

---

*) S. Anhang.

35.

(1861.)

Lieber Freund A. J.!

Gestern sind hier von verschiedenen offiziellen Personen (Golownin u. a.) Briefe über den Abschluß der Bauernfrage eingetroffen.
Die Grundgedanken der Redaktionskommission sind angenommen; die
Uebergangszeit wird zwei Jahre (also weder neun noch sechs) dauern,
der Bauer behält seinen Anteil unangetastet und das Loskaufungsrecht. Die Plantatoren in Petersburg und hier befinden sich in einer
unbeschreiblichen Wut: hier schreien sie, das Projekt sei nicht liberal,
es sei unklar u. s. w. Man versprach mir heute ein schon gedrucktes
Exemplar der Verordnung, welches man aus Petersburg bekam. Ich
werde die Hauptpunkte abschreiben und sie Dir schicken. Das Manifest (von Philaret verfaßt) wird von Sonntag über acht Tage erscheinen. In manchen Punkten befand sich der Kaiser unter der
Minderheit von 9 gegen 37 Stimmen. In dieser Angelegenheit
erwiesen sich am liberalsten: der Großfürst Konstantin Nikolajewitsch,
Bludow, Lanskoi, Boltin und Tschewkin. Es wird eine Medaille
geprägt mit der Inschrift: „Ich danke" und mit den Initialen
des Kaisers, die in dessen Namen den Mitgliedern der Kommission,
den Komitees u. s. w. verliehen werden wird. Ich kann mir vorstellen, wie manche sie empfangen werden.

Die Plantatoren sind nämlich darum so aus der Haut gefahren,
weil in der letzten Zeit sich Gerüchte von der Annahme des Gagarin-
schen Projekts *) verbreitet haben. Uebrigens sagt man, daß dies
auch im gedruckten Exemplar in einer Anmerkung comme une chose
facultative stehe. Es ist unbegreiflich, aber so hat es mir ein alberner
Plantator mitgeteilt, der das gedruckte Manifest gelesen hat **).

So haben wir denn auch diese Tage erlebt, kaum kann man es
glauben: man ist vom Fieber gequält, vom Aerger gepeinigt, daß
man sich nicht an Ort und Stelle befindet.

Uebrigens, wenn ich auch nicht Zeuge des ersten Moments bin,
so werde ich doch Zeuge der ersten Anwendung sein: Ende April
bin ich in Rußland.

---

*) Nach diesem Projekt hätten die Bauern auf jegliche Ansprüche ver-
zichten sollen, falls ihnen der Grundherr aus freien Stücken ein Viertel
des Grund und Bodens unentgeltlich abgetreten hätte.
**) Diese Mitteilungen Turgenjews waren fast wörtlich in Nr. 94 der
„Glocke" mit der Angabe „15. März, letzte Nachrichten," veröffentlicht.

Ich umarme Dich und alle die Deinigen. Wo bleibt denn der „Polarstern"?

Dein

Jw. Turgenjew.

36.

Paris, den 7. Oktober 1861, 210 Rue de Rivoli.

Lieber Freund Alexander Iwanowitsch!

Vor zehn Tagen kam ich hierher zurück, war aber die ganze Zeit auf dem Lande, und erst vor kurzem habe ich mich definitiv in meiner neuen Wohnung niedergelassen. Meine ganze Seele lechzt danach, Dich zu sehen; auch hätte ich viel Wichtiges mit Dir zu besprechen und Dir vieles mitzuteilen (u. a. habe ich von Beni einen großen Brief für Dich). Dolgorukow sagte mir, daß Du bis Donnerstag noch in Torckey bleibst; ich schreibe Dir dahin mit der Bitte, mir umgehend zu antworten, wann Du nach London kommst, oder ob Du vielleicht nach Paris kommen würdest, da jetzt „d'Altdorf les chemins sont ouverts"; es würde mich äußerst freuen und „arrangieren", um ein russisches Wort zu gebrauchen. Ich wiederhole, es ist notwendig, daß wir uns sehen.

Ich grüße alle die Deinigen freundschaftlich, desgleichen die Ogarjows, und drücke Dir aus allen Kräften die Hand.

Antworte schneller und ausführlich.

Dein

Jw. Turgenjew.

Offenbar antwortete Herzen auf den von Turgenjew erwähnten Brief Benis; das, wie es scheint, unvollendete, in unserm Besitz befindliche Konzept lautet folgendermaßen:

19./11. 1861.

Wie Sie jetzt wissen, ist Ihr Brief erst gestern, also nach mehr als zwei Monaten, angekommen. Mithin konnte ich nicht früher antworten, aber die Verhältnisse waren derartig, daß es nichts geschadet hat. Die von Ihnen beabsichtigte Adresse würde bei der gegenwärtigen Reaktion Euch und viele andre ins Verderben stürzen. Eine gemäßigte Adresse, von der Sie schreiben, wäre vielleicht nicht schlecht (obwohl die Hauptfrage — die Loskaufung des bäuerlichen Grund und Bodens — nicht darin erwähnt ist), aber es wird Euch kaum gelingen, etwas zu erreichen. Sie haben selbst in Ihrem Briefe

ben wunden Punkt berührt. Solche Unternehmungen gelingen nur
Eingeborenen; Ihr seib dem russischen Milieu zu fremd. Wenn der
Gedanke Ihrer Adresse den Bedürfnissen der Gesellschaft entspricht,
so wird er Verbreitung finden, Ihnen bleibt dabei nichts zu thun.
Es genügt nicht, einen richtigen Gedanken zu fassen, man muß auch
die Mittel genau kennen. Sie sprechen von dem Erfolg der Ver=
breitung der „Glocke" und von den Hindernissen, welche der Adresse
im Wege stehen, — es ist also klar, was Sie thun können und
was Sie nicht thun werden, bis Sie das wirkliche Bürgerrecht unter
den Russen und die wirkliche Kenntnis aller (hier folgt eine Lücke . . .
Seiten?) des russischen Lebens erworben haben. Als Sie von der
Adresse sprachen, gaben Sie zu verstehen, daß sie mit unsrer Meinung
übereinstimmt. Sie haben wahrscheinlich mit Leuten gesprochen, die
die „Glocke" sehr wenig lesen; sonst hätten sie Ihnen gerade heraus=
gesagt, daß wir konsequenterweise auf eine solche Adresse nicht ein=
gehen können, — wir können nur derselben nicht hinderlich sein,
so wie wir uns gegen die Dolgorukowsche Konstitution verhalten.
Wegen der Bücher und der „Glocke" haben wir bereits gesprochen.
Solche zwei Dinge wie die geheime Propaganda von Büchern und
die offene oder halbverstecke Agitation — sind unvereinbar.

37.

(25. Januar 1862.)

Liebster A. J.!

Bakunins Bruder hat Dir wahrscheinlich schon mitgeteilt, daß
er mich krank fand; und bis jetzt noch kann ich mich nicht erholen
und wage nicht auszugehen. Dies trug wieder zur Verschiebung
meiner Reise nach London bei, die eine mythische Färbung anzunehmen
beginnt; — aber ich verliere nicht die Hoffnung.

Wegen Deines Sohnes hat der Fürst Orlow bei Golownin schon
angefragt. Nach den Worten des letzteren sieht er keine Hindernisse
für die Erfüllung deines Wunsches voraus *).

---

*) Es handelt sich hier, wie es scheint, um das Gesuch A. A. Herzens,
Herzens ältesten Sohnes, nach Erreichung der Volljährigkeit nach Rußland
zurückkehren zu dürfen, das er als Knabe verlassen hatte. Turgenjews
Voraussetzung zum Trotz erfolgte auf das Gesuch eine Ablehnung, d. h. eine
Erlaubnis, aber unter der Bedingung, daß A. A. Herzen alle seine Be=
ziehungen zum Vater abbreche.

M. A. eine permanente Summe zu verschaffen, ist schwieriger*).
S. ist schon längst nach Aegypten gegangen, so viel mir bekannt, ist
er ein vor Stolz aufgeblähtes Tier, welches keinen Groschen gibt,
wenn man nicht über ihn in die Trompete stößt. Botkin wird zeitweise kleinere Summen geben, aber er wird kaum auf etwas Beständiges eingehen wollen. Uebrigens will ich mit ihm noch darüber
sprechen. Von den übrigen Russen hier ist gar nicht zu sprechen.
Man muß doch sehen, was sich in Rußland für ihn thun läßt. Was
mich betrifft, so nehme ich mit der größten Bereitwilligkeit die Ver-
pflichtung auf mich, Bakunin künftighin auf unbestimmte Zeit eine
jährliche Rente von 1500 Frank zu zahlen und· schicke Dir gleich die
ersten 500 Frank (vom 1. Januar an gerechnet). Mithin ist ein
Viertel der erwünschten Summe bereits gesichert; man muß sich also
um den Rest bemühen.

Es gelangten zu mir die Nachrichten von den Huldigungen,
welche die russische Jugend in Heidelberg und Karlsruhe Deinem Sohne
entgegenbrachte. Ich freute mich für Dich, Deinen Sohn, hauptsächlich aber für die russische Jugend. C'est un signe des temps!

Die ersten Nachrichten über Golownin**) lauten ziemlich gut;
was wird weiter werden? Hast Du in der Revue des deux mondes
den Aufsatz „La Russie sous Alexandre II" gelesen? Du bist dort
von einer Aureole umgeben, — so gehört es sich auch.

Grüße alle Londoner Freunde, Dir aber drücke ich die Hand und
sage: auf Wiedersehen, was auch geschehen möge.

25. Januar 1862, Rue de Rivoli.

Iw. Turgenjew.

38.

(11. Februar 1862.)

Lieber A. J.!

Ich antworte Dir mit Blitzesschnelle und auch diesmal Punkt
für Punkt:

1. Die „Glocke" ist durchaus nicht verboten und noch gestern
abend wurde sie überall verkauft.

---

*) M. A., Michailo Alexandrowitsch Bakunin, der damals vor kurzem
aus Sibirien nach Amerika entflohen und am 27. Dezember 1861 in London
angekommen war.

**) S. Anhang.

2. Laffe dich nicht mit der „Zukunft" ein, auch Trübner rate
ich dies nicht. Dieses Blatt hatte nie den geringsten Erfolg und
man konnte nicht einmal die Kosten herausschlagen. Dem glaube,
wie die ci-devant Gutsbesitzer unter ihre ci-devant Verordnungen
zu schreiben pflegten.

3. Ich habe keinen Begriff von Sabowski; aber Du wirst
vernünftig handeln, wenn Du mit keinem Finger an diese ganze
Angelegenheit rührst. Dolgorukow*) ist, unter uns gesagt, moralisch
tot und wie es scheint, geschieht ihm recht; Du hast in der „Glocke"
alles gethan, was Du thun konntest; man mußte ihn des Prinzips
halber unterstützen, jetzt aber überlasse ihn seinem Schicksal. Er wird
Dir in den Hals kriechen wollen, Du aber räuspere Dich aus. Ich
brauche Dir wohl nicht zu sagen, daß Du keinen Grund hast, die
Woronzows zu unterstützen. Verwandle Dich in Jupiter, den all
dieses leere Geschwätz nicht erreicht.

4. In Rußland herrscht wirklich ein Wirrwarr, aber ich bitte
Dich dringend, laß Golownin vorläufig in Ruhe. Mit Ausnahme
von zwei oder drei erzwungenen und dabei ziemlich geringfügigen
Zugeständnissen ist alles, was er thut, gut. (Erinnere Dich an die
Erlaubnis für Kawelin u. a., öffentlich Vorlesungen zu halten u. f. w.)
Ich habe sehr gute Nachrichten über ihn. Sei ruhig, gerät er auf
eine schiefe Bahn, so werden wir ihn „vorstellen", wie die Bauern
sagen, wenn sie den Schuldigen zur Durchpeitschung ins Amtsgericht
bringen **).

5. Et tu, Brute! Du, Du machst mir Vorwürfe, daß ich meine
Arbeit dem „Russischen Boten" übergebe? Aber habe ich mich denn
für nichts und wieder nichts mit dem „Zeitgenossen", welcher in
Nekraffows Gestalt verkörpert ist, entzweit? In ihren Programmen
behaupten sie, sie hätten mir aufgesagt gleichsam als einem Zurückgebliebenen, mais tu n'est pas dupé von diesem Manöver, hoffe ich,
und du weißt recht gut, daß ich Nekraffow verlassen habe als einen
ehrlosen Menschen. Wohin sonst hätte ich mich denn mit meiner
Arbeit wenden sollen? An die „Lesebibliothek" etwa? Am Ende

---

*) In Nr. 21 der „Glocke" vom 1. Februar 1862 ist die Anzeige des
Fürsten P. Dolgorukow von seinem Austritt aus der Redaktion der „Zu-
kunft" veröffentlicht. In Nr. 119—120 befindet sich eine kurze Notiz „der
Prozeß des Fürsten P. W. Dolgorukow".
**) In Nr. 122 der „Glocke" vom 15. Februar 1862 ist eine, übrigens
leichte „Rüge" an Golownins Adresse für seinen „ersten Ausputer" der
Moskauer Zensur wegen J. Aksakows Organ „Der Tag" veröffentlicht.

ist auch der „Russische Bote" kein solcher Quark, obwohl vieles in ihm widrig bis zum Uebelwerden ist *).

6. Ich würde Dich fordern, würdest Du mich der Freundschaft mit Tsch. verdächtigen; aber auch in Bezug auf die Moskauer bist Du im Unrecht, viele unter ihnen verabscheuen ihn **). In Peters= burg wäre er einfach unmöglich ... und nun schimpfe noch über Petersburg!

7. Das Dromebar Bakunin war hier, laute schleppend an den Worten, knarrte und verreiste, mir die Adresse gewisser Lafars frère hinterlassend, denen man die 1000 Frank bezahlen muß, die ihnen Michel ***) schuldig geblieben ist.

Ich habe eine Subskription veranstaltet, aber zu meinen 500 Frank kamen vorläufig nur 200 hinzu. Ich hoffe jedoch alles zusammenzu= bringen. Bakunin schreibt mir von 1000 Silberrubel; ich bin bereit, sie ihm vor meiner Abreise von hier zu geben, aber sie werden auf Rechnung seiner dreijährlichen Pension gestellt (d. h. nicht ganz drei= jährlichen: ich versprach ihm 1500 Frank jährlich, 1000 Silberrubel und 500 Frank werden eine kleinere Summe ausmachen).

Rate ihm, ich bitte Dich, davon ab, jetzt seine Frau kommen zu lassen, das wäre Wahnsinn; er soll sich doch früher umsehen. Man muß sich nach der Decke strecken: seine Mittel werden schwerlich groß sein. Botkin wird lange noch nichts geben u. s. w.

Nun abieu, lieber Freund, oder eigentlich auf Wiedersehen.

Dein

Iw. Turgenjew.

Dienstag, den 11. Februar 1862.
Paris, Rue de Rivoli 210.

---

*) Es ist die Rede von dem Roman „Väter und Söhne", der für den „Russischen Boten" bestimmt war. Damals trat diese Zeitschrift Katkows noch nicht für die politische Reaktion ein, sondern ging mit der rabikalen Presse in der Agrarfrage auseinander, indem sie sich für das englische System des Grundbesitzes aussprach, ebenso in philosophischen Fragen, in welchen Katkow für den Idealismus war, sowie in der Beurteilung der westeuropäischen Ereignisse seit 1848 zu Gunsten der Liberalen gegen die Radikalen.

**) Ueber die Polemik Herzens mit Tsch. s. oben in Kawelins Briefen.

***) Michel ist der bekannte M. A. Bakunin, das „Dromebar" — sein Bruder.

39.

Lieber A. J.!

Ich antworte umgehend auf Deinen Brief, nicht um mich zu verteidigen, sondern um Dir zu danken und gleichzeitig zu er- klären, daß ich, als ich den Bazarow schuf, nicht nur nichts gegen ihn, son- dern sogar eine gewisse „Hinneigung, eine Art von Schwäche" für ihn hatte, so daß Katkow in ihm die Apotheose des „Zeitgenossen" erblickte und erschrak und mich daher überredete, nicht wenige mildernde Züge ganz wegzulassen, was ich jetzt bereue, gethan zu haben. Und wie soll nicht ein Bazarow den „Mann mit dem parfümierten Schnurr- bart" und die andern überragen! Es ist der Triumph des Demo- kratismus über die Aristokratie. Wenn ich die Hand aufs Herz lege, fühle ich mich vor Bazarow nicht schuldig und ich konnte ihn nicht mit einer unnützen Anmut ausstatten. Wenn man ihn nicht lieb gewinnt, so wie er ist, mit allen seinen Häßlichkeiten, so trage ich die Schuld daran, denn ich konnte den von mir gewählten Typus nicht bewältigen. Es wäre ein Leichtes gewesen, ihn als Ideal dar- zustellen, aber schwierig war es, ihn zum Wolf zu stempeln und den- noch zu entschuldigen, und dies ist mir wahrscheinlich mißlungen; aber ich möchte nur den Vorwurf der Gereiztheit gegen ihn von mir ab- lenken. Denn es dünkt mich, daß in dem Ganzen, in der Schilde- ung seines Todes u. s. w. ein der Gereiztheit gerade entgegengesetztes Gefühl durchschimmert. Aber, basta cosi, — wenn wir zusammen- kommen, werden wir eingehender darüber sprechen.

In Mysticismus bin ich nicht und werde ich nicht verfallen; — was Gott betrifft, so sage ich mit Faust:

> Wer darf ihn nennen,
> Und wer bekennen:
> Ich glaub' ihn!
> Wer empfinden
> Und sich unterwinden,
> Zu sagen: Ich glaub' ihn nicht!

Uebrigens war dieses Gefühl in mir Dir nie ein Geheimnis.

Hast Du Katkow für seinen Aufsatz im „Russischen Boten" tüchtig den Kopf gewaschen, so klatsche ich Dir nur Beifall und werde Deinen Artikel im „Kolokol" mit Genuß lesen*).

---

*) S. Anhang.

N. N. ist ein prächtiger Kerl und ich habe ihn aufrichtig lieb=
gewonnen. Er erinnert mich an die Brüder Kolbassin.

Das Deinem Briefe beiliegende Couvert mit der Adresse der
Frau Ssalias wird ihr nicht in einigen Tagen in Moskau übergeben
werden, sondern schon morgen in Paris, weil sie hier ist und Avenue
Marbeau, 3bis wohnt.

Auf Wiedersehen — wie Du auch über meine Unpünktlichkeit
denken magst, eher wird der Erdball platzen, ehe ich ohne Abschied
von Dir verreise. Bleibe gesund.

Dein

Jw. Turgenjew.

― ― ―

40.

Baden=Baden, den 27. August 1862.
Amalienstraße.

Lieber A. J.!

Vor allem meinen besten Dank für Deine schnelle Antwort, aber
dann, poetisch gesprochen, eine leichte Pön dafür, daß Du denken
konntest, Deine zwei Aufsätze (Ende und Anfänge) hätten mich böse
gemacht. Erst jetzt habe ich sie gelesen (als ich mich an die Lektüre
machte, argwöhnte ich nicht, daß sie an mich gerichtet wären, bald
aber erriet ich es) und ich fand in ihnen ein getreues Abbild Deines
ganzen Wesens, mit Deinem poetischen Geiste, Deiner besonderen Fähig=
keit, schnell und tief zu beobachten, der heimlichen Müdigkeit der edlen
Seele u. s. w. Aber das will noch nicht sagen, daß ich vollkommen
mit Dir einverstanden bin. Du scheinst mir die Frage nicht richtig
aufgestellt zu haben. Ich habe mich entschlossen, Dir in Deiner Zeit=
schrift zu antworten, obwohl dies nicht ganz leicht ist — in jedem
Sinne des Wortes, sei aber so gut, meinen Namen geheimzuhalten
und womöglich sogar die andern auf eine falsche Fährte zu bringen.
Ich hoffe, Dir die Entgegnung in einer Woche schicken zu können — ich
habe sie bereits angefangen.

Ueber das Uebrige schweige ich vorläufig — ich habe keine Zeit.
Ich bin gerade übersiedelt und noch nicht völlig eingenistet. Für die
„Glocke" und für das Versprechen für künftighin danke ich. Dein
zweiter Brief an das „Junge Rußland" ist besser als der erste; mehr
als irgend ein andrer mußt Du sie zur Vernunft bringen. Aber
wie konntet Ihr den Vorschlag veröffentlichen, daß die Herausgeber

des „Zeitgenossen", des „Russischen Wortes" und des „Tages" ihre Zeit=
schriften in London auf Eure Rechnung drucken sollen!! Es ist das=
selbe, als ob Ihr sie vor den Kopf stießet, und ist es denn glaub=
würdig, daß Nekrassow, Graf Kuschelew und sogar Aksakow (oder
sein Nachfolger Jelagin) ihre Schiffe hinter sich verbrennen wollten?
Das war sehr unbesonnen von Eurer Seite: Nekrassow wird vielleicht
darin die Absicht erblicken, an ihm Rache zu nehmen.

Und nun Garibaldi?! Mit unwillkürlichem Beben blickt man
auf jede Bewegung dieses letzten Helden. Sollte es möglich sein,
daß Brutus, der nicht nur immer in der Geschichte, sondern auch
bei Shakespeare zu Grunde geht, diesmal den Sieg davonträgt? Es
ist kaum glaublich, — und Herzensangst befällt mich. Du schreibst
mir aber nichts über Bakunin? —

Also bis zum nächsten Brief. Ich drücke Dir die Hand und
bleibe Dir ergeben.

Iw. Turgenjew.

Zwischen diesem Briefe und dem vorhergegangenen verlief eine ge=
raume Zeit, während welcher Turgenjew in London war und Herzen sah,
was wir aus seinem Brief vom 27. August 1862 ersehen. Aller Wahr=
scheinlichkeit nach wurde in ihren Gesprächen der Grund zu jenem Disput
gelegt, welchen Herzen in seinen Aufsätzen „Ende und Anfänge" öffent=
lich fortsetzte. Diese erschienen in Nr. 38 der „Glocke" vom 1. Juli 1862
und Turgenjew nahm sich vor, auf dieselben öffentlich zu antworten.
Darüber wird die Rede bei Besprechung der folgenden Briefe sein, wo
Turgenjew eingehender darüber redet.

Die Anwesenheit Turgenjews in London hatte diesmal einen Brief
zur Folge, der in Nr. 134 der „Glocke" veröffentlicht war. Dieser Brief
setzte es sich zum Zwecke, die in der Zeitung des Fürsten Peter Dolgo=
rukow „Der Wahrheitsliebende" erschienene Nachricht über den Moskauer
Verleger der Werke Turgenjews, Osnowski, der ihm eine gewisse Summe
schuldig geblieben war, zu mildern*). Der Brief ist „London, 24. Mai
1862" unterschrieben. Annenkow teilte uns mit, daß Turgenjew „im
April 1862 aus London nach Paris zurückgekehrt" ihm folgendes ge=
schrieben habe: „ . . . Ich möchte Ihnen gerne etwas über meine Reise
nach London erzählen, aber ich will es lieber bis auf unser nächstes
Wiedersehen aufschieben. Eines muß ich sagen: Ach, was ist das Leben
doch für eine unbarmherzige Mühle! Es verwandelt unablässig die
Menschen in Mehl? werden Sie fragen, — nein, einfach in Schutt.

---

*) Darüber s. in den Erinnerungen Annenkows, „Der Bote Europas"
1865, April, S. 477, 482, 483, 486.

Aber alles dies ist bildlich zu nehmen*)." Vielleicht wird die vollständige Veröffentlichung der Briefe Turgenjews, wenigstens der an Annenkow, ein Licht auf die genaue Bedeutung dieser Zeilen werfen. Vorläufig können wir aus den vorliegenden Briefen ersehen, daß von dieser Zeit her sich bei Turgenjew eine gewisse Gereiztheit gegen Ogarjow und besonders gegen Bakunin zeigt, für Herzen aber bewahrte er trotz aller Meinungsdifferenzen große Liebe.

„Das junge Rußland", — ein Blatt, welches in Rußland in einer geheimen Druckerei erschien, forderte die Jugend („unsre Haupthoffnung") auf, sich zu der baldigen „blutigen und unerbittlichen Revolution" mit dem Rufe: „Es lebe die russische soziale und demokratische Republik!" vorzubereiten, — bei welcher Resolution die kaiserliche Familie und die „kaiserliche Partei" ausgerottet werden sollten. Zur letzteren rechnete „Das junge Rußland" auch die „liberalisierenden Grundbesitzer-Konstitutionalisten". Gegen die liberalen Verschwörer in der Art der Herausgeber des „Großrussen" verhielt sich „Das junge Rußland" mit Ironie, Herzen aber nannte es zurückgeblieben, weil er seit 1849 „den Gedanken an gewaltige Umwälzungen immer mehr verliere" und „ein Blatt mit einem liberalen (nicht mehr) Programm" herausgebe. „Das junge Rußland" nimmt sich Frankreichs „große Terroristen des Jahres 1792" zum Vorbild und verspricht, nicht zurückzuschrecken, wenn es auch, um die gegenwärtige Ordnung umzustürzen, dreimal mehr Blut vergießen sollte, als es die Jakobiner in den 90er Jahren vergossen. Indem sich „Das junge Rußland" für die föderative Ordnung in Rußland erklärte, sagte es jedoch: „Wir sind tief überzeugt, daß die Revolutionspartei, die sich an die Spitze der Regierung stellen wird, wenn die Bewegung nur gelingt, die jetzige Zentralisation beibehalten muß, — zweifelsohne die politische, nicht aber die administrative, — um mit ihrer Hilfe andre Grundlagen für das ökonomische und gesellschaftliche Leben in möglichst kurzer Zeit einzuführen. Sie muß die Diktatur an sich reißen und sich durch gar nichts aufhalten lassen. Die Wahlen für die Nationalversammlung sollen unter dem Einfluß der Regierung stattfinden, welche gleiche Sorge tragen wird, damit Anhänger der bestehenden Ordnung (sollten sie nur am Leben bleiben) nicht aufgenommen werden**).

In zwei Aufsätzen erwähnte Herzen „Das junge Rußland": „Das junge und alte Rußland" in Nr. 139 der „Glocke" vom 15. Juli 1862 und „Journalisten und Terroristen" in Nr. 141 vom 15. August desselben Jahres. In ersterem sagt er u. a.: „„Das junge Rußland' erscheint uns ein doppelter Mißgriff. Erstens ist es gar nicht russisch; es ist eine von den Variationen über das Thema des westlichen Sozia-

---

*) „Der Bote Europas" 1887, Januar, S. 5—6.

**) „Das junge Rußland", als Dokument abgedruckt im russisch-politischen Organ „Das freie Wort" (Bd. I, Lieferung 4, Berlin 1862) herausgegeben von L. P. Blümer.

lismus, es ist die Metaphysik der französischen Revolution, es spricht
politisch soziale Desiderata aus, unter der Form eines Waffenrufes.
Zweitens war sein Erscheinen ein unzeitiges und um so unzeitiger, als
es mit den Bränden zusammenfiel. Es ist klar, daß die, welche darin
schrieben, mehr in der Welt der Kameraden und Bücher, als in der
Welt der Thatsachen lebten; mehr in der Algebra der Ideen mit ihren
feinen und allgemeinen Formeln und Deduktionen, als in der Werkstatt,
wo Reibung und Temperatur, wo schlechte Härtung und Galle die Einfachheit des mechanischen Gesetzes ändern und dessen schnellen Lauf hemmen.
Danach hat sich auch ihre Sprache gebildet, es fehlt ihr jene innere
Zurückhaltung, die entweder die eigene Erfahrung oder die Ordnung
einer organisierten Partei verleiht. ... Die russische Selbstverwaltung hat begonnen. Jedes Ding entwickelt sich nicht nach den Ge-
setzen der abstrakten Logik, sondern nach dem komplizierten Prozesse der
Embryogenie. Für unsre Sache müssen wir die Kenntnisse und die Erfahrung Westeuropas zu Hilfe nehmen. Aber wir brauchen ebensowenig
seine revolutionäre Deklamation, wie die Franzosen jene römisch spartanische
Rhetorik brauchten, welche ihre Reden am Ende des vorigen Jahrhunderts
atmeten. In fremden Bildern sprechen, fremde Losungsworte im Munde
führen, heißt weder die Sache noch das Volk verstehen, weder die Sache
noch das Volk achten. Ist denn nur ein Schatten von Wahrscheinlichkeit vorhanden, daß sich das russische Volk im Namen des Sozialismus
Blanquis erheben soll, die Luft mit einer Parole aus vier Worten
erschütternd, von denen ihm drei wegen ihrer Länge unverständlich sind?
Ihr haltet uns für zurückgeblieben und wir nehmen es euch nicht übel ...
aber zürnet auch ihr nicht, wenn wir freundschaftlich eure Aufmerksamkeit darauf lenken, daß eure Gewandung à la Karl Moor und Gracchus
Babeuf auf einem russischen Marktplatze nicht nur als abgetragen, sondern
als ein Maskenanzug erscheint. Die Franzosen sind ein lachlustiges, aber
ehrerbietiges Volk; man konnte sie durch die römischen Laticlavier und
die Sprache der Helden Senecas stutzig machen; bei uns ... forderte
das Volk den Kopf des unglücklichen Obrutschew. ... Das Volk glaubt
uns nicht und es ist bereit, jene zu steinigen, die ihm ihr Leben opfern.
In einer dunklen Nacht, wie die, in welcher es erzogen wurde, ist es
bereit, gleich dem Riesen aus dem Märchen, seine Kinder umzubringen,
nur darum, weil sie fremdländische Gewänder tragen."

        In Nr. 141 wendet sich Herzen wieder an „Das junge Rußland" u. a.
mit folgenden Worten: „Zu den Waffen darf man erst am Vorabend
der Schlacht rufen. Jede verfrühte Aufforderung ist ein Wink, eine
Nachricht für den Feind, es ist eine Entblößung der eigenen Schwäche
vor ihm. Darum lasset die revolutionäre Rhetorik und befaßt euch mit
der Sache. Vereinigt euch fester, damit ihr eine Macht werdet, damit
ihr Einheit und Organisation erlangt, vereinigt euch mit dem Volke,
damit es die Kluft vergißt, die zwischen euch liegt; predigt ihm nicht
Feuerbach, nicht Babeuf, sondern die ihm verständliche Religion des

Grund und Bodens ... und ſeid bereit. Kommt dann der verhäng=
nisvolle Tag, ſo ſtürzet euch mutig in den Kampf, gehet zu Grunde, —
aber rufet ihn nicht als einen erwünſchten Tag herbei. Geht
die Sonne ohne blutige Wolken auf, um ſo beſſer; ob ſie die Kopf=
bekleidung eines Selbſtherrſchers oder die phrygiſche Mütze trägt, das
iſt egal. Haben euch denn die Franzoſen nicht zur Genüge bewieſen,
daß es nicht der Mühe wert iſt, nicht nur Blut, ſondern ſogar Tinte
zu vergießen, um Würden= und Aemterbenennungen aus der feudal=
monarchiſchen Sprache in die römiſch=republikaniſche zu übertragen.“

In Nr. 139 der „Glocke“ machte Herzen den Redakteuren der nach
den Bränden in Petersburg im Sommer 1862 verbotenen Journale
„Der Tag“, „Der Zeitgenoſſe“, „Das ruſſiſche Wort“ den Vorſchlag,
dieſelben in London weiter herauszugeben, wobei Herzen es auf ſich
nehmen wollte, „ſollte es nötig ſein, ſie das erſte Mal auf ſeine Koſten
zu drucken“.

41.

Baden=Baden, den 8. Oktober 1862.
Amalienſtraße.

Liebſter N. N.!

Meinem Verſprechen gemäß ſende ich Ihnen die mir übergebene
Adreſſe. Sie werden daraus erſehen, daß ich keinerlei Aenderungen
vorgenommen habe: Nach reiflicher Ueberlegung glaubte ich die ganze
Adreſſe umarbeiten zu müſſen, wozu ich ſelbſtverſtändlich kein Recht
hatte. Ich habe Ihnen ſchon auseinandergeſetzt, worin ich mit N. P.*)
nicht einverſtanden bin — ich finde es aber für nötig, Ihnen meine
Worte zu wiederholen und bitte Sie, dieſen Brief nach London zu
beſorgen.

a. Die Adreſſe iſt meines Erachtens voll Ungenauigkeiten in
Bezug auf alles, was die Einführung der Urbarialurkunde (ſ. u. A.
die heutige „Nordiſche Poſt“), das Loskaufungsrecht, den Zu=
ſtand der Bauern und Gutsbeſitzer betrifft. Dies iſt eine Art von
Anklageakt gegen die Verordnung — mit der Verordnung aber
beginnt für Rußland eine neue Aera. Die Regierung weiß es und
daher wird ihr die ganze erſte Hälfte der Adreſſe, und mit Recht,
unbegründet erſcheinen.

b. Es iſt klar, daß die Adreſſe in der Abſicht redigiert wurde,
einige hundert oder tauſend Unterſchriften von Anhängern der Leib=

-----

*) Ogarjow.

eigenschaft zu bekommen, die, voll Freude über die Gelegenheit, ihren
Widerwillen gegen die Bauernbefreiung und die Verordnung äußern
zu können, über die Folgen eines „Reichstages" beide Augen zudrücken
werden. Denn erstens ist es nicht gewissenhaft — sodann darf ja
unsre Partei keinerlei Koalitionen schließen. Wir halten uns nur
durch Prinzipien und durch die klare und ehrliche Aeußerung derselben. Eine Koalitionsdiplomatie aber taugt gar nichts.

c. Wenn diese Adresse in die Hände der Bauern gelangt —
und dies steht außer Zweifel — so werden sie darin mit Recht einen
neuen Angriff auf die Befreiung von seiten des Adels erblicken.
Ein Satz der Adresse scheint sogar Bedauern über eine eventuelle
Unmöglichkeit des Frondienstes ausdrücken zu wollen! Sätze,
wie die folgenden: „Der Grund und Boden in Rußland bleibt unbearbeitet — der Landmann hat weder Zeit noch Lust, seine eigenen
Aecker zu bestellen", werden den Bauer durch ihre augenscheinliche
Unwahrheit in Erstaunen setzen. Der Gedanke eines „Reichstags"
aber wird ihm durchaus nicht tröstlich erscheinen, ihn sogar vielleicht
erschrecken. Mit O.*) und H.**), auch mit Bakunin gehe ich in
meinen Ansichten darin auseinander, daß sie, die gebildete Klasse in
Rußland verachtend und sie fast in den Kot tretend, in der Volks-
masse revolutionäre oder reformatorische Instinkte voraussetzen; aber
in Wirklichkeit verhält sich die Sache ganz anders. Im wahren und
lebendigen — ich könnte hinzufügen: im weitesten Sinne des Wortes
— ist der Revolutionsgedanke nur in der Minderheit der gebildeten
Klasse vorhanden und dies würde zu ihrem Siege genügen, wenn
wir uns selbst nicht vernichten würden.

Es scheint überhaupt, als wenn die ganze Adresse für eine bereits verstrichene Zeit bestimmt wäre, sie ist um ein ganzes Jahr im
Rückstand und wird, abgesehen von den Anhängern der Leibeigenschaft,
kaum anderswo einen wirklichen Widerhall finden: und damit werden, glaube ich, die Verfasser der Adresse selbst unzufrieden sein.

Ich muß Ihnen gestehen, daß ich mich selbst mit dem Gedanken
einer Adresse trage und ich gedenke dieselbe in Paris zu verfassen.
Ich brauche wohl nicht erst zu sagen, daß ich dieses Projekt nach
London berichten werde. Das Programm der Adresse ist in kurzen
Worten folgendes:

Die große Wohlthat der Verordnung wird anerkannt. Dann
wird auf die Notwendigkeit mancher Ergänzungen und Verbesserungen

---

*) Ogarjow.
**) Herzen.

hingewiesen, hauptsächlich aber auf das dringende Bedürfnis, die ganze Ordnung des russischen Staates mit der stattgefundenen Umwälzung in Einklang zu bringen. Zu diesem Behufe sollen alle Abscheulichkeiten unsrer Administration, unsres Gerichts= und Finanzwesens u. dergl. rücksichtslos aufgedeckt und dann die Einberufung eines Reichstages als einziges Mittel zu Rußlands Rettung gefordert werden, kurz, der Regierung soll bewiesen werden, daß sie das bereits von ihr Begonnene fortsetzen müsse.

Ich weiß sehr gut, daß die Regierung eine derartige Adresse nicht annehmen und daß sie sogar bereit sein wird, die Unterfertigten zu bestrafen: aber gleich der mir mitgeteilten Adresse wird auch die meine zur geistigen Anregung der gesellschaftlichen Meinung geschrieben werden und wenigstens wird jedermann im stande sein, sich an ihr zu beteiligen, ohne seinen Ueberzeugungen untreu zu werden oder sie verleugnen zu müssen.

Indem ich diesen Brief beendige, wiederhole ich eines: Man darf nicht vergessen, daß, welcher Art auch die Folgen der „Verordnung" für den Adel seien, die Bauern durch dieselbe reich geworden sind oder, wie sie selbst sagen, zugenommen haben, und sie wissen, daß sie dies dem Zaren zu verdanken haben ... Es wäre einfach Wahnsinn, diese Thatsachen nicht in Betracht zu ziehen und mit M. Besobrasow und andern die Anklagen nachzulassen, die Unkenntnis oder Mangel an Gewissenhaftigkeit verraten.

Ich hoffe, Sie dieser Tage in Heidelberg zu sehen. Ich sage Ihnen offen, daß ich über unsre Bekanntschaft sehr erfreut bin und hoffe, daß dieselbe von Dauer sein wird.

Es drückt Ihnen freundschaftlich die Hand

Iw. Turgenjew.

Im nächstfolgenden Briefe vom 8. Oktober 1862, welcher an Herzen adressiert ist, sagt Turgenjew, er habe N. R. gebeten, diesen an ihn gerichteten Brief an Herzen zu senden, so daß dieser Brief in formaler Hinsicht zum Briefwechsel beider Freunde gehört. Aus den nächstfolgenden zwei Briefen ist ersichtlich, daß das fragliche Schreiben auch direkt zum Briefwechsel gehört, sowie zur Teilnahme Turgenjews an jener politischen Agitation, welche die Herausgeber der „Glocke" damals unterstützten. Es handelt sich um die Ueberreichung einer Adresse an den Kaiser behufs Einberufung eines Reichstages. Die Gouvernementsversammlung von Twer überreichte darüber am 2. Februar 1862 eine Adresse. Projekte derartiger Adressen zirkulierten damals auch in andern Adelsversamm=

lungen, ebenso zirkulierte in andern Kreisen der Gedanke einer allgemeinen
Adresse, die von Angehörigen verschiedener Stände unterzeichnet werden
sollte. Das Projekt einer solchen Adresse wurde 1861 von der geheimen
Gesellschaft „Der Großrusse" verbreitet (abgedruckt in Nr. 115 der „Glocke"
vom 8. Dezember 1861 und in der Broschüre „Fliegende Blätter",
Heidelberg, Bangel und Schmitt 1862). Wir sahen oben, daß auch
Beni eine derartige Idee hatte. Das Projekt einer solchen Adresse,
augenscheinlich auch unter Mitwirkung der Redakteure der „Glocke" verfaßt, wurde auch Turgenjew vorgelegt, der es im obigen und in den
zwei folgenden Briefen analysiert. Das Projekt ist folgendes:

Majestät!

Die Lage Rußlands wird mit jedem Tage schwieriger und ge-
fahrdrohender. Das Gewitter nimmt zu, und dabei weiß niemand,
was anzufangen ist und auf welchem Wege man friedlich, unversehrt,
mit erneuten Kräften dem Unheil entrinnen könnte, um ein neues,
ruhiges und reiches Leben zu organisieren.

Unentschlossen schweigt das Volk. Niemand weiß, was es will;
es vermag nicht, sich über die eigenen Bedürfnisse klar zu werden,
weil ihm die Mittel zu gegenseitiger Verständigung genommen sind.
Es hat kein Recht, sich zu versammeln, um über seine Bedürfnisse
zu beraten und seine Stimme hören zu lassen. Niemand frägt es
nach seinen Wünschen; ein von ihm laut geäußertes Wort würde
von der Regierung Ew. Majestät selbst als ein Verbrechen gegen die
Gewalt angesehen werden. Indessen wächst die unterdrückte Kraft
der stummen Menge im geheimen bis zur Explosion. Indem der
Adel seine grundherrliche Gewalt verlor, gewann er keinen moralischen
Einfluß auf das Volk und kann ihn auch nicht gewinnen, solange das
Volk in ihm einen abgesonderten Stand mit besonderer Benennung
und besondern Vorrechten erblickt, einen Stand, der seit dem Anfange
des vorigen Jahrhunderts bis auf unsre Tage sich vom Volke fern
hielt, sein eigenes, dem Volke fremdes Leben lebte und mit dem
Volke nur zum Zwecke der verderbenbringenden und grausamen
Knechtung desselben, im Namen des grundherrlichen Leibeigenschafts-
rechtes und der straflosen Beamtenwillkür zusammenkam. In seiner
verderblichen Abgetrenntheit vom Volke büßte der Adel selbst das
lebendige Verständnis der Volksbedürfnisse ein, und trotz seiner Bildung ist er nicht im stande, sich über dieselben klar zu werden, ohne
darüber erst das Volk zu befragen; indessen sieht er keine Möglichkeit, sich mit dem Volke zum allgemeinen Wohle zu verständigen,
ohne von vornherein auf alle Rechte und Gerechtsamen und auf die
Benennung seines Standes, auf seine Abgesondertheit zu verzichten,

ober, was dasselbe ist — ohne die vollkommene Gleichberechtigung
des Volkes anzuerkennen.

Ungeachtet Ew. Majestät aufrichtiger, guter und förderlicher
Untersuchungen vermochte die Regierung nicht klare und bestimmte
Reformen festzusetzen. Die „Verordnung" in Bezug auf die Bauern
hat, ohne den alten Knoten endgültig zu lösen, so viel neue Oesen
hinzugeflochten, daß, wenn man sich jetzt nicht beeilt, dieselben
mittels der vereinigten Volkskraft zu entwirren, der Knoten bald so
fest verknüpft sein wird, daß ihn wohl Schwert und Axt werden
zerhauen können, die Arbeit friedlicher Hände aber wird ihn nicht
entwirren.

Infolge der Verwirrtheit der „Verordnung" in betreff der Bauern
bleibt der Adel ohne Entschädigung für das Verlorene, ohne Hilfs=
mittel für die Arbeit, und wir können es dreist sagen, ohne Nah=
rungsmittel, — mit Ausnahme der abligen Beamten, die von der
Regierung Gehälter und Belohnungen bekommen, welche als brückende
Steuern auf dem Volke lasten. Anstatt dem Adel zu Hilfe zu kom=
men, beeilte sich die Regierung Ew. Majestät, ihm die Unterstützung
des Staatskredits zu nehmen, und damit nahm sie ihm auch das
letzte Vertrauen des Volkes, weil bei Grundherren, die nicht im
stande sind, zu zahlen, niemand sich zur Lohnarbeit verdingen will.
Die Fronbienste sind unmöglich geworden. Der grundherrliche Boden
bleibt unbearbeitet.

Indessen gab die „Verordnung" die Möglichkeit, den bäuerlichen
Grund und Boden zu schmälern. Der Bauer ist nicht sicher, ob er
morgen dasselbe Grundstück behalten wird, das er heute bearbeitet.
Die Gespräche über Urbarialurkunden, durch welche er nicht ohne
Grund fürchtet, betrogen zu werden und durch seine Unterschrift auf
die eigenen Vorteile und eine bessere Zukunft Verzicht leisten zu
müssen, rauben ihm Zeit und Lust zur Bearbeitung der eigenen
Felder. Die lästige und wegen der Art und Weise, welche die
„Verordnung" annahm, unmögliche Ablösung des Bauernlandes
schreitet im Verhältnis zum ganzen Volke im Umfang eines Steck=
nabelkopfes fort und beruhigt das Volk nicht. Seine Lage wird
unerträglich; wie früher, und sogar noch mehr wie früher, erblickt
es in jedem Grundherrn einen Feind und in den Verordnungen der
Regierung Ew. Majestät schlaue Ränke der Beamten. Die Friedens=
vermittler sind nicht im stande, der Sache abzuhelfen; die verwor=
renen Vorschriften des Ministeriums bringen sie dazu, von den
Aemtern wegzulaufen, ihre Posten zu verlassen, auf denen sie keinen
Nutzen bringen können, und das ohnedies aufgeregte Volk gerät in

die Gewalt von gewissenlosen Vermittlern und wird schließlich gegen
alles erbost, was nicht nach Kleidung, Gebräuchen und Standes=
vorrechten zum Volke gehört.

So bleibt der russische Grund und Boden unbearbeitet. Die
Käufer haben kein Geld; die Kaufleute können ihre Ware nicht
loswerden, und folglich kaufen sie dieselbe vom Produzenten nicht
gern. Die Fabriken feiern, die Städte werden ruiniert. Alles ist
teuer, man hat kein Geld, und indessen fallen die Kreditscheine fort=
während im Preise. Es schwankt das Vertrauen in die Zahlungs=
fähigkeit des Staates, es existiert kein Privatkredit. Die Staatsanleihen
werden als neue Steuer auf das Land zurückfallen, welches aufhört,
zu produzieren, und sie werden der Wiederherstellung des Geldkurses
nichts nützen, weil man in einem nichtproduzierenden Lande nicht
die klingende Münze behalten kann.

Die Kronbauern erwarten schweigend ihr neues Schicksal, in der
Ueberzeugung, daß die aus Beamten bestehende Regierung die guten
Absichten des Zaren entstellen wird; die allgemeine ökonomische Zer=
rüttung wird es ihnen nicht nur nicht erlauben, an die Loskaufung
ihrer geschenkt erhaltenen Ländereien zu gehen, wie es das Ministerium
Ew. Majestät voraussetzte — eine ebenso drückende wie ungerechte
Loskaufung, sondern sie wird in ihnen den Haß gegen das leitende
Beamtentum hervorrufen. Der allgemeine Ruin schreitet mit schnellen
Schritten vorwärts. Die allgemeine Not bringt den Thron Ew. Majestät
selbst in Gefahr.

Majestät! Ohne das Volk zu befragen, kann man den Staat
nicht retten. Man kann nicht ungestraft den Reichstag entbehren,
der allein im stande ist, unter den gesamten lokalen ökonomischen
Quellen ein Mittel zu finden, um den ruinierten Staat und die des
Geldes entblößte Regierung zu retten.

Von allen neuen Institutionen, die nach Anweisung Ew. Majestät
eingeführt wurden, hatte nur eine einen vollkommenen Erfolg: es
ist die freie Wahl von Richtern, Dorf= und Kreisältesten seitens der
Dorf= und Kreisversammlungen. Die bäuerlichen Wahlen waren
überall gewissenhaft und fehlerfrei; dies beweist klar, daß das Volk
die Auserwählten unter ihm gut kennt und fähig ist, Leute zu wählen,
welche über die allgemeinen Bedürfnisse zu beraten und durch ge=
eignete Bestimmungen und Hinweise Rußland zu retten vermögen,
was weder der Adel noch die Regierung Ew. Majestät zu thun im
stande sind.

Auf Grund des oben Dargelegten wenden wir Unterfertigten
uns furchtlos, gewissenhaft und aufrichtig an Ew. Majestät, bitten

und wünschen, flehen und fordern, daß das Volk durch seine ge=
wählten Männer über seine allgemeinen Bedürfnisse befragt und
zu einem allgemeinen Reichstag zusammengerufen werden soll, um
zu bestimmen, auf welche Art und Weise, durch welche Institu=
tionen das russische Volk und alle seine Völkerschaften, das russische
Land und alle seine Gebiete gerettet, verjüngt und erhoben werden
könne.

Zu diesem Behufe bitten wir:

1. In allen Gouvernements sollen Dorf= und Stadtversamm=
lungen eingeführt werden, um Deputierte für den allgemeinen Reichs=
tag zu wählen.

2. Alle Großjährigen, ohne Unterschied des Standes, des Glau=
bens und der Sektenangehörigkeit, die zeitweilig Verpflichteten, die
Apanagen= und Domainenbauern, die Adeligen, die Kaufleute, die
Bürger, der Klerus und die Leute verschiedenen Berufes sollen Mann
für Mann wählen.

3. Zur Beseitigung des Mißtrauens der Bauern sollen die
Adeligen sich in eine beliebige Gemeinde ihres Bezirkes einschreiben
lassen, ausgenommen in jene, zu welcher ihre früheren Leibeigenen
gehören.

4. Bei Abgabe der Stimmen sollen die Adeligen weder Standes=
noch Rangesvorrechte genießen.

5. Die Geistlichen der herrschenden Kirchen sollen sich behufs
Stimmabgabe in den Dorfgemeinden oder Städten einschreiben, jedoch
nicht in derjenigen Dorfgemeinde, die zu ihrem Kirchsprengel, und
nicht in jenen Stadtvierteln, zu denen ihre Pfarre gehört.

6. Die Geistlichen · sollen bei der Stimmabgabe keine Standes=
und Rangesvorrechte genießen.

7. In den Städten sollen die Kaufleute weder Standes= noch
Gildevorrechte vor den Kleinbürgern und denjenigen haben, die zu
keinem Stande gehören.

8. Die Lokalbehörden sollen von der Stimmabgabe und jeglicher
Einmischung in die Organisation, Führung und Ergebnisse der Wahlen
ferngehalten werden. Sie dürfen behufs Stimmabgabe sich nur dort
eintragen lassen, wo sie nicht zur Behörde gehören.

9. Die so von den Dorfgemeinden und Städten Gewählten
sollen aus ihrer Mitte drei Kandidaten, ohne Unterschied des Berufes
und Ranges, für jeden Bezirk wählen, und die Namen derselben
sollen behufs Ernennung eines von ihnen durch die Stimmenmehrheit
den Dorfgemeinden und Städten des betreffenden Bezirkes mitgeteilt
werden.

10. Dieſer vom Volke beſtätigte Kandidat ſoll für den allgemeinen Reichstag der Auserwählte des Bezirks ſein.

11. Dieſer Reichstag ſoll folglich aus den Auserwählten aus dem ganzen ruſſiſchen Reiche beſtehen.

12. In dieſem Reichstag ſoll nach Beſtimmung der Ordnung der Sitzungen und der Stimmabgabe folgendes laut beraten und feſtgeſetzt werden: Die Rechte des Grundbeſitzes wie jeglichen Eigentums, die Entſchädigung des Adels je nach Abtretung des Grund und Bodens, die Art und Weiſe der Selbſtverwaltung in Dorf und Stadt, die Vereinigung von Bezirken zu Provinzen und ihre Selbſtverwaltung, die Beſchaffenheit und der Umfang der Steuern und Abgaben in Geld oder Naturalien, der vorläufige Anſchlag der Staatseinnahmen und -ausgaben, die Organiſation der Zivil- und Kriminalgerichte, die Einrichtung von höheren und niederen Lehranſtalten, von Kirchſprengeln, von Dorf-, Kreis-, Provinz- und Staatskreditinſtituten wie überhaupt die Entſcheidung aller Fragen, die aufzuſtellen der Reichstag für nötig halten wird.

Aus Liebe zum Vaterlande und zum ruſſiſchen Volke werden wir Unterfertigten uns gern, aufrichtig und ohne Widerrede dem Beſchluſſe der Volksvertreter auf dem allgemeinen Reichstage unterwerfen und bauen feſt darauf, daß Ew. Majeſtät ſelbſt aus Liebe zum Vaterlande und zum ruſſiſchen Volke ſich ebenſo gern, aufrichtig und ohne Widerrede ihm unterordnen werden, als dem einzigen Mittel, das Reich zu retten, zu beruhigen, zu verjüngen und zu erheben *)

Majeſtät!

Mit Vertrauen und Anhänglichkeit unterzeichnen wir unſre Namen.

──────────

*) S. Anhang.

──────────

42.

Baden=Baden, den 8. Oktober 1862.
Amalienstraße 337.

Lieber A. J.!

Ich antwortete Dir deshalb so lange nicht, weil ich mir immer vornahm, einen großen Brief zu schreiben, — Ns. Ankunft jedoch gab den Anstoß dazu — und ich schreibe Dir — ohne zu wissen, ob der Brief kurz oder lang werden wird. Zuvörderst will ich Dir sagen, daß mir N. so gefiel, wie schon lange kein junger Mann: er ist ein edles und tüchtiges Wesen. Wegen der Abresse habe ich ihm bereits ausführlich geantwortet, — und Du wirst wahrscheinlich schon meine Antwort erhalten haben; ich ersuchte ihn, Dir dieselbe unverzüglich einzusenden. Was meine Antwort auf die Briefe, die in der „Glocke" veröffentlicht wurden, betrifft, so waren einige Seiten davon bereits entworfen — ich werde sie Dir zeigen, — da aber jedermann weiß, daß Du mir schreibst, so ließ ich es sein, um so mehr, als ich im geheimen eine offiziöse Warnung erhielt, etwas in der „Glocke" zu veröffentlichen. Für das Publikum ist das eigentlich kein großer Verlust, obwohl es für mich wichtig wäre. Mein Haupteinwurf war der, daß Du in betreff meiner selbst die Frage nicht richtig gestellt hast: Nicht aus Epikureismus, nicht aus Müdigkeit und Faulheit begab ich mich, wie Gogol sagt, unter „das Obdach der Strömungen", der europäischen Prinzipien und Institutionen. Wär' ich 25 Jahre alt — ich würde nicht anders handeln, — nicht so zu meinem eigenen Nutzen, wie zu dem des Volkes. Dem Volke die Zivilisation zu übermitteln, damit es dann selbst entscheide, was davon zu verwerfen und was anzunehmen ist, das ist die Rolle der gebildeten Klassen in Rußland, eine eigentlich bescheidene Rolle, wenn auch Peter der Große und Lomonossow in ihr auftraten; wenn auch diese Aufgabe von der im russischen Leben stattfindenden Revolution in Gang gesetzt wurde, ist sie doch nach meiner Meinung noch nicht zu Ende. Sie dagegen, meine Herren, indem Sie auf Grund eines deutschen Denkprozesses (gleich den Slavophilen) von einer kaum verstandenen und verständlichen Volkssubstanz jene Prinzipien ab= strahieren, auf welchen, wie Sie meinen, das Volk sein Leben auf= bauen wird, Sie irren im Nebel umher, und was am allerwichtigsten ist, eigentlich sagen Sie sich von der Revolution los, — weil das Volk, vor dem Sie sich beugen, konservativ par excellence ist

und sogar die Keime einer solchen Bourgeoisie im gegerbten Schaf-
pelze, mit ihren warmen und schmutzigen Bauernhütten, mit dem
immer bis zum Sodbrennen vollgepropften Wanste und dem Widerwillen gegen jegliche bürgerliche Verantwortlichkeit und Selbstthätigkeit
in sich trägt, daß es weit hinter sich alle treffend richtigen Züge lassen
wird, mit welchen Du in Deinen Briefen die Bourgeoisie des Westens
geschildert hast. Wir brauchen nicht weit zu gehen, — sieh Dir nur
unsere Kaufleute an. Nicht umsonst habe ich das Wort abstrahieren
gebraucht. Die Semstwo, von welcher Ihr mir in London die Ohren
vollgeschrieen habt, diese vielgerühmte Selbstverwaltung, erwies sich
in Wirklichkeit als ein ebenso künstlich ausgebrütetes Kabinettsprodukt
wie Kawelins Geschlechtsadelwesen u. s. w. Im Laufe des Sommers
habe ich mich mit Schtschapows Werk abgemüht (faktisch abgemüht!),
und nichts wird jetzt meine Ueberzeugung ändern. Das Wort Semstwo
bedeutet entweder dasselbe, wie ein beliebiges entsprechendes west-
europäisches Wort — oder nichts, — und im Schtschapowschen
Sinne bleibt es von hundert Bauern gerade hundert unverständlich*).
Ihr müsset also eine andre Dreieinigkeit ausfindig machen, als die
von Euch entdeckte: „Semstwo, Artel und Obschtschina", oder Ihr
müsset gestehen, daß jene eigentümliche Ordnung, welche durch die
Bemühungen des russischen Volkes den staatlichen und gesellschaftlichen Formen gegeben werden wird, sich noch nicht so klar gestaltet
hat, als daß wir, Männer der Reflexion, dieselbe in Kategorien
fassen könnten. Sonst laufen wir Gefahr, uns entweder vor dem
Volke in den Staub zu werfen, es zu entstellen, oder aber seine
Ueberzeugungen heilig und erhaben zu nennen, oder endlich dieselben
als unglückliche und wahnwitzige zu brandmarken, wie es Bakunin
auf wohl mehr als einer Seite in seiner letzten Broschüre that**).
Apropos, Bakunin: Auf Seite 21 sagt er: „Im Jahre 1863 wird
in Rußland ein schreckliches Unheil entstehen, sollte der Zar sich nicht
dazu entschließen, einen Reichstag einzuberufen." Will er, so schlage
ich ihm jede beliebige Wette vor: Ich behaupte, daß der Zar nichts
einberufen und daß das Jahr 1863 übertrieben ruhig verlaufen

---

*) Schtschapows Aufsatz „Semstwo und Sektenwesen". Die Lehre von
der volksrevolutionären Bedeutung des Sektenwesens bildete schon damals
eines der Dogmen der in Rußland spezifisch ausgebildeten Richtung der
„Volkstümlichkeit". S. „Das junge Rußland", „Die Glocke", sowie besonders
die Beilagen zu derselben: „Die allgemeine Volksversammlung", welche vom
15. Juli 1862 ab zu erscheinen begann und hauptsächlich von Ogarjow
redigiert wurde.

**) Diese Broschüre ist: Romanow, Pugatschew oder Pestel?

wird*). Es gilt? Ich bin überzeugt, daß auch hierin meine Prophe=
zeiung in Erfüllung gehen wird, ebenſo wie die, welche ich, Du
wirſt Dich wohl erinnern, in London dieſen Frühling in Bezug auf
die Urbarialurkunden ausgeſprochen habe. Ich irrte mich nur darin,
daß ich dachte, daß erſt die Hälfte derſelben bis zu Ende des Jahres
vorgelegt ſein würde, es iſt jedoch ſchon jetzt faſt mit allen geſchehen.
Ach, alter Freund, glaube mir: Der einzige Stützpunkt für eine
lebendige revolutionäre Propaganda — iſt jene Minderheit der ge=
bildeten Klaſſe in Rußland, welche Bakunin faul, vom Volkstum
abtrünnig und verräteriſch nennt. Jedenfalls haſt Du kein andres
Leſepublikum. Nun genug für jetzt. Dixi et animam meam sal-
vavi. Immerhin liebe ich Dich von Herzen und drücke Dir feſt
die Hand**).

Dein
Iw. Turgenjew.

P. S. In betreff der Abreſſe ſage ich Dir eines: Es genügt
mir, wenn dieſelbe von M. Beſobraſow und Paskewitſch unterfertigt
wird, damit mein Name nicht darauf ſteht.

━━━━

43.

Heidelberg, den 16. Oktober 1862.
Lieber Freund A. I.!

Da N. Dir ausführlich mitgeteilt hat, was ſich aus Anlaß der
Dir bekannten Abreſſe zwiſchen uns zutrug, ſo halte ich es für über=
flüſſig, Dir zu wiederholen, was Du bereits weißt. Ich beſchränke
mich auf einige Worte zur Erklärung oder, beſſer geſagt, zur ge=
nauern Beſtimmung der Urſachen, die meiner Anſchauung zu Grunde
liegen. Erſtens glaube ich, daß es weder praktiſch, noch zeitgemäß, noch
gerecht iſt, die „Verordnung" zum Ausgangspunkt der Verneinung
oder des revolutionären Widerſtandes zu wählen. Denn wie dem
auch ſei, ob es aus Müdigkeit geſchah oder aus Mangel an ſtrenger
Logik, der jedem Volke eigen iſt, oder aus dem Wunſche, ſich auch
mit wenigem zu begnügen — ſobald dies wenige bis zu einem ge=

<hr>

*) Turgenjew irrte ſich nur betreffs des polniſchen Aufſtandes, welcher
zwar die eigentlich ruſſiſchen Gouvernements nicht berührte.

**) S. Anhang.

wissen Grade vorteilhaft ist, — „das Volk hat die Verordnung
angenommen"; ich will noch weiter gehen: Das Volk wird bald
seine Vorstellung von der Freiheit mit der über die „Verordnung"
verschmelzen und in den Feinden der letzteren seine eigenen Feinde
erblicken. Als Beweis dafür kann die neue Erscheinung dienen, daß
die Bauern den Pachtzins (Obrok) mit der Loskaufung vertauschen. Unter solchen Umständen die „Verordnung" als die
Quelle des gegenwärtigen Wirrwarrs anzugreifen und daraus die
Notwendigkeit eines Reichstages abzuleiten, heißt der Regierung in
die Hände arbeiten und vielleicht gänzlich mit dem Volke brechen.
Zweitens ist Dir die neue Entscheidung in betreff der Gouvernementslandtage bekannt — dieser erste Schritt zu parlamentarischen Formen.
Ich weiß nicht, welches Projekt die Oberhand gewinnen wird, das
Miljutinsche, dessen Prinzipien sich durch eine relative Breite und
Freiheit auszeichnen, oder das entstellte und jesuitische von Walujew *).
Wenn, wie anzunehmen ist, das zweite durchgeht, so bietet sich ein
sachlicher, lebendiger und praktischer Grund zu einer Protestabresse,
einer Adresse, die dazu dienen soll, die Gesellschaft aufzurütteln und
zu begeistern. Jedenfalls glaube ich, daß man folgendes abwarten
müsse: a) wie nämlich die Verordnungsfrage endgültig gelöst wird —
dies muß ja sehr bald geschehen — und b) von welcher Bedeutung
die Bestimmungen der Regierung in betreff der Dezentralisation und
der Stärkung der provinzialen Selbständigkeit sein werden. Die
erwähnte Adresse, besonders eine wie die Eure, jetzt vorgelegt,
würde nur Schaden bringen können. Ueberdies bin ich überzeugt,
daß Ihr gerade jetzt nur sehr wenig Unterschriften sammeln würdet —
und daß dadurch der Schuß nicht in die Luft ginge, sondern, was
noch schlimmer ist, Eure eigene Stirn träfe.

Das, lieber A. J., ist meine aufrichtige, unumwundene Meinung.
Ich hoffe, daß Du mich genug kennst, um meine Meinung auf Rechnung meiner wahren Ueberzeugung zu setzen, und nicht auf etwas
andres. Ich bin kein Feigling und liebe es nicht, weder vor mir
selbst noch vor andern Finten zu machen; Dich aber liebe und achte
ich zu sehr, um Dir nicht die volle Wahrheit zu sagen. Ob Du

---

*) Was Turgenjew „Gouvernementslandtage" (gubernskije sseïmy)
nennt, wurde nach der Verordnung vom 1. Januar 1864 in Gestalt der
Institutionen der Selbstverwaltung (in Gouvernements und Be-
zirken) nach dem Walujewschen, nicht aber nach dem Miljutinschen (R. A.)
Projekt geschaffen. Ueber das letztere ist vorläufig wenig bekannt. In dem
Buche Anatole Leroy-Beaulieus „Un homme d'état russe, Nicolas
Milutine," finden wir nur einige Hinweise darauf.

mit mir einverstanden bist ober nicht — das weiß ich nicht; aber ich bin überzeugt, daß dies keineswegs unser Verhältnis ändern wird.

Ich drücke Dir freundschaftlich die Hand und bleibe Dir treu ergeben.

Jw. Turgenjew.

44.

(An M. A. Bakunin.)

Paris, den 28. Oktober 1862.
Rue de Rivoli 210.

Lieber Freund!

Gestern kam ich hier an, gestern erhielt ich Deinen Brief und heute schreibe ich Dir ein paar Worte, um Dich zu versichern, daß ich mich unverzüglich an die Ausführung dessen mache, was Du in betreff Deiner Frau und N.-s wünschest, und ich werde mich nach Kräften bemühen, Dich endlich zu beruhigen. Darin wie in anderm kannst Du fest auf meine alte Freundschaft für Dich bauen, die Gott sei Dank von keinen politischen Anschauungen beein= flußt wird.

Sage Herzen, daß ich von ihm Antwort und die letzten Nummern der „Glocke" erwarte. Wenn er mir wegen meiner Briefe über die Adresse böse ist, so wird er es wohl nicht in einem solchen Grade sein, daß er mir nicht schreiben könnte. Gestern las ich im Bette seine Erzählung im „Polarstern" über den Prozeß von Barthelemy und Bernard*), und ich brach zweimal in ein solches Gelächter aus, daß ich meine Tochter, die im Nebenzimmer schlief, aufweckte. Es ist reizend und vortrefflich.

Adieu, ich drücke Dir die Hand, vielleicht sehen wir uns bald.

Dein

Jw. Turgenjew.

---

*) Die Schilderung dieses Prozesses gibt ein Bild der gerichtlich=gesell= schaftlichen Sitten der Beamtenwelt Frankreichs und der Selbstverwaltung Englands.

45.

Paris, ben 4. November 1862.
Rue de Rivoli 210.

Lieber A. J.!

Dein kurzes Briefchen hat mich „umfangreich" erfreut, wie der
Verfasser der Misérables sagen würde, — und ich teile Dir mit,
daß ich dieser Tage hier ankam und meine alte Wohnung bezogen
habe. Ich dachte nicht, daß Du mir zürnest, weil ich mit der Adresse
nicht einverstanden bin, sondern dafür, daß ich, wenigstens für eine
gewisse Zeit, andre verhinderte, ihre Unterschrift zu geben. — Auch
kann ich nicht mit dem einverstanden sein, was Du über meine
Schwankungen, Verwirrtheiten und Erklärungen sagst: soviel ich
mich erinnere, habe ich entschieden und ohne jedes „considérant" meine
Mißbilligung der mir mitgeteilten Adresse geäußert. Ich kann mich
geirrt haben, aber ich war mir meiner Meinung klar bewußt. Ich
bin vollkommen darin mit Dir einverstanden, daß ich — keine poli=
tische Natur bin, aber wenn es schon dazu kommt, so sage ich offen,
es ist besser, ein Nichtpolitiker wie ich, als ein Politiker von Ogarjows
oder Bakunins Schlage zu sein.

Was Deinen Brief in der „Glocke"*) anbelangt, so ist er wie
alle früheren klug, fein und schön, aber ohne Abschluß und unver=
wendbar. Ich fange an zu denken, daß in Deiner so oft wieder=
holten Antithese zwischen dem äußerlich schönen und innerlich häß=
lichen Westen und dem umgekehrt äußerlich häßlichen und nach innen
schönen Osten etwas Falsches liegt, das sich noch bis heute sogar in
den Köpfen bedeutender Menschen erhält, da sie erstens nicht kompliziert
und leicht verständlich ist, und zweitens da sie a l'air d'être très
ingénieuse et neuve. Aber dies Gewebe erscheint mir schon faden=
scheinig, abgeschabt, und Deine ganze Beredsamkeit wird es vor dem
klaffenden Grabe nicht retten, wo es en très bonne compagnie zusammen
mit der Hegelschen und Schellingschen Philosophie, der französischen
Republik, dem Geschlechtsverfassungswesen der Slaven und — ich
wage es zu sagen — mit den Aufsätzen des großen Sozialisten Nikolai
Platonowitsch liegen wird. Der „Samum", von dem Du sprichst,
weht nicht nur im Westen, er verbreitet sich auch bei uns, aber da
Du fast ein Vierteljahrhundert (sechzehn Jahre) von Rußland fort

---

*) Turgenjew meint den 5. Brief aus „Ende und Anfänge". Ueber
die Anpassung der sozialphilosophischen Theorien Herzens an Hegels Philo=
sophie wurde im Anhang zu Brief 42 gesprochen.

bist, hast Du es Dir in Deinem Kopfe umgebildet. Der Kummer,
den Du beim Gedanken an dasselbe empfindest, ist bitter; — aber,
glaube mir, er ist eigentlich noch bitterer, als Du denkst, in dieser
Hinsicht bin ich mehr Misanthrop als Du. Rußland — ist keine
Venus von Milo, die stiefmütterlich behandelt wird und in Fesseln
liegt, es ist ein Mädchen vom selben Schlage, wie seine ältern Schwe=
stern, nur ist wohl sein Becken etwas breiter und es ist bereits nicht
mehr ...; auch wird es sich so herumtreiben wie jene; es ist bloß
mit einer andern Schnauze zur Welt gekommen, wie Ostrowski sagt.
Schopenhauer, Bruder, Schopenhauer muß man fleißiger lesen!

Aber genug. So oder anders, ich erwarte Deinen nächsten
Brief mit Ungeduld und drücke Dir freundschaftlich die Hand.

Jw. Turgenjew.

46.

Paris, den 8. November 1862.
Rue de Rivoli 210.

Was doch mit einemmal für eine Korrespondenz zwischen uns
losbrach*), lieber A. J.! Vielleicht ist das nicht nach Deinem Ge=
schmacke, aber es bemächtigte sich meiner plötzlich eine solche Anwand=
lung. Mein heutiger Brief ist durch Deinen letzten an mich in der
„Glocke" hervorgerufen. — Dein Brief ist sonderbar und wenn auch
nicht etwa gekünstelt, so doch für viele Leser zu verdreht, als daß sie
die Anspielungen verstehen sollten — aber dies sind Kleinigkeiten. Mit
außerordentlicher Kunst und Feinfühligkeit stellst Du die Diagnose
der zeitgenössischen Welt, aber warum gilt sie durchaus nur für die
westliche Hälfte derselben — und nicht für die „bipedes" im all=
gemeinen? Du bist wie ein Arzt, der, nachdem er alle Anzeichen
eines chronischen Leidens gefunden hat, plötzlich erklärt, das ganze
Unheil käme daher, daß der Patient ein Franzose sei. Ein Feind
des Mysticismus und Absolutismus, knieest Du mystisch vor dem
russischen Schafpelz, und in ihm erblickst Du den großen Segen, die
Neuheit und Originalität der künftigen gesellschaftlichen Formen —
kurz, das Absolute — jenes Absolute, über welches Du in der Philo=
sophie Dich so lustig machst. Alle Deine Götzen liegen in Trümmern,
aber wie soll man ohne einen solchen leben, — man errichte also
dem Schafpelz, diesem unbekannten Gotte, einen Altar; zum Glücke

*) S. Anhang.

weiß man nichts von ihm — und so kann man wieder beten, glauben
und hoffen. Nun aber thut dieser Gott gerade das nicht, was ihr
von ihm erwartet — aber das macht nichts! Nach eurer Meinung
ist es doch nur vorübergehend, zufällig, gewaltsam, durch die äußere
Macht eingeimpft; euer Gott liebt bis zur Vergötterung das, was
ihr hasset, und haßt das, was ihr liebet, — euer Gott findet das
für gut, was ihr in seinem Namen verwerfet, aber ihr wendet
eure Augen ab und verstopfet euch die Ohren, und mit der Ekstase,
die jedem Skeptiker eigen ist, der seines Skepticismus überdrüssig
geworden, mit dieser spezifischen ultrafanatischen Ekstase sprecht ihr
immer wieder von „Frühlingsfrische“, von „segensreichen Stürmen“
u. s. w. — Geschichte, Philologie, Statistik, was ist das alles für
euch! Thatsachen, wie die unzweifelhafte, daß wir Russen der Sprache
und Art nach zur europäischen Familie, „genus Europaeum“, gehören
und daher nach dem unverrückbaren Gesetze der Physiologie den=
selben Weg gehen müssen, an solchen Thatsachen liegt euch nichts.
Ich hörte noch nicht von einer Ente, die, zur Entengattung ge=
hörend, nach Art der Fische durch Kiemen atmete. Ihr aber, die ihr
infolge eurer Herzkrankheit, eurer Mattigkeit und eures Durstes
nach einer frischen Schneeflocke lechzt, die eure trockene Zunge kühlen
soll, ihr verdammt alles, was jedem Europäer und folglich auch
uns teuer sein sollte, so die Zivilisation, die Gesetzlichkeit, die Revo=
lution selbst; und indem ihr endlich die jungen Köpfe mit eurem
noch nicht gehörig gegorenen sozial=slavophilen Getränke anfüllet,
lasset ihr sie berauscht und benebelt in die Welt hinaus, wo sie
beim ersten Schritte stolpern müssen. Daß ihr es gewissenhaft,
ehrlich, kummervoll, mit warmer und aufrichtiger Selbstaufopferung
thuet — daran zweifle ich nicht — und Du bist wohl sicher, daß
ich es nicht bezweifle ... aber es wird einem nicht leichter dadurch.
Eines von beiden: entweder diene, wie früher, der Revolution, den
europäischen Idealen — oder aber, bist Du schon zur Ueberzeugung
ihres Bankerotts gekommen, so habe Mut und Kühnheit genug, dem
Teufel in beide Augen zu blicken, und schleudere ganz Europa
das Wort guilty ins Antlitz, mache aber keine offenen und ver=
blümten Ausnahmen zu Gunsten eines neuen russischen Messias, der
noch kommen soll, an welchen Du persönlich eigentlich ebensowenig
glaubst, wie an den jüdischen. Du wirst sagen, alles dies wäre
schrecklich: man könnte dabei seine Popularität und sogar die Mög=
lichkeit einer weitern Thätigkeit einbüßen. Einverstanden, aber einer=
seits ist es einfach — fruchtlos, so zu handeln, wie Du es jetzt thust,
und dann setze ich, Dir zum Trotz, in Dir Mut genug voraus, daß

Du vor den Folgen Deiner Aeußerungen über das nicht zurückbebst, was Du für das Wahre hältst. Wir wollen noch abwarten, aber für jetzt genug.

Dein ergebener

Iw. Turgenjew.

P. S. Und dein Freund und Günstling Panin?
Der in die Hölle und in den Himmel (durch seinen Wuchs) hinein-
ragte —
Fiel!
Und Tschewkin auch dahin.

47.

Paris, den 25. November 1862.
Rue de Rivoli 210.

Liebster A. J.!

Es thut mir leid, daß Du Deine Absicht geändert und mir Deinen bösen Brief nicht geschickt hast! Ein böser Brief ist doch besser als ein gereizter; aber ich kann mich nicht in Rekriminationen einlassen und ich bin noch froh, daß Du mir überhaupt geantwortet hast. Ich gestehe, ich habe auf meine Einwürfe Erwiderungen erwartet, aber ich sehe, daß Du Dich durch meine, soviel ich mich erinnere, durch- aus nicht so beißenden und unehrerbietigen Anspielungen auf Ogarjow oder, besser gesagt, auf seine Theorie gekränkt und beleidigt fühlst. Es thut mir sehr leid, ich gestehe es, und es wäre wirklich besser, darüber nicht zu sprechen und ich gebe Dir das Versprechen, diese Deine empfindliche Seite mit keinem Worte zu berühren. Ich kann Dich nur versichern, daß in meiner Abneigung gegen die oben er- wähnte Theorie etwas Vernünftigeres liegt, als in der Antipathie einer „schwangern Frau". Ich könnte Dir zwar ausführlicher die Gründe darlegen, warum ich so denke — aber ich hoffe nicht, Dich zu überzeugen, und fürchte — Dich zu kränken. Möge also diese ganze Frage gleich dem Götzenbilde von Sais mit einem unburch- bringlichen Schleier verhüllt bleiben.

Auch muß ich mich gegen Deine Beschuldigung wegen meines Nihilismus wehren. (Wie das Schicksal doch ist: ich schleuderte diesen Stein und nun fällt er auf mein Haupt zurück.) Ich bin kein Nihilist, schon aus dem Grunde nicht, daß ich, soweit mein Begriffs- vermögen reicht, in den Schicksalen der ganzen europäischen Völker-

familie, selbstverständlich Rußland mit einbegriffen, tragische Züge er=
blicke. Dennoch bin ich ein „Europäus", ich liebe das Banner, unter
welchem ich seit meiner Jugend stehe und glaube an dasselbe. Du
aber zerschmetterst es mit der einen Hand, und mit der andern greiffst
Du nach einem für uns noch unsichtbaren, — das ist Deine Sache und
vielleicht hast Du recht. Aber Du hast nicht so recht, wenn Du mir
Nebenabsichten zuschreibst (so das Vergnügen, Parasiten zu füttern),
oder nie dagewesene Gefühle, wie zum Beispiel Gereiztheit gegen die
junge Generation ... Wozu dies alles? Gleicht es denn nicht den
Dir gemachten Vorwürfen, daß Du nicht aus Ueberzeugung, sondern
aus Eitelkeit u. dergl. sprichst und schreibst. Ich sage Dir offen:
solche Vermutungen und Klatschereien sind weder Deiner noch meiner
würdig.

Nach alledem drücke ich Dir fest die Hand und wünsche Dir
Gesundheit und Mut. Es freut mich, daß Du mich liebst und ich
bin überzeugt, daß Du nach reiflichem Erwägen einsehen wirst, es
sei kein Grund vorhanden, unwillig gegen mich zu sein.

Dein ergebener

Jw. Turgenjew.

48.

Paris, den 3. Dezember 1862.
Rue de Rivoli 210.

Lieber Freund!

Ich erinnere mich nicht, welcher Weise gesagt hat, es gebe nie=
mand, der es verstünde, sogar die handgreiflichsten Mißverständnisse
zu vermeiden. Und soll denn dieser Spruch in Betreff unsrer sich
bewahrheiten? Bedenke doch selbst: Ich schreibe Dir also, daß es
ebenso unsinnig ist, mich der Liebe zu Parasiten zu zeihen, wie
den Grund Deiner Thätigkeit in der Eitelkeit zu suchen; Du aber in
Deiner Empörung suchst mir zu beweisen, daß Du nicht aus Eitelkeit
arbeitest; ich nenne Dir Schopenhauer — Du hingegen beschuldigst
mich des Autoritätsglaubens; ich bitte Dich, mir nicht für ein Wort
über Ogarjow zu zürnen und meine Fragen zu beantworten — Du
aber argwöhnst ironischerweise, daß ich bedaure, Dich durch meine
Widerlegung „zum Schweigen" gebracht zu haben u. s. w. Ich bitte
Dich, lassen wir diesen Ton: wir wollen lieber heiß, aber freund=
schaftlich debattieren, ohne jegliche Ricanements und Anspielungen;

habe ich mir solche zu schulden kommen lassen (sans le savoir), so
bitte ich um Vergebung — und basta cosi. Du forderst, daß ich
Dir die Gründe meiner Abneigung gegen Ogarjow als Schriftsteller
darlege; ich bin bereit, Dir zu gehorchen, muß Dir aber bemerken,
daß dies in einem Briefe durchaus unbegründet erscheinen würde.
Du wirst es wohl selbst begreifen, daß es unmöglich ist, in einem
Briefe Beweise anzuführen und aufzuzählen. Ich bitte Dich nur zu
glauben, daß ich solche besitze, und daß ich weder einer physiologischen
noch psychologischen „Schwangerschaft" unterworfen bin. Und so
sympathisiere ich mit Ogarjow nicht, weil er erstens in seinen Aufsätzen, Briefen und Gesprächen altväterische sozialistische Theorien des
Gemeinbesitzes u. s. w. predigt, mit denen ich nicht einverstanden
bin*), zweitens, weil er in der Frage der Bauernbefreiung u. dergl. m.
eine große Unkenntnis des Volkslebens und seiner gegenwärtigen
Bedürfnisse, sowie auch der jetzigen Sachlage an den Tag gelegt hat;
drittens endlich, weil er sogar dort, wo er recht hat (so z. B. in
seinem Aufsatze über die Reformen des Gerichtswesens), seine Ansichten in einem unbeholfenen, schläfrigen und unklaren Stile dar-
legt, welcher Mangel an Talent verrät, was Du übrigens wahrscheinlich selbst, wenn nicht fühlst, doch aus der unleugbaren Thatsache
argwöhnst, daß die „Glocke" allmählich verfällt und das Publikum
gegen ihn erkaltet. Die Wahrheit bringt ebenso schwer zu politischen
Verbannten, wie zu Herrschern. Die Pflicht der Freunde ist es, ihnen
dieselbe kundzuthun. „Die .Glocke' wird bedeutend weniger
gelesen, seit Ogarjow in ihr die erste Rolle spielt." Diese
Phrase ist jetzt in Rußland das geworden, was man in England
a truism nennt, und es ist klar. Das Publikum, welches in Rußland die „Glocke" liest, kümmert sich sehr wenig oder gar nicht um
den Sozialismus; es braucht jene Kritik, jene rein politische Agitation,
welche Du verließest, als Du selbst Dein Schwert zerbrachst. Die
„Glocke", die ohne Protest die Hälfte von Bakunins Manifest**) und
Ogarjows sozialistische Aufsätze veröffentlichte, ist nicht mehr die
Herzensche, die frühere „Glocke", wie Rußland sie verstand und liebte.
Das ist vorläufig alles, was ich Dir sagen kann.

*) So erklärte mir Bazt in Heidelberg, daß Ogarjow nicht deshalb die
Verordnung verwirft, weil sie in Bezug auf die Bauern ungerecht ist, son-
dern weil sie das Prinzip des Privateigentums in Rußland sanktioniert.
(Anm. v. Jw. Turg)
**) „An die russischen, polnischen und alle slavischen Freunde," in
Nr. 122—123 der „Glocke". Die versprochene „Fortsetzung in der folgenden
Nummer" ist nie erschienen.

Mit großem Vergnügen werde ich hier Deine lieben Töchterchen
sehen und für sie alles mögliche thun.

Ich drücke Dir die Hand und verbleibe

Dein Dich liebender

Iw. Turgenjew.

49.

Paris, den 16. Dezember 1862.
Rue de Rivoli 210.

Nun bist Du aber aufgebracht, lieber A. J., wie aufgebracht, es
ist kaum zu sagen! Und am Ende des Briefes hast Du ein unent=
zifferbares Wort gesetzt. Ich will es für ein „ich grüße Dich"
nehmen, obwohl es eigentlich „hiermit spucke ich" zu lesen wäre.
Kaum wage ich, Dir höflichst zu melden, erstens, daß ich in der
That selbst Ogarjows Aufsätze*) gelesen habe (diese Thatsache kann
man nicht vergessen, wie überhaupt jede überwundene Schwierigkeit),
zweitens, daß P. W. Annenkow allerdings ein großer Verbrecher ist,
daß er aber, als er am Anfang des Jahres seinen unschuldigen
Aufsatz dem „Russischen Boten" übergab, doch nicht sicher wissen
konnte, daß man denselben am Ende des Jahres zugleich mit einem
„schuldigen" veröffentlichen werde**); drittens, daß Du K.s Pro=
test***) mit meiner Unterschrift, wann und wo es Dir beliebt, ver=
öffentlichen darfst, und endlich, daß Du wahrscheinlich A. A. Fet,
der kein Dorf besitzt, mit dem bekannten reichen englischen Aristo=
kraten Sir Feth, der übrigens nie existiert hat, verwechselt hast.

---

*) Die Aufsätze Ogarjows: „Klarstellung einiger Fragen." „Die
Glocke" Nr. 136—138; „Die Untersuchung der Grundbestimmungen der
Reform des Gerichtswesens in Rußland." „Die Glocke" Nr. 150—152.

**) Annenkows Aufsatz „Ueber Ostrowskis ‚Minin' und dessen Kritiker",
wurde im Septemberheft des „Russischen Boten" veröffentlicht, d. h. nach
dem Aufsatze Katkows „Eine Notiz für den Herausgeber der ‚Glocke'" und
zugleich mit dem Aufsatze „Die neuen Thaten unsrer Londoner Agitatoren",
der gegen die Beilage zur „Glocke" — „Die allgemeine Volksversammlung"
gerichtet war; diese Beilage war vorzüglich für die sozialistisch=revolutionäre
Agitation unter den russischen Sektierern bestimmt.

***) „K.s Protest mit der Unterschrift Turgenjews" ist, aller Wahrschein=
lichkeit nach, der Herzen übergebene Brief an Kawelin, u. a. von Turgenjew
und Annenkow unterzeichnet, in welchem Kawelin Sympathieäußerungen für
seine Verteidigung der „Glocke" gegen Tsch. zu teil werden. Vergl. S. 40.
„Kollektivbrief an K. Dm. Kawelin".

Deine Töchterchen aber sind reizend; besonders Tata ist ein herrliches, kluges, gesundes und kerniges Geschöpf! Während ihres halbstündigen Besuches hat sich meine Tochter förmlich in sie verliebt. Alle unsre Bitten konnten Fräulein M. nicht bewegen, noch einen Tag länger in Paris zu bleiben, und es blieb uns nur übrig, ihnen glückliche Reise zu wünschen.

Und nun empfehle ich mich Dir, nicht für die Stunden des Zornes, sondern für die der Sanftmut, und zeichne

Jw. Turg.....

Doch halt! Ich hab' ganz vergessen, daß ich mich nach Deinem Urteil eigentlich folgenderweise unterschreiben müßte: „Ein Teilchen Mist von einem skrophulösen, an Cholera leidenden Hippopotamus." Es ist etwas lang, aber es geht, denn ich bin ja kein Minister und unterfertige keine Resolutionen.

50.

Paris, den 12. Februar 1863.
Rue de Rivoli 210.

Lieber A. J.!

Diesen Brief wird Dir ein guter Freund von mir, der ein herrlicher Mensch ist, Rudolf Lindau, überbringen. Er ist viel in Japan gereist und befaßt sich jetzt mit einem Werke, worin er seine Wanderungen beschreiben wird. Unter andern schickte er Dir voriges Jahr die Berichtigung einer Mitteilung über einen von einem russischen Offizier verübten Mord; ich weiß nicht, ob Du sie erhalten und in der „Glocke" veröffentlicht hast. Jedenfalls kann man seinen Worten trauen: er ist ein durchaus ehrlicher Mensch. Aber es handelt sich hier eigentlich nicht um ihn, sondern um mich. Ich beginne damit, daß ich das tiefste und unverbrüchlichste Schweigen von Dir fordere. Kannst Du Dir vorstellen: mich, mich, Deinen Antagonisten, fordert die „dritte Abteilung" nach Rußland zurück mit der üblichen Drohung der Konfiskation im Falle meines Ungehorsams. Wie gefällt Dir das? Das ist ja der „allerhöchste" Humor. Ich habe mit einem Brief an den Kaiser geantwortet, worin ich ihn bat, zu befehlen, daß man mich schriftlich verhöre. Sind sie dann mit meinen Antworten zufrieden, um so besser; wenn nicht, so fahre ich nicht und mögen sie sich dann blamieren und mich meines Ranges verlustig er=

klären u. s. w. Bubberg, der sich in dieser Angelegenheit im höchsten
Grade korrekt gehalten hat, versichert mich, daß dies alles in nichts
verlaufen wird; er war sehr empört, schrieb persönlich an Dolgo=
rukow u. s. w.; so oder anders, ich habe bereits meine Maßnahmen
getroffen, ich ließ meinen Bruder herkommen u. s. w. Ich erzähle
Dir dies alles unter anderm aus dem Grunde, damit ich Dich bei
dieser Gelegenheit fragen kann, ob Du vorigen Herbst von N. N. aus
Heidelberg einen großen von mir beschriebenen Bogen Papier erhalten
hast, in welchem ich Dir erklärte, warum ich nicht mit der Adresse
einverstanden bin; wenn Du denselben nicht verbrannt hast, übergieb
ihn Lindau. Ich vermute, daß man in Heidelberg nach mir spioniert
hat, weil alle meine Handlungen bekannt wurden, obwohl nichts
Besonderes an ihnen ist. Ritschiporenko verrät alles und alle, Beni
genießt die Freiheit! — Ich bitte Dich, dies alles geheim zu halten,
sonst wird Dolgorukow Sturm läuten und das kann mir sehr
schaden. Lasse von Dir hören. Dein Sendschreiben an die russischen
Soldaten in der letzten Nummer der „Glocke" hat mir Thränen ent=
lockt*). Ich drücke Dir herzlich die Hand und verbleibe

Dein Dich liebender

Jw. Turgenjew.

51.

Heidelberg, ben 22. Juni 1863.

Lieber A. J.!

Soeben habe ich die Nummer der „Glocke" gelesen, wo der
„französische und englische Senf" 2c. erwähnt ist. Ich danke Dir
dafür, daß Du dieser abgeschmackten Anekdote keinen Glauben geschenkt
hast, aber es scheint mir, Du hättest Dich noch bestimmter ausgedrückt,
hättest Du gar nicht gezweifelt. Ein verletzendes oder höhnisches
Wort auf Kosten der Polen ist nie über meine Lippen gekommen,
schon aus dem Grunde nicht, daß ich noch nicht jegliches Verständnis
des „Tragischen" verloren habe: jetzt ist niemandem zum Lachen zu
Mute.

---

*) Das Sendschreiben an die russischen Soldaten — „Brüderliche Bitte
an die russischen Krieger" — ist in Nr. 155 der „Glocke" vom 1. Februar
1863 abgedruckt. Herzen forderte darin die russischen Offiziere und Soldaten
auf, brüderlich die polnischen Rekruten zu empfangen, Gedanken mit ihnen
auszutauschen und hauptsächlich sie lieb zu gewinnen.

Aus Dir wohlbekannten Gründen habe ich unsern Briefwechsel abgebrochen, und in der That, welche Luft könnten wir haben, Briefe wie unsre letzten zu tauschen. Unsre Ansichten gehen zu sehr auseinander, als daß wir uns fruchtlos gegenseitig reizen sollten. Auch jetzt schlage ich Dir nicht vor, diesen Briefwechsel wieder aufzunehmen, aber ich wäre Dir sehr verbunden, wolltest Du in der nächsten Nummer der „Glocke" folgendes veröffentlichen: „Wir haben eine positive Beglaubigung erhalten, daß die Herrn J. Turgenjew zugeschriebenen Worte vollkommen erdichtet sind *)."

Noch heute schreibe ich an J. S. Aksakow. Es kränkt mich tief, daß man mein einsames, fast unter der Erde verstecktes Leben mit Kot bespritzt hat.

Ich wünsche Dir Ruhe, soviel es möglich ist, und bitte Dich im Namen unsrer Vergangenheit, mich keiner Niedrigkeit, weder in Worten noch Thaten, fähig zu halten.

Jw. Turgenjew.

P. S. In Baden-Baden wohne ich Schillerstraße 247. Ich kam auf einen Tag hierher, um einen Arzt zu konsultieren.

52.

Paris, den $\frac{\text{2. April}}{\text{21. März}}$ 1864.
Rue de Rivoli 210.

Nach meiner Rückkehr nach Rußland schwankte ich lange, ob ich Dir wegen der Notiz in der „Glocke" „über die grauhaarige Magdalena unter den Männern, der aus Reue die Zähne und Haare ausfielen u. s. w.," schreiben sollte. Ich gestehe, daß diese Notiz, die sich offenbar auf mich bezog, mich sehr gekränkt hat. Daß Bakunin, der sich von mir Geld lieh und mich durch sein weibisches Geschwätz und seinen Leichtsinn in die unangenehmste Lage brachte (andre hat er gänzlich zu Grunde gerichtet), daß dieser Bakunin, sage ich, die albernsten und gemeinsten Verleumbungen über mich verbreitet, das ist ganz in der Ordnung, und ich, der ich ihn seit lange kenne, habe auch nichts andres von ihm erwartet, aber ich glaubte nicht, daß auch Du einen Menschen, den Du seit zwanzig Jahren kennst, mit Kot bewerfen wirst, nur aus dem Grunde, daß er Deine Ueberzeugungen nicht mehr teilt. Du stehst also nicht viel über weiland Nikolai

---

*) S. Anhang.

Pawlowitsch*), der mich auch verurteilte, ohne zu fragen, ob ich wirklich schuldig sei. Könntest Du das Schreiben sehen, mit welchem ich die mir schriftlich gestellten Fragen beantwortete, so würdest Du Dich sicherlich überzeugen, daß ich, ohne aus irgend etwas ein Hehl zu machen, nicht nur niemand von meinen Freunden verletzte, sondern auch nicht im Sinne hatte, mich von ihnen loszusagen: dies hätte ich meiner unwürdig gehalten. Ich gestehe, nicht ohne einen gewissen Stolz denke ich an jene Antworten, welche trotz ihres Tones meinen Richtern Vertrauen und Achtung mir gegenüber eingeflößt haben. Was aber den Brief an den Kaiser betrifft, den Du in so abscheulicher Gestalt dargestellt hast, so lautet er folgendermaßen:

Ew. Kaiserliche Majestät!
Allergnädigster Herr!

Bereits zweimal hatte ich das Glück, mich schriftlich an Ew. Majestät zu wenden**) und beidemal wurden meine Bitten gnädig erhört; geruhen Ew. Majestät, mir auch diesmal die allerhöchste Aufmerksamkeit zu schenken.

Heute erhielt ich von der hiesigen Gesandtschaft die Aufforderung, unverzüglich nach Rußland zurückzukehren. Ich gestehe mit voller Aufrichtigkeit, daß ich mir nicht erklären kann, wodurch ich dieses Zeichen des Mißtrauens verdient habe. Meine Denkungsart habe ich nie verhehlt, meine Thätigkeit ist allen bekannt und ich bin mir keiner tadelnswerten Handlung bewußt. Ich bin Schriftsteller, Majestät, und nichts mehr: mein ganzes Leben hat sich in meinen Werken geäußert, nach ihnen muß man mich beurteilen. Ich wage zu denken, daß jeder, der ihnen Aufmerksamkeit schenkt, der Mäßigung meiner ganz unabhängigen, aber gewissenhaften Ueberzeugungen Gerechtigkeit widerfahren lassen wird. Es ist schwer zu begreifen, wie zu derselben Zeit, wo Ew. Majestät Ihren Namen durch die Vollbringung einer erhabenen That der Gerechtigkeit und Menschenliebe unsterblich gemacht haben, es ist schwer zu verstehen, sage ich, wie da ein Schriftsteller verdächtigt werden kann, der in seiner bescheidenen Sphäre nach Kräften bemüht war, den erhabenen Absichten der Regierung förderlich zu sein. Der Zustand meiner Gesundheit und meine Angelegenheiten, die keinen Aufschub erleiden, erlauben mir nicht, jetzt nach Rußland zurückzukehren; darum geruhen Ew. Majestät zu befehlen, daß man mir die Fragepunkte mitteilt: ich verspreche

---

*) Kaiser Nikolaus.
**) In der Sache Ogryśko und in meiner eigenen Angelegenheit wegen Gogol.

auf Ehrenwort, auf jeden einzelnen unverzüglich und mit voller Offen-
herzigkeit zu antworten. Möge Ew. Majestät an die Aufrichtigkeit
meiner Worte glauben; zu den treuunterthänigen Gefühlen, die ich
aus Pflicht für Ew. Majestät empfinde, gesellt sich auch die persönliche Dankbarkeit *).

Ja, der Kaiser, der mich gar nicht kannte, hat doch verstanden,
daß er es mit einem ehrlichen Menschen zu thun hat, und deshalb
ist meine Dankbarkeit ihm gegenüber noch gestiegen; meine alten
Freunde aber, die, wie es scheint, mich gut hätten kennen sollen,
besannen sich nicht lange, mir Niederträchtigkeiten zuzuschreiben und
dieselben auszuposaunen. Hätte ich es mit dem Herzen von früher
zu thun, so würde ich Dich nicht ersuchen, dies mein Vertrauen nicht
zu mißbrauchen und diesen Brief sofort zu vernichten; aber Du selbst
hast meine Begriffe über Dich verwirrt und ich bitte Dich, mir nicht
neue Unannehmlichkeiten zu verursachen — ich habe an den alten
genug. Uebrigens, dieser Brief selbst ist ein Beweis dafür, daß ich
noch Gefühl für Dich habe. Bakunin hätte ich nicht eines halben
Wortes gewürdigt.

Bleibe gesund.

Iw. Turgenjew.

Unter Herzens Papieren haben sich zwei Blätter erhalten, auf
denen sich das Konzept seiner Antwort auf obiges Schreiben befindet.

10. März (irrtümlich statt April) 1864,
Elmfieldhouse Tebbington. S.W.

Auch ich habe lange überlegt, ob ich Dir auf Deinen Brief antworten soll oder nicht, und ich antworte Dir mehr aus Pietät für
die Vergangenheit, als aus dem Wunsche, mich Dir in der Gegenwart zu nähern. Und dann klärt die persönliche Auseinandersetzung
viele Mißverständnisse auf.

Bei Deiner letzten Anwesenheit hier bemerkte ich, daß wir uns
entfremdeten (obwohl wir in Wirklichkeit uns nie besonders nahe
standen), — ich bezog dies teilweise auf die Gereiztheit, die Deinen
mißlungenen Roman zum Grund hatte. Du hast den Briefwechsel
abgebrochen, — daß dies aus Patriotismus geschehen, glaube ich nicht,
denn Du warst nie von heftigen politischen Leidenschaften erfüllt.

---

*) S. Anhang.

Erschreckt durch die Aufforderung, nach Rußland zurückzukehren, schicktest Du mir plötzlich durch Lindau ein Briefchen, worin Du mir heimlich die im „Nord" veröffentlichte Neuigkeit mitteiltest und um meinen Rat batest. Ich antwortete Dir. Darauf kam nach London der Spion Chotinski, den ich entlarvte, und zur Warnung der Pariser Freunde schrieb ich Dir einen Brief. Diesen Brief verzeihe ich mir nicht. Ich schrieb ihn freundschaftlich — scherzend. Dies war ein Fehler. Du hast nicht geantwortet. Da ich Deinen beständigen Charakter kenne — nach deiner festen Freundschaft mit Müller, Strjubin — und Deine Nachsicht gegen Freunde — nach Deiner Intimität mit einem solchen falschen Spieler und Dieb wie Nekrassow, so konnte ich mich nicht wundern über Deine unfeine ... Bald darauf erschien Dein Name auf der Subskriptionsliste für die Ver=wundeten. Nicht nur zwei Goldstücke, sondern zweihundert zu geben, ist keine Sünde, aber mit seinem N a m e n eine Demonstration zu unterstützen — zu einer Zeit, wo sich die Periode Katkow und Murawjew so scharf abzeichnete —, dies ist keine überaus civische Hand=lung, besonders von seiten eines Mannes, der sich nie in Politik mischte, abgesehen von zwei Wochen auf Isle of Wight. Ich be=greife, daß der nicht ganz normale Aksakow naiv in den blutigen Kot bis an den Hals hineingeriet — er handelte konsequent — aber wie kamst Du dazu, in diesen Graben zu steigen?

(Folgende Worte sind ausgestrichen: Wir haben unsern Einfluß verloren, aber es wird eine Zeit kommen, wo die russische Jugend, die „Söhne", vor denen ich mich nicht fürchte, denjenigen Russen Dank sagen werden, die zur Zeit der schlimmsten Orgie des nieder=trächtigsten, grausamsten Patriotismus ihre Stimme zum Protest erhoben haben. Das ist meine Ueberzeugung. Du warst nicht ver=pflichtet, zu protestieren, aber Du durftest die Sache nicht mit Deinem Namen sanktionieren.)

Was Wunder, daß ich der Nachricht Glauben schenkte, daß Du (ausgestrichen: wie ich dies in Paris von verschiedenen Deiner nächsten Bekannten direkt oder durch Freunde hörte, — an den Kaiser ge=schrieben hast) Dich schriftlich von Deinen früheren Verbindungen lossagtest, um so mehr, als (ausgestrichen: dies wahr ist) Du es in Wirklichkeit thatest, indem Du in Deinem letzten Briefe (beigefügt: an den „Tag") geradeaus vom Abbrechen des Briefwechsels sprachst. Man teilte mir mit, daß derjenige, dem Du diesen Brief z e i g t e s t, Dich auf diesen letzten Satz aufmerksam machte, Du jedoch ihn stehen ließest. Ich gebe Dir mein Ehrenwort, daß man mir dies sagte. Diese Bürgschaft muß Dir genügen, ich kann doch keine Namen nennen.

(Ausgestrichen: Uebrigens war es in Paris so verbreitet, daß Du es ohne mich erfahren wirst. Ist dies erdichtet — so thun mir die paar gedruckten Worte leid, aber ich erklärte Dir, warum ich kein Recht hatte, dieses Gerücht nicht anzuerkennen.)

Nicht Du allein handelst so gegen uns.

(Ausgestrichen: Lasse die Politik, bezähme Deinen Patriotis= mus), — werde wieder ein unabhängiger Schriftsteller und lasse uns in unsrer Acht; treu und reblich haben wir unsrer Sache gedient und dienen ihr noch so. Vielleicht braucht man neue Kräfte, neue Persön= lichkeiten — gern (ausgestrichen: werden wir den „Söhnen“ die Sache der Väter übergeben. Uebrigens ist es noch kein Unglück, von einer öffentlichen Meinung, die der niederträchtige Katkow beherrscht, in Acht erklärt zu sein.

Daß uns solche ewige Ideenmanustupratoren in der Kunst, in der Politik 2c. wie Botkin*) verlassen haben — das ist fast an= genehm. Er blickt auf die Welt, wie ein alter Mann auf ein Schand= gemälde blickt, der wie alles Schwache und Welke sich vom Kraft= vollen angezogen fühlt. Du sprachst mir oftmals von ihm und ich kenne Deine Meinung. Dieser Mensch, der anfangs über unsre Druckerei schimpfte, wurde ihr Verehrer, als sie auf der Höhe ihres Erfolges stand. Dieser Patriot sprach — mit Thränen in den Aeuglein — davon, wie er von der polnischen Deputation an mich, die er zufälligerweise in Paris antraf, gerührt war.)

(Auf einem zweiten Blatte): Seit dem Jahre 1863 leiden wir an einer Ebbe von Menschen, von denen wir in den Jahren 1856 bis 1862 eine Flut hatten. Ein hinfällig gewordener Manustuprator in der Kunst, in der Wissenschaft und Politik, der auf die Welt, wie ein alter Mann auf Schandgemälde schaut, kurz, ein B., der unter Nikolai auf unsre russische Buchdruckerei in London schimpfte und zur Zeit ihres Erfolges mein Verehrer wurde, zieht wiederum aus Patriotismus gegen uns los; — dies ist lächerlich, besonders wenn ich mich erinnere, wie er mit Thränen in den Aeugelein über meinen Empfang der polnischen Deputation in Paris in Entzücken geraten war.

Es wird eine Zeit kommen, wo, wenn nicht die „Väter“, so doch die „Söhne“ jene nüchternen, jene ehrlichen Russen schätzen werden, die allein gegen die abscheuliche Art der Beruhigung**) protestiert haben und protestieren werden. Unsre Sache mag zu Ende sein, aber die Erinnerung, daß sich nicht ganz Rußland in der bunt=

---

*) Wassili.
**) Polens.

scheckigen Herde Katkows befand, wird bleiben. Auch Dein Gewissen wird es Dir sagen, und auch Botkins mürbe gewordenes Gehirn wird es begreifen können. Wir haben die Ehre des russischen Namens gerettet, — und (dafür) von der sklavischen Mehrheit gelitten.

Ich wünsche Dir von Herzen, daß Du wieder das wirst, was Du warst, ein unabhängiger und nicht tendenziöser Schriftsteller, bloß Schriftsteller.

Ich weiß nicht, wodurch B(akunin) Deine Schimpfereien verdient hat. Seine Fehler waren mir bekannt. Auch wir sind von solchen nicht frei. Was aber seine Verbrechen anbelangt, so kenne ich sie nicht.

Hiermit bleibe gesund und (unleserlich) . . .

10. April 1864.

53.

Baden-Baden, Schillerstraße 277,
Freitag, den 17. Mai 1867.

Liebster Alexander Iwanowitsch!

Du wirst Dich gewiß wundern, vielleicht auch empört sein, wenn Du meinen Brief erhältst. Aber „alea jacta est“, wie der unverschämte Greis Lamartine zu sagen pflegte. Es fiel mir ein, Dir ein Exemplar meines neuen Werkes zu schicken und gelegentlich Dir ein paar Worte zu sagen.

Obwohl Du ganz richtig in Deinem letzten Briefe an mich bemerkt hattest, daß wir uns eigentlich nie nahestanden, fand jedoch auch keine besondere Entfremdung zwischen uns statt, da meine großen Vergehen sich bis jetzt nur, soviel ich mich erinnere, auf drei Thatsachen beschränkten: 1. Mein Name stand unter den Subskribenten für die Verwundeten im polnischen Kriege; 2. ich erkannte Dich nicht, als ich Dir in Paris auf der Straße begegnete*), und 3. die Moskauer Zeitung nannte mich „einen teuren Gast“. Trotz aller Anstrengung kann ich mich auf nichts mehr besinnen; denn wessen mich der Republikaner, Fürst Dolgorukow zeiht, nämlich, daß ich ihm seine Visite nicht erwiderte und daß ich auf dem brennenden Schiffe um Rettung gefleht haben soll, das kann mir doch nicht für eine politische Sünde angerechnet werden. Und so schicke ich Dir mein neues Werk**). Soviel ich weiß, brachte es in Rußland die Religiösen, die Hofleute,

---

*) S. Anhang.
**) Es ist dies „Dunst“.

die Slavophilen und Patrioten gegen mich auf. Du bist weder
religiös, noch ein Hofmann, aber Du bist Slavophile und Patriot
und es ist möglich, daß auch Du in Zorn gerätst. Ueberdies werden
Dir wahrscheinlich auch meine Heidelberger Arabesken mißfallen, —
wie dem auch sei, die Sache ist abgeschlossen. Eines ermutigt mich
ein wenig. Auch Dir hat doch die Partei der jungen Refugiés die
Würde eines Zurückgebliebenen, eines Reaktionärs verliehen *): So
hat sich denn die Entfernung zwischen uns etwas vermindert. Wenn
Du mich nicht als einen Menschen ansiehst, mit dem es so weit ge=
kommen ist, daß man mit ihm nicht mehr korrespondieren darf, so
gib es mir tüchtig oder persifliere ein wenig, aber setze mich über
Dich und Deine Familie in Kenntnis, das interessiert mich. Hältst
Du aber jegliche Beziehung zu mir für unmöglich, so empfange meinen
Abschiedsgruß und meinen aufrichtigen Wunsch, daß es Dir in allem
gut gehen möge, und „daß Du es, das leichte Leben genießest" u. s. w.

Iw. Turgenjew.

54.

Baden=Baden, Schillerstraße 7 (nicht 277),
Mittwoch, den 22. Mai 1867.

Ich schickte Dir meine Novelle, nachdem ich, lieber A. J., Deine
Notiz in der „Glocke" gelesen hatte: daraus kannst Du ersehen, wie
wenig ich böse geworden bin. In Deinem Brief an J. S. Aksakow
sagst Du, daß Dein 55. Lebensjahr vorüber ist. Künftiges Jahr
werde ich mein 50. zurücklegen. Diese Jahre sind ruhige und was
Du auch sagen magst, wir sind Dank unsrer Vergangenheit, Dank
unsres Erscheinens in der Welt u. dergl. m. immerhin einander näher
und verstehen uns leichter, als Leute verschiedenen Alters.
Die Rechnung ist sehr leicht zu machen. Das einzige, was an mir
nagt, das sind meine Beziehungen zu Katkow, wie oberflächlich sie
auch sein mögen. Aber ich kann folgendes sagen: Ich veröffent=
liche meine Sachen nicht in der „Moskauer Zeitung", so was wird
hoffentlich nie bei mir vorkommen, sondern im „Russischen Boten",

---

*) Ueber die Beziehungen Herzens zu den „jungen russischen Refugiés"
gibt eine Schmähschrift von Sserno=Ssolowjewitsch „Unsre russischen An=
gelegenheiten" einen Begriff. Eine Charakteristik dieser „Refugiés" gab
Herzen in einer seiner Skizzen „Der gemeinsame Fond", welche in seinen
„posthumen Werken" veröffentlicht ist.

ber nichts anbres als ein Sammelwerk iſt, keine politiſche Färbung
hat unb jetzt bas einzige Journal iſt, welches vom Publikum geleſen
wirb unb welches zahlt. Ich verhehle es Dir nicht, baß bieſe Ent=
ſchulbigung nicht ganz feſt auf ben Beinen ſteht, aber ich habe keine
anbre. Der einzige Rivale bes „Ruſſiſchen Boten“, bie „Vaterländiſchen
Blätter“, iſt nicht im ſtanbe, auch nur bie Hälfte zu zahlen. Meine
Meinung aber über bie „Moskauer Zeitung“ unb ihren Rebakteur
bleibt bieſelbe, bie ich Amrbejew gegenüber äußerte.

Du biſt ber langen Reben Potugins überbrüſſig geworben
unb bebauerſt, baß ich nicht bie Hälfte bavon ausgeworfen habe.
Aber ſtelle Dir vor: ich finbe, baß er noch nicht genug ſpricht unb
in bieſer Meinung beſtärkt mich bie allgemeine Wut, welche bieſe
Perſon gegen mich erregt hat. Joſeph II. pflegte zu Mozart zu
ſagen, baß in ſeinen Opern viele Noten vorhanben wären, — „keine
zu viel,“ antwortete ber letztere. Ich bin nicht Mozart, noch weniger
als Du Joſeph II. biſt, aber ich wage zu benken, baß hier kein Wort
zu viel ſei. Was im Auslanbe als ein Gemeinplatz erſcheint, kann
bei uns bie Leute burch ſeine Neuheit in Wut bringen.

Unter ben Heibelberger Arabesken verſtehe ich bie Scenen bei
Gubarjow.

Deinen Brief an Akſakow hatte ich ſchon früher geleſen, aber
ich las ihn mit Vergnügen ... Ich finbe, baß Du zu viel „Kratzfüße
vor ben Slavophilen“ machſt, welche Du noch im alten Anbenken im
Herzen trägſt. Es ſcheint mir, baß, wenn Du bas Faſtenöl röcheſt,
wonach ſie alle riechen, beſonbers ſeit Jwan Sergjeitſch*) bas erſte
Oellämpchen aller Reußen geheiratet hat, Du Deine Rührung etwas
mäßigen würbeſt.

Mich freuen bie guten Nachrichten über Deine Familie; ich litt
wirklich an langwierigen Gichtanfällen (ach unb weh!), jetzt aber
bin ich faſt geſunb. Daß ich mit ber Gicht belohnt wurbe, bas iſt
eine entſchiebene Ermunterung für Zecher unb Säufer: wie nüchtern
unb mäßig war ich boch!

Unb hiermit brücke ich Dir bie Hanb „in alter korbialer Freunb=
ſchaft“.

Jw. Turgenjew.

———

*) Akſakow.

55.

Baden=Baden, Schillerstraße 7,

Dienstag, $\frac{\text{4. Juni}}{\text{23. Mai}}$ 1867.

Ich danke Dir, liebster A. J., für Deinen Brief und für die mir gesandte Nummer der „Glocke". In Deiner Erzählung „Aus jener Welt" erkannte ich die Dir eigene Art, und obwohl ich selbst zu den heiser gewordenen Tenoren gehöre, las ich doch alles mit wahrem Vergnügen. Selbst „Trümmer eines Schiffes", wie Oedipus sagt, fühle ich doch mit, wenn man meinen altgewordenen Holz= körper zur „Perle der Schöpfung" erhebt.

Ich bin ja gern bereit, Dir einen Dienst zu erweisen, aber es hat sich meiner eine große Faulheit bemächtigt. Auch forderst Du in wenig Worten vieles: ich soll die alte und junge Gesellschaft und dabei von drei Standpunkten aus beschreiben! Ich werde mich be= mühen, etwas auszubrüten, es wird vielleicht Nutzen bringen.

Vielleicht kannst Du mich benachrichtigen, wer Wyrubow ist, der zusammen mit Littré die „Revue positive" herausgibt? Ich abonnierte auf diese Zeitschrift, weil ich Littré sehr hochschätze.

Ein Exemplar von „Dunst" habe ich Dir noch damals zugleich mit meinem Brief geschickt. Die Kritik der „Stimme" habe ich gelesen und weiß überdies, daß alle — Rote und Weiße, von oben und von unten, auch von der Seite, besonders aber von der Seite — über mich schimpfen. Es erschienen sogar Gedichte voll Entrüstung, dies ver= blüfft mich aber nicht, nicht weil ich mich für unfehlbar halte, sondern es fällt von mir ab, wie von der Gans das Wasser. Denke Dir, ich freue mich sogar, daß mein beschränkter „Westmann" Potugin gerade zur Zeit des panslavistischen Tanzes à la Kosack aufgetreten ist, wo Pogodin so flink mit einer Harmonika in der Hand seine Pas hüpft, von der Rechten Philarets gesegnet *).

Ich habe nicht ganz recht Dolgorukows Klatscherei verstanden. Ich kenne nicht Deine Beziehungen zu ihm, aber er ist einer von den wenigen, die ich wider Willen verachte. Verzeihe mir, wenn Dich dieser Ausdruck verletzt, es ist mir schwer zu glauben, daß Du einen Menschen achten kannst, der veröffentlicht hat: wenn es euch ein= fallen sollte, mir den Prozeß zu machen, so werde ich sofort alle

---

*) S. Anhang.

unsre Gespräche veröffentlichen. Die dritte Abteilung muß über eine
so edle Entschlossenheit in die Hände klatschen.

Grüße Deine Kinder, falls sie sich noch meiner erinnern, besonders Deine älteste Tochter. Bleibe gesund.

Dein ergebener

Iw. Turgenjew.

56.

Baden=Baden, Schillerstraße 7,
den 12. Dezember 1867.

Lieber Alexander Iwanowitsch!

Ich habe Deine französische „Glocke" erhalten und durchgelesen.
Ich danke Dir, daß Du Dich meiner erinnerst. Was Deinen Aufsatz
selbst betrifft, so ist dies doch ein alter Streit zwischen uns, — meiner
Ansicht nach ist weder Europa so alt, noch Rußland so jung, wie Du
es vorstellst: wir sitzen in **einem** Sacke und es steht uns keineswegs
bevor, ein „speciell=neues Wort" auszusprechen*). Aber gebe Gott,
daß Du hundert Jahre lebst und Du wirst als letzter Slavophile
sterben und kluge, amüsante, paradoxale, tiefsinnige Aufsätze schreiben,
die man nicht umhin können wird, bis zu Ende zu lesen. Ich bedaure nur eines, daß Du es für nötig hieltest, Dich in ein Gewand
zu kleiden, welches Dir nicht völlig paßt. Glaube mir oder nicht,
wie Du willst, aber Deine Aufsätze werden vergeblich die sogenannte
Gegenwirkung auf das europäische Publikum auszuüben suchen. . . .

Es erscheine z. B. nur ein großer russischer Maler und sein
Bild wird eine bessere Propaganda sein, als Tausende von Abhand-
lungen über die Fähigkeiten unsrer Rasse für die Kunst. Die Menschen
sind überhaupt ein rohes Geschlecht, das gar kein Bedürfnis nach
Gerechtigkeit oder Unparteilichkeit hat; packe sie aber an den Augen
oder an der Tasche, . . . so wird die Sache anders. Uebrigens,
vielleicht irre ich mich und Du hast recht, — wir werden sehen.
Jedenfalls ist der Moment kaum gut gewählt; jetzt ist wirklich die
Frage aufgestellt: Wer siegen wird, die Wissenschaft oder die Religion?
Was hat Rußland dabei zu schaffen?

Da Du das erste Exemplar von „Dunst" nicht erhalten hast,
so will ich es von neuem versuchen und ich schicke Dir ein Exemplar

---

*) S. Anhang.

der Moskauer Sonderausgabe, worin alle von der Katkowschen
Zensur*) gemachten Kürzungen wieder ergänzt sind. Das Buch selbst
wird Dir selbstverständlich nicht gefallen. Aber auf Seite 97 befindet
sich die Biographie des Generals Ratmirow, die Dir vielleicht ein
Lächeln abzwingen wird.

Und hiermit adieu; benachrichtige mich über Dich und Deine
Familie. Ich lebe hier als Anachoret und kann leider nicht auf die
Jagd gehen. Wegen einer ungeschickten Bewegung schmerzt mich
das Knie. Bleibe gesund.

Iw. Turgenjew.

57.

Baden=Baden, Schillerstraße 7,
25./13. Dezember 1867.

Lieber A. J.!

Erstens hab' Dank für die Antwort und zweitens für die Bro=
schüre Deines Sohnes**), die ich mit großem Vergnügen gelesen habe:
sie ist klar, sachlich, interessant. Und stelle Dir vor, daß ich darin
die größte Widerlegung Deiner Ansichten gefunden habe: Dein Sohn
als positiver und praktischer Mensch glaubt nur an die Wissenschaft,
d. h. er rechnet auf sie. Du aber, Romantiker und Künstler . . .
glaubst an das Volk, an ein besonderes Menschengeschlecht, an eine
gewisse Rasse. Das ist doch auch in seiner Art ein dreihändiges
Muttergottesbild! Und dies alles dank den von den Herren erdich=
teten und dem Volke aufgebundenen, ihm gänzlich fremden demo=
kratischen sozialen Tendenzen in der Art der „Dorfgemeinde" und des
„Artelwesens". Von der „Dorfgemeinde" weiß Rußland nicht wie
sich losmachen, was die Artel betrifft, so werde ich nie den Gesichts=
ausdruck vergessen, mit welchem dieses Jahr ein Kleinbürger folgende
Worte begleitete: „Wer die Artel nicht kennen gelernt hat, der kennt
nicht die Schlinge." Möge Gott verhüten, daß die unmenschlich aus=
beuterischen Prinzipien, auf welchen unsre Artel beruhen, einmal in
breiterem Maßstabe bei uns in Anwendung kommen! „Wir brauchen
ihn nicht in die Artel: er ist zwar kein Dieb, er hat aber kein Geld
und keine Bürgen, auch ist seine Gesundheit nicht zuverlässig, — was
nützt er uns denn!" Diese Worte kann man auf jedem Schritt

------

*) Im „Russischen Boten".
**) A. A. Herzen „Die Physiologie des Willens".

hören; Du siehst also, wie weit dies von der Fraternité entfernt ist oder sogar von der Schulze-Delitzschschen Association! Du weisest auf Peter hin und sagst: „Sieh, Peter stirbt, er atmet kaum," — einverstanden, folgt denn daraus, daß Jwan gesund ist? Besonders wenn man in Betracht zieht, daß Jwan denselben Körperbau wie Peter hat und an derselben Krankheit leidet. Nein, Bruder, wie Du Dich auch winden magst, der alte Goethe hat doch recht: Der Mensch (der europäische Mensch) ist nicht geboren, frei zu sein. Warum, das ist eine physiologische Frage, und einer Gesellschaft von Sklaven mit Unterabteilung in Klassen begegnen wir auf Schritt und Tritt in der Natur (Bienen u. dergl.), und von allen europäischen Völkern bedarf eben das russische weniger als die übrigen der Freiheit. Der sich selbst überlassene Russe artet unvermeidlich zum Altgläubigen aus; nach dieser Richtung neigt und drängt er und ihr persönlich habt euch zur Genüge an dieser Frage verbrannt, um nicht zu wissen, was für ein ödes Dunkel und was für Tyrannei da herrscht. Was nun thun? Ich antworte mit Scribe: prenez mon ours — greifet zur Wissenschaft, zur Zivilisation und heilt allmählich mit dieser Homöopathie, sonst wirst Du dahin kommen, mit Jw. Ser. Aksakow Europa den Rat zu geben, zur Orthodoxie überzugehen, damit es völlig geheilt werde. Der Glaube an die „Volkstümlichkeit" ist in seiner Art der Glaube an Gott, ist Religion, Du aber bist ein inkonsequenter Slavophile, worüber ich persönlich mich übrigens sehr freue.

· Und so ergibt es sich, daß wir beide uns wundern — jeder für sich — wie der andre das nicht sieht, was so klar scheint! Das aber hindert nicht — wenigstens nicht mich, Dich aufrichtig zu lieben und Dir freundschaftlich die Hand zu drücken. Grüße alle die Deinen. Dein Sohn ist brav. Dol. *) mußte man auch so abfertigen. Nun, was macht die „Frühlingsfrische" Bakunins?

Dein

Jw. Turgenjew.

P. S. Ich kenne Kelssiew gar nicht und kann nicht über die Ursachen urteilen, die ihn bewogen haben, um Gnade zu bitten; wir wollen sehen, wie er sich weiter halten wird.

---

*) Fürst Dolgorukow.

58.

Karlsruhe, Hotel Prinz Max,
Dienstag, den $\frac{2.\ \text{März}}{18.\ \text{Februar}}$ 1869.

Lieber Freund Alexander Jwanowitsch!

Ich habe dieser Tage das letzte Heft Deines „Polarsterns" gelesen, und ich bekam Lust, ein paar Worte mit Dir zu wechseln, um zu erfahren, was Du thust, wie Deine Gesundheit ist, wie es Deinen Kindern geht. Gerade heute fühlte ich plötzlich diesen Wunsch, da heute der Gedächtnistag des Todes Nikolais ist und des Anfangs eines etwas neueren Lebens bei uns. Die Zeit entflieht schnell, und schaust Du Dich um, so siehst Du, wie stark sie uns zu treffen beginnt; da liegt der gelähmte Botkin unbeweglich in Rom, Miljutin beschließt in der Schweiz seine letzten Tage, ich habe schon zwei Anfälle von Podagra erlebt ... Du wirst mir sagen, daß Du nichts Gemeinschaftliches mit diesen Leuten hast (oder wirst Du vielleicht mit mir eine Ausnahme machen?). Aber einerlei, das waren Kameraden, und wie Du siehst, beginnt die Zersetzung des zeitgenössischen Gewebes, welches verschiedene Erdgase und -Salze unter sein Joch gezwungen hat, — da wird einem auch um sein eigenes Gewebe etwas bange. Hat der Mensch das fünfzigste Jahr überschritten, so lebt er gleichsam wie in einer Festung, welche der Tod stürmt und früher oder später einnehmen wird. ... Man muß sich verteidigen und nicht à la Totleben, ohne Ausfälle.

Du bekommst wahrscheinlich russische Journale; lies im Märzheft des „Boten Europas" meine „Erinnerungen an Bielinski"; es wird Dich vielleicht interessieren.

Und nun, lebst Du nur provisorisch in Nizza oder hast Du Dich dort für immer niedergelassen? Benachrichtige mich. Ich bin nach Karlsruhe übergesiedelt, nach der Familie Viardot, die sich für den Winter hier behufs Erziehung ihrer Töchter niedergelassen hat.

Ich schicke Dir meine Photographie und wäre Dir sehr dankbar, wolltest Du mir dafür die Deinige schicken.

Ich drücke Dir freundschaftlich die Hand und wünsche Dir alles Gute.

Dein ergebener

Jw. Turgenjew.

59.

Lieber Freund Alexander Jwanowitsch!

Ich antworte auf Deinen Brief. Erlaube mir von vornherein, über das Wort „Bosheit", mit welchem er beginnt, meiner Verwunderung Ausdruck zu verleihen. Du wärest sehr ungerecht, fühltest Du mir gegenüber Bosheit, denn ich bin Dir gegenüber, wie man so sagt, wie Christus den Juden gegenüber, aber ganz so, weder in Thaten noch in Gedanken, schuldig. In unsern Ansichten gingen und gehen wir auseinander, aber dies kommt auch zwischen den nächsten Freunden vor. Ich bedaure, daß ich mich nicht nach N. P. Ogarjow erkundigt habe; verzeihe mir diesen „lapsus calami". A tort ou à raison, ich hatte nie eine hohe Meinung von seiner litterarischen Thätigkeit, aber ich achtete ihn immer aufrichtig, und ich weiß, was er für ein goldenes Herz hat. Den Unfall, der ihn getroffen, habe ich erst anfangs dieses Winters erfahren*), d. h. etwa ein Jahr nachher; überdies standen wir damals nicht in Briefwechsel. Sag mir, wo ist er, und wie geht es ihm?

Ich habe Deine „Adieux de Fontainebleau" **) in der „Glocke" gelesen. Ich bedauerte immer, daß Du deren Herausgabe nicht auf einmal eingestellt hast, sondern dem Rhein gleichst, der bei seiner Mündung in die See sich in viele kleine Flüsse teilt; ich ärgerte mich besonders darüber, daß Du Dir einbilden konntest, die Franzosen hätten es nötig, über irgend etwas die Wahrheit zu wissen, von Rußland ganz zu schweigen! Unsre Angelegenheiten und uns selbst hast Du in die Vergangenheit zurückversetzt, wenigstens dort möchte ich eine Zeit lang bleiben! Ich sehe kein Hindernis für Deine Reise nach Deutschland voraus. Ich bin überzeugt, daß es niemandem einfallen wird, Dich zu beunruhigen. Wenn es Dir auf der Rückreise von Karlsbad einfallen sollte, in Baden einzukehren, so hoffe ich, daß Du bei mir absteigen wirst, und ich werde Dir dann denjenigen Sessel anbieten können, auf welchem die Königin von Preußen gesessen hat. Er ist sehr weich!

---

*) Es handelt sich hier um einen Sturz Ogarjows auf der Straße, der ernste Leiden zur Folge hatte.
**) Dies ist Herzens Brief an Ogarjow, worin er diesem mitteilt, daß die „Glocke" auch in französischer Sprache nicht mehr erscheinen werde.

Apropos, Du wirst gewiß von den Gerüchten gehört haben, die über Dich, Deinen Briefwechsel mit dem Pater Rajewski in Wien u. s. w. zirkulieren. Alle russischen Journale sprachen davon; ich sende Dir auch einen Ausschnitt aus der „Kölnischen Zeitung" (Nr. 67, Montag den 8. März). Ich glaube dem nicht um eines Haares Breite, aber vielleicht wirst Du es für nötig finden, öffentlich ein paar Worte zu sagen?

Ach, leider verdiene ich nicht ganz Dein Lob dafür, daß ich nichts mehr bei Katkow veröffentliche. Im ersten Hefte des „Russischen Boten" ist meine Novelle „Die Unglückliche" veröffentlicht*). Wenn Du willst, schicke ich Dir ein Exemplar. Katkow zahlt sehr gut, und mein verehrter Onkel hätte mich mit seiner Gutsverwaltung fast an den Bettelstab gebracht**).

Wenn Du an Deine Kinder schreibst, erinnere sie an mich. Dein Sohn hat mir seine Dissertation geschickt, die ich mit Inter-esse las. So heiratet er also, und Du wirst bald Großvater sein. E sempre bene!

Ich drücke Dir freundschaftlich die Hand und verbleibe

Dein ergebener

Iw. Turgenjew.

60.

Karlsruhe, Hotel Prinz Max,
Donnerstag, den 16. März 1869.

Lieber Freund A. J.!

Die Dir mitgeteilte Nachricht ist in den russischen Blättern und auch schon in der „Kölnischen Zeitung" widerlegt. Es wird nur von dem Gesuche Deines Sohnes gesprochen (ich weiß nicht, inwieweit es richtig ist), man möge ihm erlauben, behufs Ordnung Deiner Angelegen-heiten auf eine Zeit nach Rußland zurückzukehren. In Paris habe ich bereits zu wissen gegeben, daß dies Lug und Trug ist. Ich glaube nicht, daß von seiten Schuwalows in diesem Falle ein ballon d'essai abgelassen wurde; ich würde mich sehr wundern, sollte man mit Dir

---

*) Dies war das letzte Werk, das Turgenjew in Katkows Journal veröffentlichte.
**) Ueber die Verwaltung von Turgenjews Gut durch seinen Onkel s. seine Briefe an seinen Bruder im „Russischen Altertum".

wie mit Kelssiew verfahren: vergiß nicht, daß Du die ganze Familie*) beleibigt haft (Dein unverzeihlichstes méfait ist Dein Artikel über Alexandra Feoborowna), das wird man Dir nie vergessen. Der Narr Pogobin hat diesmal die Wahrheit gesprochen und wahrscheinlich sogar nicht die ganze Wahrheit. Jedenfalls ist eine persönliche Kundgebung von Deiner Seite nötig.

Die „Börsenzeitung" ist hier unmöglich zu bekommen; wenn Du mir die fragliche Nummer unter Kreuzband schicktest, würde ich sie Dir pünktlich zurückschicken.

Bakunin aber scheint seine Ueberzeugungen geändert zu haben: das letzte Mal, als ich ihn in London sah, glaubte er noch an einen persönlichen Gott, und im Gespräche mit mir in alter romantischer Weise, als wir nachts bei Mondschein durch die Straßen wandelten, zieh er Dich des Unglaubens. Warum nicht, soll man denn nicht vor der Wahrheit die Augen öffnen? Aber die ganze Frage ist die, ob eine derartige Demonstration einen praktischen Nutzen hat? Ist es denn nötig, daß man jetzt dies den Arbeitern sagt. Vielleicht bietet dies nur einen Vorteil: wenn es überhaupt in der ganzen Welt kein gouvernement fort gibt, wie soll es dasselbe dann im Sozialismus geben? Nun ja, was wird dann vom Sozialismus übrig bleiben?

Auch hier in Karlsruhe waren Lassalleaner. Sie veranstalteten in Bierbrauereien Meetings und predigten, aber sie ernteten keinen Erfolg.

Was thun? Ich werde bis an mein Lebensende Individualist bleiben, und das neue, von Bakunin erfundene Wort — congrégationiste — besticht mich nicht; eine Verletzung der persönlichen Freiheit erblicke ich sogar in dem, was er ziemlich verwirrt vorstellen will**).

Bleibe gesund.' Ich drücke Dir die Hand.

Iw. Turgenjew.

---

*) Das Herrscherhaus.
**) S. Anhang.

61.

Baben=Baben, Tiergartenstraße 3,
Dienstag ben 26. 14. Oktober 1869.

Liebster Alexander Alexandrowitsch!

Vor allem gestatten Sie mir, Ihnen für die Erneuerung unsrer
Beziehungen zu banken, sowie für den freunbschaftlichen Gedanken,
der Sie dazu bewog. Aus dem beigefügten Briefe, den ich absichtlich
französisch schrieb (bamit Sie die Möglichkeit haben, ihn bort zu
zeigen, wo es von nöten ist), werden Sie ersehen, baß ich in der
ganzen Angelegenheit unschulbig wie ein Lamm bin. Ich habe gar
nicht erwartet, baß man mir in Florenz die Ehre erweisen werbe,
sich mit mir zu beschäftigen. Ich wäre Ihnen sehr banfbar, wollten
Sie mir mitteilen, wo Ihr Vater sich jetzt befindet. Es gelangten
Gerüchte zu mir, baß er sich in Brüssel niebergelassen habe; aber ich
möchte etwas Positiveres wissen. Wo gebenkt er ben Winter zuzu=
bringen unb wie soll man an ihn schreiben?

Ich hatte dieses Jahr das Vergnügen, in München (während
der Rheingolb=Wagnerschen Besessenheit) flüchtig Ihre Schwester
Olga mit Fräulein M. zu sehen. Ich wollte sie besuchen, fand aber
keine freie Minute. Dazu verreiste ich noch am selben Tage. Be=
nachrichtigen Sie mich über sie, sowie über Ihre Schwester Natalja;
wo befindet sich Ogarjow und seine Frau? Je mehr ich im Leben
vorrücke, um so mehr lege ich Wert auf die alten Verbinbungen,
wenigstens möchte ich wissen, was die Leute machen, denen ich
nahe stanb?

Immer las ich mit großem Vergnügen Ihre tüchtigen und klugen
Broschüren unb verfolgte mit Teilnahme Ihre Laufbahn: ich weiß,
baß Sie in Florenz eine angesehene Stellung einnehmen unb baß
Ihre Thätigkeit Teilnahme und Beifall bei benjenigen findet, deren
Meinung Sie hochschätzen.

Wie Sie wissen, wohne ich fast beständig in Baden; ich schreibe
noch hie und ba, aber mit jedem Jahre weniger. Meine Gesundheit
wäre nicht übel, hätte man nicht diesen Frühling an mir eine „Ver=
bichtung der rechten Herzklappe" entbeckt, unb bies ist mir nicht ganz
angenehm, weil es mich hinbert, viel auf bie Jagb zu gehen u. s. w.

Sollte es Ihnen einmal passieren, in unsern Gegenden einzu=
kehren, so hoffe ich, baß Sie bei mir absteigen. Ich habe mir ein
ziemlich großes Haus gebaut „avec des chambres d'amis" unb ich
wäre sehr froh, Ihnen Gastfreundschaft zu erweisen. Wenn Sie

nicht vergessen sollten, so schicken Sie mir unter Kreuzband eine Nummer der „Nazione" mit dem Bruchstück aus „Dunst" — als Kuriosum.

In Erwartung Ihrer Antwort drücke ich Ihnen freundschaftlich die Hand und bitte Sie, allen den Ihrigen meinen Gruß zu über= mitteln.

Ihr ergebener

Iw. Turgenjew.

62.

Baden=Baden, Tiergartenstraße 3,
Donnerstag, den 25. November 1869.

Dein Brief, lieber Herzen, hat mich tief betrübt und ich schreibe Dir in der Hoffnung, daß du mir günstigere Nachrichten mitteilen wirst, wozu mich die Versicherung Deines Sohnes ermutigt, daß bei der Abreise von Florenz Deine Tochter fast völlig gesund war. Ihr Bild ist in meinem Gedächtnis so hell und schön geblieben, daß ich nicht glauben kann, daß die Wolke, welche es plötzlich bedeckte, nicht sofort und für immer verschwinden sollte. Ich empfinde aufrichtig mit Dir: was für Schläge hast Du nicht schon ertragen, und nun treffen Dich neue, noch härtere! Ich bitte Dich, zweifle nicht an meiner Teilnahme und schreibe mir ein paar Worte.

In Deiner jetzigen Stimmung werden Dich meine faits und gestes wohl wenig interessieren. Ich will Dir nur sagen, daß mein Herz diesen Sommer etwas unartig zu werden begann, d. h. das Podagra zog sich dahin, doch ist mir jetzt bedeutend besser, und man gestattet mir wiederum, auf die Jagd zu gehen u. s. w. Zum Glück ist heißes Wetter eingetreten. Den Winter werde ich hier zubringen, im Frühling gehe ich nach Rußland.

Grüße von mir alle die Deinen und vergiß nicht, mir zu schreiben. Ich umarme Dich freundschaftlich*).

Iw. Turgenjew.

---

*) Dieser Brief wurde aus Anlaß der Nachricht von der Erkrankung der ältesten Tochter Herzens geschrieben, nach deren Genesung Herzen bald starb.

Beilagen.

I.

J. S. Akſakows Briefe

an

A. J. Herzen.

(1857—1861.)

———

1.*)

Moskau, ben 16./28. Oktober 1857.

Schon aus Moskau schreibe ich Ihnen, liebster Alexander Iwano=
witsch. Ich benutze die „Occaſion", um Ihnen auch die letzten
Nummern des „Gerüchts", übrigens nur diejenigen zu schicken, worin
die Leitartikel meines Bruders veröffentlicht ſind. Da er weder
Redakteur noch Inhaber dieser Zeitung war, und da ſie Unſinn zu
ſchwätzen begann, ſo verzichtete er ſowohl auf das Verfaſſen von
Aufſätzen, wie überhaupt auf die Teilnahme an der Zeitung. Lenken
Sie Ihre Aufmerkſamkeit auf die Aufſätze über das einfache Volk,
über die freie und unfreie Arbeit; ſie haben den alten Wjasemski
faſt von Sinnen gebracht und Anlaß zu neuen Verfolgungen gegen
den Zenſor Kruſe gegeben. Morgen fahre ich nach Petersburg, um
mich um die Erwirkung der Erlaubnis, eine Zeitung herauszugeben,
zu bemühen; wegen der Feindſeligkeit des Miniſteriums gegen mich
entſchloß ich mich, den Kaiſer direkt in einem Briefe um dieſe Er=
laubnis anzugehen. Sobald ich ſie erwirkt habe, werde ich Sie un=
verzüglich davon benachrichtigen, Sie aber, ſprechen Sie mit K., ſo daß
wir von der erſten Nummer an ſeine Korreſpondenz drucken können.

———

*) Dieſer Brief iſt mit kleinen Ergänzungen aus dem Original ver=
ſehen.

Sprechen Sie mit Kaufmann, meine Adresse ist: Twerer Boule-
varb, Haus der Fürstin Jussupowa. K—n werden wir durch Rothschild bezahlen.

Jetzt haben Sie die Möglichkeit, die „Russische Unterhaltung"
aus Leipzig zu bekommen. Seien Sie gewissenhaft und unterstützen
Sie nicht mit Ihrem Einfluß jene Richtung, welche in blinder Anbetung Westeuropas zugleich mit Europa beginnt, nach dem Gesetze der unerbittlichen Logik sich jetzt vor dem Despotismus in der
Gestalt der Administration, der Zentralisation u. dergl. zu beugen.
Indem Tschitscherin und seinesgleichen über England schimpfen,
preisen sie jetzt Ludwig XIV., und indem sie die Gleichheit mit der
Einförmigkeit, Uniformität verwechseln, verwerfen sie die Gesetzlichkeit der Mannigfaltigkeit des Lebens und predigen die Zentralisation.

Alle diese Herren freuen sich auch nicht zu sehr über die Emancipation, weil sie befürchten, daß das bäuerliche barbarische nationale
Element zum Schaden unsrer europäischen Wohlerzogenheit hervortreten werde. Apropos Emancipation, die über sie in der ausländischen
Presse verbreiteten Nachrichten erweisen sich vorläufig als Unsinn.
Uebrigens ist der Kaiser erst vor einigen Tagen nach Petersburg
zurückgekehrt. Wir wollen sehen, was werden wird. In der Verwaltung herrscht wie früher eine Reihe von Anomalien: bald weht
hier der Liberalismus, bald stößt es ihr „nikolaitisch" auf. Ueberhaupt ist's garstig. Man wird Ihnen gewiß schon die hiesige Uni-
versitätsaffaire ausführlich geschildert und Sie werden bereits erfahren
haben, wie die Studenten von den Polizisten mit Säbeln und Kantschus
fast zu Tode geschlagen wurden. Jetzt hat man die Untersuchung
eingeleitet, man sagt, daß Alexander Nikolajewitsch auf die Polizei
wütend sei und den niederträchtigen Behring absetzen werde, aber ich
will nicht dafür bürgen. Da haben Sie einen Fall, um ihn in der
„Glocke" zu erzählen. Aus Anlaß des Kaiserlichen Ukases, daß man
an den bürgerlichen Lehranstalten keine Militärs als Erzieher anstellt,
wie dies unter Nikolai der Fall gewesen, erschien in der „Petersburger Zeitung" ein Feuilleton, worin unter anderm gesagt wurde:
Mit was für Entzücken und Dankbarkeit dem Kaiser gegenüber lasen
wir den und den Ukas u. s. w. Rostowzew lief gleich zum Kaiser,
sich zu beklagen, daß dies eine Beleidigung des Militärressorts und
des verstorbenen Kaisers sei; er sagte, daß die aufgehobene Maßregel
noch vor kurzem Gesetzeskraft hatte, und daß eine derartige Beifalls-
äußerung den neuen Verordnungen der Regierung gegenüber gleichsam
eine Verurteilung der alten sei u. dergl. m. Aus Dummheit hat der

arme Alexander Nikolajewitsch am selben Abend Wjasemski auf dieses Feuilleton aufmerksam gemacht und Rostowzews Worte wiederholt. Statt die Zeitung zu verteidigen, erschrak Wjasemski und bereits am andern Tage versandte er ein ungemein elendes und dummes Rundschreiben, worin er den Sinn der Worte Rostowzews wiederholte und sie in noch widrigerer Weise entwickelte. Aber da das Unterrichtsministerium und Rostowzew einander piquieren, so leitete Wjasemski eine Untersuchung ein und entdeckte, daß der Verfasser des Artikels Batistow *), Lehrer am Moskauer Kabettencorps, sei. Der erfreute Wjasemski lief gleich zum Kaiser: Rostowzew klage noch und seine Beamten seien schuldig! Der Kaiser zu Rostowzew: „Die deinen schreiben und du klagst über das Ministerium." Der verletzte Rostowzew schickte unverzüglich nach Moskau den Befehl, Batistow fortzujagen. Der Direktor des Corps, welcher Batistow für den besten und unersetzlichen Lehrer des Corps betrachtete, wagte es, Batistow bis zu Rostowzews Ankunft in Moskau im Amte zu behalten, aber als der Direktor ein Wort über ihn fallen ließ, fragte Rostowzew erstaunt: Ist er denn noch hier? Mit einem Worte, der arme Lehrer verlor seine Stelle!

Adieu, liebster Alexander Iwanowitsch; mein Bruder Konstantin umarmt Sie. Grüßen Sie Ogarjow von mir und sagen Sie ihm, daß ich Aksakow den Brief übergeben und ihn überredet habe, eine populäre Darlegung seiner Erfindung für das Journal zu verfassen.

Ich umarme Sie fest.

Ihr Sie aufrichtig achtender

Iw. Aksakow.

2.

(Anfang 1858.)

**) ... Aber in einer der letzten Nummern des „Gerüchts" hat mein Bruder Konstantin Sergejewitsch einen Artikel „Publikum und Volk" veröffentlicht, den Sie wahrscheinlich kennen. Doch Sie wissen nicht, welche Wut derselbe im Publikum erregt hat. Wie ein Schwarm ergossen sich anonyme Briefe, Denunziationen, Verleumbungen über ihn. Es endigte damit, daß man auf Grund des Berichts des

------

*) Bassistow?
**) Der Anfang des Briefes ist abhanden gekommen.

Ministers an den Kaiser dem Zensor den strengsten Verweis erteilte, dem „Gerücht" aber Bessomykin als Zensor gab. Ein schöner Zensor, den man als einen bekannten Hasenfuß einem Blatte als Henker beigibt! Mit Bessomykin ein periodisches Blatt herauszugeben, war einfach unmöglich. Bereits in meiner ersten Nummer hat er mehr als die Hälfte gestrichen. Die Verfasser willigten nicht in die Entstellung der Artikel ein, Bessomykin erklärte, er werde jede Nummer des Blattes (eines Wochenblattes!) dem Zensurkomitee übergeben. . . . Kurz, ich konnte die Zeitung nicht herausgeben und mußte sie eingehen lassen, ohne eine Nummer herausgegeben zu haben, und mit nicht geringen Verlusten habe ich die Abonnementsgebühren per Post zurückerstattet. Darauf begab ich mich wieder nach Petersburg und nach vielen Plackereien erwirkte ich doch Dank der Fürbitte des Fürsten Wassiltschikow die Erlaubnis, unter meinem Namen ein Blatt herauszugeben. Das Komische dabei ist, daß, da sie selbst meine Bitte mit den Forderungen Dolgorukows in betreff der „wohlgesinnten" Artikel irgendwie in Uebereinstimmung bringen wollten, sie sich entschieden haben, meine statistische Untersuchung des ukrainischen Handels, die noch nicht ganz von der geographischen Gesellschaft veröffentlicht ist, für einen solchen zu nehmen! — Das Blatt wird „Das Segel" heißen; übrigens ist diese Benennung eine rein zufällige. Ich erhielt die Erlaubnis erst im April, so daß in dieser Verwirrung der ganze Winter verging! Das Blatt wird vom 1. Oktober beginnen; der Sommer ist eine stille Zeit und es lohnt sich nicht anzufangen. Aber das Schicksal meines Blattes ist eng mit dem Zustande der Zensur verknüpft, denn eine farblose Zeitung kann ich nicht herausgeben.

Deshalb fand auch eine Verzögerung in meinen Antworten an die Korrespondenten statt. K. schickte mir eine Probe. Sie ist sehr gut, paßt aber nicht ganz für ein Blatt, welches sich wenig mit der äußeren Politik beschäftigt. Jetzt gibt es viele Tageblätter, die politische Neuigkeiten bringen, Telegramme erhalten und ihre ständigen auswärtigen Korrespondenten haben. Ich möchte eine Korrespondenz von ganz andrer Art haben, so z. B. eine, worin Englands Wesen sich abspiegelte, soviel dies zu unsrer Belehrung nötig ist; z. B. in Bezug auf die Kriminalgerichte, das Verhalten der Polizei zu Privatleuten, die persönliche Freiheit u. s. w.

Ich danke Ihnen für Ihre Aeußerung im „Polarstern". Sie ist so geschickt verfaßt, daß ich keine Anfragen erhielt. Grüßen Sie Ogarjow. Seine Handlung (die Bekanntmachung in der „Glocke") ist im höchsten Grade edel, aber mehr als sicher wird sie ihm Ruß-

lands Thüren verschließen*). Sein Artikel über die Dorfgemeinde
in der „Glocke" ist vortrefflich. Jeder Slavophile ist bereit, ihn zu
unterschreiben (aber nur der Slavophile, nicht das „Athenäum",
nicht der „Russische Bote"). Doch wie schämt sich Ogarjow nicht,
und auch Sie, in solchem Grade im Irrtum zu verharren und einen
Artikel über Dinge, welche von uns bereits vor zehn Jahren ge=
predigt wurden, mit Schimpfereien auf die Slavophilen zu beginnen!
Wie haben Sie den Mut zu sagen, wir benutzten den Schutz der
Regierung! Lassen Sie es gut sein, Alexander Iwanowitsch, seien
Sie unparteiischer. Die jetzigen „Westmänner", an deren Spitze
Tschitscherin steht, predigen die feierliche Anbetung der Administration
der Zentralisation, sie kämpfen gegen die Dorfgemeinde und den
Dorfgemeindebesitz, sie höhnen das Volk (indem sie es „geistige Macht=
losigkeit der Gewohnheit gegenüber" nennen, so Solowjew), sie er=
kennen den österreichischen Gensdarm als ein gesetzliches Werkzeug
zur Zivilisation der roten slavischen Gesellschaft an. Diese offenbare
Unwahrheit verletzt auch die hiesigen Studenten=Sozialisten, von denen
es viele gibt, die uns alle, besonders aber Chomjakow, kennen und
achten, obgleich sie in vielem nicht mit ihm einverstanden sind. Sie
wissen, daß weder Philippow noch Krylow (unsre) Richtung vertreten.
Ich schickte Ihnen „durch Occasion" zwei Hefte der „Russischen Unter=
haltung" und der „ländlichen Organisation"**). Haben Sie dieselben
erhalten? Im letzten Hefte des „Polarstern" sind viele herrliche
Gedichte von Ogarjow, — Ihre Memoiren sind lebendig, treffend,
hinreißend. Adieu, schreiben Sie und schicken Sie „mit einer Oc=
casion" Ihre Publikationen. Bleiben Sie gesund, ich drücke Ihnen
und Ogarjow fest die Hand.

J. A.

Im zweiten Hefte der „Russischen Unterhaltung" wird u. a. mein
Artikel „über den Handwerkerverband im Jaroslawer Gouvernement"
erscheinen. Ich werde mich bemühen, Ihnen einen Abdruck zu schicken
und ich möchte sehr, daß Sie ihn entweder in französischer Ueber=
setzung oder nur seinen Inhalt Proudhon mitteilen. Wie ich glaube,
muß er darüber in Entzücken geraten.

---

*) In Nr. 9 vom 15. Februar 1858 erklärte Ogarjow, daß er künftig=
hin, ohne seinen Namen vor der russischen Regierung zu verhehlen, in der
„Glocke" schreiben werde.

**) Das letztere Blatt war eine Beilage zum ersteren und der Frage
der Bauernemancipation gewidmet.

3.

München, den 16. April 1860.

Seit lange schon wundere ich mich, daß ich hier nicht die „Glocke" von Ihnen bekomme, bie Sie mir, liebster Alexander Iwanowitsch, zu schicken begonnen hatten, was sehr lobenswert war; aber nachher erriet ich, daß Sie wahrscheinlich bas von mir in Heidelberg ver= breitete Gerücht, ich reise nach den slavischen Ländern, erreicht hat. Ich that es mit Absicht, um mich vor der russischen Gesellschaft in München zu retten. Uebrigens gedachte ich anfangs Mai wirklich bie slavischen Länder zu bereisen. Mein beschränktes Budget erlaubt mir nicht, England zweimal zu besuchen, und beshalb verschiebe ich meine Reise dorthin auf den Herbst, um so mehr, als ich jetzt für Sie und Ogarjow nicht den Vorteil der Frische besitze und in dieser Zwischenzeit viele Russen Euch besuchen werden. Aber es handelt sich nicht barum. Aus Rußland erhielt ich gestern durch „Occasion" sehr ausführliche Briefe und einige sehr interessante Papiere. Ich weiß nicht, ob sie Ihnen bekannt sind? Ich schicke Ihnen: 1. Die Denkschrift über ben Grafen Panin, welche in Moskau von Hand zu Hand geht, sie ist als historisches Dokument interessant und barf nicht verloren gehen; 2. bie Adresse des Abels des Wladimirer Gouvernements. Eine ebensolche Adresse überreichten noch fünf Gouvernements: Das Jaros= lawer, Kostromaer, Orlower, Charkower und Kalugaer. Daß Un= kowski verschickt wurde, wissen Sie wohl. Er ist nicht über Moskau, sondern über Uglitsch geführt worden. Golowatschew, sein Freund und Vetter, wurde für die Grobheiten, welche er dem von der Krone für das Twerer Gouvernement ernannten Abelsmarschall sagte (ba sich niemand ballotieren lassen wollte) vom Gericht zum Zuchthause ver= urteilt. Der Abelsmarschall beklagte sich beim Minister Lanskoi, welcher Golowatschew dem Gerichte übergab. Der Kaiser ist schrecklich gereizt durch bas Verfahren bes Abels, er erblickt barin konstitutionelle Versuche, er erklärt, baß er verpflichtet ist, seinen Erben die Herrschaft in derselben Gestalt zu übergeben, wie er sie von Papachen bekommen habe u. bergl. Leider muß ich hinzufügen, baß nicht nur die ge= samte öffentliche Meinung Nikolai Miljutin beschuldigt, sondern es sind auch positive Beweise vorhanden, baß er, indem er bas Banner der Bureaukratie zu dem seinen machte, sich im Kampfe hinreißen ließ und zum Urheber der meisten oppressiven Maßnahmen wurde. Daß er gegen bie der „Moskauer Gesellschaft der Freunde der russischen Litteratur" erteilte Erlaubnis, eine eigene Zensur zu haben auf Grund des früheren Reglements, protestiert hat, das sagte er selbst zu Jssakow, dem Kurator der Moskauer Universität. Es ist mir sehr traurig zu Mute, weil ich Miljutin sehr liebte und weil er eigentlich ein guter Mensch ist.

In Moskau wütet die Zensur. Der Vorsitzende Schtscherbinin setzte im Komitee seinen Schwiegersohn „Pribyl"*), einen Kleinrussen, ein, und auf solche Weise bildete sich eine Mehrheit, die im Geiste Timaschews vorgeht; nämlich die Zensoren „Raßkowschenko, Pribyl, Bessomykin" im Verein mit den Vorsitzenden gegen Gillarow und Draschussow. Das Moskauer Zensurkomitee erhielt ein Schriftstück, worin folgende Forderung des Fürsten Gortschakow (des Ministers des Aeußern) aufgestellt ist: Da wir zu Frankreich und Preußen in freundschaftlichen Beziehungen stehen, so darf man es der Presse nicht erlauben, etwas Anstößiges gegen diese Staaten zu schreiben; da aber das russische und österreichische Kabinett sich mit jedem Tage mehr einander nähern, so darf man es noch weniger erlauben, etwas Verletzendes gegen Oesterreich zu schreiben. Die Deputierten der zweiten „Einberufung" sind unvergleichlich weniger liberal, als die der ersten. Und sie reichten eine Adresse ein (einige weigerten sich, ihre Unterschrift zu geben), worin sie um die Bauernemancipation ohne Landzuteilung baten!!

Ueberhaupt herrscht ein schrecklicher Wirrwarr. Man muß gestehen, daß die Lage Alexander Nikolajewitsch' eine schwierige ist. Uebrigens nicht nur die seinige. Ich würde mich den Deputierten anschließen, man bedrängt sie, man nimmt ihnen die Freiheit des Wortes, man beleidigt sie, sie haben in vielem recht, — aber wie soll ich mich ihnen zugesellen, wenn sie den Bauer des Grund und Bodens zu berauben wünschen? — Ich würde mich der Kommission anschließen, die für den materiellen Wohlstand des Bauern vieles gethan hat und wie es scheint auf Seite der Bauern steht, aber eben sie entstellt das Landleben, sie führt in dasselbe das bureaukratische Prinzip ein, sie zerstört die Dorfgemeinde, sie nimmt zu despotischen Maßregeln Zuflucht, sie ist mit der Gewalt im Bunde! Ich würde mich dem Adel anschließen, der, wie es scheint, so gute und kühne Adressen verfaßt und den man der ersten natürlichsten Rechte, des Stimmrechtes in seiner eigenen Sache beraubt u. dergl. Aber die liberalsten Handlungen des Adels riechen mehr oder minder nach dem Kastengeist! Ich würde mich der Regierung, Alexander Nikolajewitsch, anschließen, dem wir für so vieles verpflichtet sind und der ein menschliches Herz hat, —

---

*) Pribyl bedeutet auf russisch: Gewinn, Profit.

doch die Regierung will von nichts wissen und versteht nichts, auch
ist sie nicht fähig dazu und kehrt auch auf die Bahn Nikolais zurück,
und gibt es denn auch wenige Ursachen, wegen deren man sich nicht
auf die Seite der Regierung stellen kann? Auf wen soll aber
Alexander Nikolajewitsch hören? Auf den Liberalen Unkowski oder
auf den Liberalen Miljutin? Der einzige Ausweg aus dieser Lage
ist die Gestattung der Urteils= und Preßfreiheit. Die Presse würde
schon der Wahrheit den Sieg verschaffen. Die Partei, welche die
Bauernbefreiung ohne Landzuteilung fordert, würde nicht wagen, auf
der litterarischen Bühne zu erscheinen. Die Adressen des Adels sind
an sich interessant und wichtig, nicht aber wegen ihres Inhalts. Man
muß die Wahrheit sagen, daß in ihnen sehr wenig Sachliches vor=
handen ist, nämlich etwas, was die Regierung benutzen könnte. Es
ist zwar leicht zu sagen: „neue Verwaltung, Verantwortlichkeit,
Schwurgericht" u. dergl. Aber jede solche Reform erheischt fast die=
selbe Vorbereitungsarbeit wie die Bauernfrage. Dies alles muß der
Litteratur überlassen werden. Ich begreife nicht, weshalb die Regie=
rung den Adel für solche Adressen verfolgt. Sogar vom Stand=
punkte derselben aus könnte man antworten: „Bückt Euch und danket!"
Nichtsdestoweniger hätte kaum jemand vor zwei Jahren glauben
können, daß sechs Gouvernements wagen würden, solche Adressen zu
unterschreiben! Diese Adresse sowie die Denkschrift können Sie ver=
öffentlichen, wenn Sie wollen. (Vielleicht haben Sie dies bereits
gethan; hier ist es unmöglich, die „Glocke" zu bekommen und seit
Nr. 63 habe ich dieselbe nicht mehr gesehen.)
Ihnen und Ogarjow schicke ich auch, aber nicht zur Ver=
öffentlichung, sondern nur, damit Sie es durchlesen, meines
Bruders Konstantin Bemerkungen zu den Berichten der Redaktions=
kommission; er möchte, daß Sie dieselben lesen und ihm Ihre Meinung
sagen. Nachdem Sie es gelesen haben, schicken Sie es mir post=
lagernd nach München. Er hat sie selbstverständlich an Ssamarin
und Tscherkaski geschickt. Vielleicht werden sie bei der Durchsicht
ihrer Arbeiten irgend welchen Gebrauch davon machen, wenn sich nur
Miljutin nicht widersetzt. Die Kritik meines Bruders ist vollkommen
richtig, aber der positive Teil ist immerhin ein künstliches Werk,
welches vielleicht den Volkssitten näher ist, als alle übrigen Voraus=
setzungen, — doch sind wir nicht im stande, darüber zu entscheiden.
Vielleicht ist auch das wahr, daß wir uns mit weit größerer
Schüchternheit dem Volksleben gegenüber verhalten und mit ihm weit
mehr Wesens machen, als er selbst es machen würde, ohne zu be=
fürchten, Verstöße zu begehen, im vollen Bewußtsein dessen, was

sich überlebt hat und was ohne seinen Prinzipien zu widersprechen,
von ihm angenommen werden kann u. s. w.!

Adieu, lieber Alexander Iwanowitsch, ich umarme Sie und
Nikolai Platonowitsch.

Ihr ergebener

Iw. Akſakow.

Ich schicke Ihnen den Brief über Leipzig, weil man hier nichts
unter Kreuzband nach England aufnimmt und weil die Pakete von
hier über Frankreich gehen.

4.

Leipzig, den 13./25. September 1860.

Schon lange habe ich an Sie, liebster Alexander Iwanowitsch, nicht
geschrieben; alle diese vier Monate hindurch bin ich in den slavischen
Ländern gereist und mit Ausnahme des Fürstentums Serbien hielt
ich mich beständig in österreichischen Besitztümern auf, von wo aus
schwerlich Briefe zu Ihnen gelangen. Geschäftehalber aus Prag auf
einen Tag nach Leipzig gekommen, beeile ich mich, mit Ihnen ein
Wörtchen zu wechseln. Ich habe einen Blick in die seit lange nicht
von mir gelesene „Glocke" gethan und ich gestehe, ich bin sehr böse
geworden ... Das erste, was mir in die Augen fiel, ist der ungerechte mißlungene Angriff auf Chomjakow, der nur den eitlen
Wunsch verrät, auf irgend eine Weise einen Menschen mit Kot zu
bewerfen, an dessen Ehrlichkeit, Edelsinn und Freisinnigkeit Sie sich
nicht unterstehen dürfen zu zweifeln. Longinows Artikel ist aus
Anlaß des Verbots der österreichischen Regierung verfaßt, die Hanka
untersagte, den Titel eines Mitglieds anzunehmen; dieser Artikel,
den ich übrigens nicht gelesen habe, erschien ohne Chomjakows Wissen
und während seines Aufenthaltes auf dem Lande. Zwischen Chomjakow, uns und Longinow existiert nicht die mindeste Solidarität,
nicht das kleinste Band. Er gehört eher zu „Euch", d. h. er gehörte.
Ich habe ihn zum erstenmal bei Miljutin, als seinen, Ogarjows,
Korsch' und anderer Freund kennen gelernt. Damals war er unſer
Gegner und im Verein mit allen Euren (gewesenen) Freunden verspottete er uns, verbreitete Lügen über uns und bewarf uns mit
Kot. In Moskau gesellte er sich zur Partei des „Russischen Boten",
der er auch treu und ergeben dient. Als Bibliograph, als ein rühriger

Mensch, der sehr viel zur Wiederherstellung der „Litterarischen Gesell=
schaft" beigetragen hat, wurde er zum Sekretär gewählt und nur als
solcher steht er in Beziehungen zu Chomjakow. Eine sonderbare
Sache, Alexander Iwanowitsch! Wenn Sie sich veranlaßt fühlen, uns
Gerechtigkeit widerfahren zu lassen, so kostet es Ihnen große An=
strengung; es scheint, als ob Sie sich dabei würgen und Ihre Lobes=
erhebungen mit jedmöglichem Vorbehalt umgeben; ganz in der Art
der Franzosen, Deutschen und Engländer, wenn sie die Russen loben
müssen. Die Deutschen, Franzosen und Engländer mögen aufeinander
schimpfen und sich zanken, aber gegen Rußland, gegen die slavische
Welt sind sie immer bereit, eine Koalition zu schließen, ebenso ist es
mit Ihnen Ihren Freunden gegenüber, mit denen Sie jetzt in Zwie=
tracht leben ... Wenn aber ein Anlaß vorhanden ist, d. h. wenn
Sie einen solchen vermuten, jemand von uns auszuschimpfen, so er=
greifen Sie mit großer Freude diese Gelegenheit, und die für einige
Zeit unterdrückte Feindseligkeit flackert plötzlich auf. Alles dies
äußert sich in jenem Artikel der „Glocke", in welchem Chomjakows
Name in ganz unpassender Weise eingeflochten ist. Man könnte
denken, daß, wie Sie auch über Panajew u. Cie. schimpfen, Sie ihnen
doch näher stehen, aber ich will es nicht denken. Sie müssen sich
einfach schämen, liebster Alexander Iwanowitsch, daß Sie sich einen
derartigen Streich erlaubt haben, und ich liebe Sie zu sehr, um zu
schweigen, oder Ihnen meinen Aerger zu verhehlen.

Sehr gut ist Ogarjows Artikel, die Antwort auf den Brief eines
Pessimisten und die Rechtfertigung des russischen Volkes. Viele
Stellen, viele Ausdrücke desselben stimmen fast wörtlich mit dem
überein, was wir teils in der Presse, teils in ihm allerdings ganz
unbekannten Zeitschriften gesagt haben. Jedenfalls stellt er sich auf
fast denselben Standpunkt wie wir, u. a. wie Chomjakow, was euch
beiden nicht unbekannt ist. Sie erinnern sich gewiß, lieber Alexander
Iwanowitsch, an meinen Bruder Konstantin? Es ist Ihnen wohl
erinnerlich, was für ein Athlet er seinem Körperbau nach, was
er für ein kerngesunder Mensch war, welche Brust und Stimme er
hatte. ... Jetzt ist er hier im Auslande krank, fast schwindsüchtig.
Ich sage fast, weil ich hoffe, daß seine Brustkrankheit nicht Schwind=
sucht werden wird. Nach dem Tode unsres Vaters ist er schrecklich
gealtert und physisch heruntergekommen; diesen Frühling hat er seine
Lunge so erkältet, daß er sich drei Monate kurieren mußte, und jetzt
geht er nach der Schweiz, nach Vevey zur Traubenkur. Ich gehe mit
ihm; unsre Adresse ist: Vevey, poste restante. Sie schrieben mir,
daß Sie Trübner beauftragt haben, die Ihnen von mir geschickten

Manuſkripte nach Leipzig an Wagner zu ſchicken. Nämlich die Manu=
ſkripte meines Bruders, ſeine Bemerkungen zu den Berichten der
adminiſtrativen und wirtſchaftlichen Abteilungen der Redaktions=
kommiſſion. Doch der Buchhändler Wagner hat bis jetzt noch nichts
bekommen. Thun Sie mir den Gefallen und ſchicken Sie dieſelben
nach Vevey, mein Bruder braucht ſie.

Adieu, teurer Alexander Jwanowitſch, ich hoffe, daß Sie meine
Vorwürfe freundſchaftlich aufnehmen werden. Ich umarme Sie und
Ogarjow.

Ganz der Jhrige

Jw. Akſakow.

5.

Den 7. Juni 1861.

Liebſter Alexander Jwanowitſch!

Heute iſt es gerade ein halbes Jahr her, daß mein Bruder
ſtarb, und faſt ein halbes Jahr, daß wir zum letztenmal im Aus=
lande ein Wörtchen wechſelten. Auf meinen Brief haben Sie in der
„Glocke"*) mit einem ſolchen Artikel geantwortet, daß ich Sie noch
liebergewonnen habe. Dieſer Artikel iſt durchaus das Beſte, was
von unſern Freunden bei uns in Rußland über meinen Bruder und
Chomjakow geſagt und geſchrieben worden. Behauen wie ein Baum,
brachte ich dieſes halbe Jahr in Moskau zu und beſchäftigte mich
mit der Vorbereitung zur Herausgabe der Werke meines Bruders
und Chomjakows. Zum Herbſte werden die erſten zwei Bände der
Werke meines Bruders (zwei Drittel waren noch nicht veröffentlicht)
und der erſte Band der Werke Chomjakows erſcheinen. Zu gleicher
Zeit habe ich im Auslande bei Wagner in Leipzig die von meinem
Bruder verfaßte Unterſuchung der ſieben Berichte der adminiſtrativen
Abteilung der Redaktionskommiſſion oder, richtiger geſagt, die Kritik
der gegenwärtigen neuen adminiſtrativen Organiſation der Bauern
auf Grund der Verordnung vom 19. Februar veröffentlicht. Da alle
Paragraphen, die mein Bruder angreift, in die jetzt herrſchende Ver=
ordnung aufgenommen worden, was von mir ſorgfältig am Ende
einer jeden Seite angegeben wurde, ſo hat dies Werk nicht nur ein
hiſtoriſches, ſondern ein ganz lebendiges, zeitgenöſſiſches Intereſſe.
Ich ordnete an, daß Wagner Ihnen und Nikolai Platonowitſch ſofort

*) „K. S. Akſakow" — vom 15. Januar 1861.

nach der Drucklegung je ein Exemplar sende. Das muß besonders
Nikolai Platonowitsch interessieren. Ich würde mich meinem seligen
Bruder gegenüber schuldig fühlen, verpaßte ich den Augenblick und
ließe nicht seinen Protest gegen die Entstellung der herkömmlichen volks=
tümlichen Prinzipien durch die Petersburger liberale Bureaukratie er=
tönen. Ich weiß, daß es vielen hier unangenehm sein wird, auch weiß
ich noch nicht, wie die Regierung darauf blicken wird, die mir nach
langem Zögern eben erlaubt hat, ein Wochenblatt unter dem Titel „Der
Tag“ herauszugeben, es wird übrigens ein grauer trüber Tag sein,
auch wird er nicht vor dem 15. September oder 1. Oktober erscheinen.

Wie schwer und mühsam jetzt die Herausgabe eines Blattes für
mich ist, das können Sie sich kaum vorstellen: kleinliche Hindernisse
stehen einem in Hülle und Fülle im Wege, aber ich besitze nicht mehr
die frühere Rüstigkeit, ich habe keine Mitarbeiter, es mangelt mir an
der ganzen mitempfindenden und alles belebenden Mitte. . . . . Aber
ich will es versuchen: ich glaube, daß ich zu dieser gesellschaftlichen
That verpflichtet bin, ob ich ihr aber gewachsen bin, das wird sich
später zeigen.

Sonderbar! In meinen Briefen höre ich selbst den früheren
ziemlich trostlosen Ton. Indessen könnte es scheinen, daß unsre Reden
nach den Ereignissen des 19. Februar anders klingen müßten. Oder
sind wir denn so alt geworden, so vom Nikolaitischen Quas durch=
säuert, daß uns alles säuerlich=salzig erscheint? Oder geschieht end=
lich nicht das, was wir erwarteten, was wir vermutet haben? Zweifel=
los ist alles nicht so eingetroffen, wie wir es erwarteten. Die
Geschichte hat uns durch keine lyrischen Empfindungen, durch keine
schönen Dekorationen verwöhnt; ich erkenne vollkommen an, daß eine
solche Anordnung weise ist und daß unsre Forderungen kindisch sind,
obwohl ich denke, daß für einen Menschen wie für ein Volk lyrische
Momente im Leben nötig sind, Momente, die den Geist erheben und
das innere Bewußtsein erleuchten. Wie dem auch sei, die Bauern=
befreiung fand unter solchen Umständen statt, daß man, um Freude
zu empfinden, d. i. dem Gefühl der Freude Ausdruck verleihen zu
können, einen gewissen abstrakten Denkprozeß durchgemacht haben
muß: man muß sich dies alles vergegenwärtigen, idealisieren, die
Augen auf die ersehnte Zukunft, nicht aber auf die Gegenwart lenken.
Man sagt sich beständig, daß eine der größten sozialen Revolutionen
stattfindet, aber man spürt sie nicht: vielleicht ist ihr Werk um so
sicherer; allerdings hat ein frischerer Wind zu wehen begonnen, aber
er ist durch so stinkende Körper filtriert, daß man ihn nur mit Mühe
empfinden kann.

Und doch hat ein solches, wenn auch mißgestaltetes Ereignis stattgefunden, welches, das von Rußland durchlebte Jahrtausend ab= schließend, eine neue Aera, eine neue Ordnung der Formation eröffnet. Die alte Ordnung senkt sich, fällt ein, stürzt. Das steht außer Zweifel. Die neue hat sich noch nicht herausgebildet. Man kann noch nicht mit Bestimmtheit sagen, ob das Gesetz vom 19. Februar eine positive, organisatorische Kraft hat oder ob sein ganzer Sinn nur darin liegt, daß es nur eine Bresche in die Festungsmauer geschossen hat. Ich glaube an das Vorhandensein von lebendigen, organisatorischen Prin= zipien im Volke, aber damit sie wirken können, müssen sie von jedem fremden Element befreit werden, von jenem „großen Tröbel", womit die Geschichte das Volksleben bedeckt hat. Wir müssen zuvörderst den Lug und Trug überstehen; die ganze Abscheulichkeit, die ganze Krankheit, die ruhig in unserm Organismus genistet hat, die jetzt aber aufgestört wurde, muß hervortreten, erscheinen, eine Zeit lang anhalten (ja, Rußland wird schön mit dem Aussatz aussehen!), dann trocknen und abfallen. Die ganze Wirtshauszivilisation, die Zivili= sation der Noshewaja Linija*), des Soldatenwesens, der Unsinn des Sektenwesens u. s. w. müssen unbedingt hervortreten und sich be= kunden. Und auf solche Weise müssen wir noch viele Phasen der Lüge durchmachen. Ueber unser Land wird sich auch eine Schicht liberaler (konstitutioneller) Lüge lagern und eine Menge . . .**)

---

*) Noshewaja Linija ist ein Teil des Moskauer Marktes, wo der stock= russische Kaufmannsstand typisch vertreten ist.
**) Der Schluß des Briefes ist abhanden gekommen.

II.

J. S. Turgenjews Briefe

an

M. P. Dragomanow.

I.

*) Paris, 50, Rue de Douai,
Dienstag, den 21./9. März 1876.

Geehrter Herr!

Am selben Tage habe ich Ihren Brief und die Novellen des Herrn Fedkowitsch erhalten. Ich danke Ihnen aufrichtig für dieses so schmeichelhafte Zeichen der Aufmerksamkeit. Es gelang mir — und ohne große Schwierigkeit — Ihr Vorwort zu lesen, und ich kann sagen, daß ich Ihre Denkweise vollkommen teile, woran ich übrigens nicht gezweifelt habe, da ich Ihre früheren Arbeiten und Ihre Richtung kenne. Sobald ich die Novellen des Herrn Fedkowitsch gelesen habe, werde ich mir erlauben, Ihnen meine Ansicht mit voller Aufrichtigkeit zu äußern. Von vornherein fühle ich, daß eben nur hier ein lebendiger Quell springt**), — alles übrige aber ist entweder Trugbild oder Kadaver.

Empfangen Sie die Versicherung meiner vollkommenen Hochachtung und Ergebenheit.

Ihr gehorsamer Diener

Iw. Turgenjew.

---

*) Zur ausführlichen Erklärung dieser Briefe dient die weiter unten gebrachte Erinnerung an meine Bekanntschaft mit Turgenjew.

**) Es handelt sich hier um die „volkstümlich-ukrainische" Richtung in der ruthenisch-galizischen Litteratur.

2.

50 Rue de Douai, Paris,
Mittwoch, den 19. Dezember 1877.

Geehrter Herr!

Schon lange nahm ich mir vor, Ihnen für die Zusendung Ihrer Publikationen, mit deren Ziel und Richtung ich fast ausnahmslos sympathisiere, zu danken. Ich weiß nicht, ob ich die letzte Sendung aus Genf, welche die Gedichtsammlung „Hinter dem Gitter" und zwei Anzeigen: eine über die Herausgabe der „Gemeinde" und die andre vom „Komitee zur Unterstützung der Verbannten" enthielt, von Ihnen erhalten habe *), aber ich benutze die Gelegenheit, Ihnen einige meiner Ansichten zu äußern. — Was die „Gemeinde" betrifft, so wäre es mir sehr angenehm, diese Zeitschrift zu erhalten, obwohl in der Ankündigung nichts über die Abonnementsbedingungen gesagt ist. Ich kann nicht umhin, zu bemerken, daß die Ankündigung selbst wahrscheinlich von einem Nichtrussen geschrieben ist oder aber von einem solchen, der es verlernt hat, in seiner Muttersprache zu schreiben; man stößt auf Stellen, die entschieden unverständlich sind (z. B. S. 6, Z. 14 von oben u. a.) und die ganze Darlegung ist sehr verwirrt und dunkel. Der Ankündigung des Komitees ist das Statut nicht beigefügt; ich möchte ein Exemplar davon bekommen. Ich will nichts über das mit Talent und klug geschriebene Vorwort zur Gedichtsammlung sagen. Ich will mich nur auf die Aeußerung beschränken, daß ich mit der Ansicht des Verfassers, meine Werke „hätten zur Entstellung der Gestalt unsres Märtyrers für die Wahrheit beigetragen", nicht einverstanden sein kann **). Bei den gegebenen Verhältnissen konnte ich nur das machen, was ich gemacht habe, und wie es scheint, stimmt das Resultat nicht mit den Schlußfolgerungen und Urteilen meines Kritikers überein. Was die Sammlung selbst betrifft, so verstehe ich den Zweck gut, zu dem sie herausgegeben wurde; sie kann nicht ohne starke Wirkung auf die Fühlenden sein: in allen diesen Gedichten ist so viel Wahrheit, so viel bittere Lebenswahrheit; aber ich muß mit Bedauern sagen, daß sich von Talent auch nicht die Spur findet. ... Etwas, was dem Talent ähnlich sieht, schimmert in

---

*) Diese Sendung kam nicht von mir.
**) Der Verfasser des Vorworts zur fraglichen Gedichtsammlung (Gedichte der 193 wegen des politischen Prozesses Eingekerkerten) sprach von der Entstellung der Gestalten der „russischen Sozialisten-Revolutionäre" im Roman „Neuland".

ben Gedichten des „Schwarzen" durch, aber auch dies ist von Heine angefacht. Nicht ohne originelle Wendungen sind zwei Gedichte mit M. M. unterzeichnet, auf S. 103—104. Aber eigentlich findet sich kein kräftiger poetischer Ton in ihnen, keines von jenen Worten, die „nicht sterben können". . . . Aber der Ueberfluß an Molltönen (übrigens sehr verständlichen), auf die der Herausgeber selbst anspielt, erregt im allgemeinen eher Mitleid und Bedauern, als Empörung. Nein, der Poet dieser Epoche des russischen Volkslebens ist noch nicht gekommen . . . obwohl ich nicht zweifle, daß er erscheinen wird. Bis jetzt ist es — ein Lallen und Weinen.

Erlauben Sie mir, Ihnen ein kleines Beispiel anzuführen. Ich kenne ein Gedicht von einem alten, durchaus nicht genialen Poeten, worin einer der zahlreichen Momente des Gefängnislebens, der Gefühle eines Gefangenen wirklich poetisch aufgefaßt ist . . . nämlich der Moment der Freude vor der nahen Befreiung. Das Gedicht ist dies — (es ist von J. P. Polonski *) :

1.

Die dichte Brennessel
Rauscht unter dem Fenster,
Die weinende Weide
Hängt wie ein Zelt.

2.

Die luftigen Kähne
Sind in blauer Ferne,
Das Eisen des Gitters
Kreischt unter der Säge.

3.

Der alte Kummer
Schlief ein im Busen . . .
Das Meer und die Freiheit
Sie leuchten voran!

4.

Der Mut, er wird stärker,
Die Kümmernis schwand . . .
Es horchet das Ohr nur,
Es sägt nur die Hand!

Wenn ich nicht irre, gibt es in der ganzen Sammlung nichts Aehnliches in Bezug auf Richtigkeit des Tons, auf Uebereinstimmung von Gefühl und Ausdruck. Jeder, der gelitten hat, hat vollkommen recht, den „Tyrannen" zu fluchen; aber wenn er dies in Versen thut, so soll dieser Fluch ebenso schön wie stark sein, oder er soll lieber in Prosa fluchen.

Sie werden vielleicht mit alledem nicht einverstanden sein; aber jedenfalls war es mir angenehm, mit Ihnen Beziehungen anzuknüpfen, und ich bitte Sie, an die Aufrichtigkeit meiner Hochachtung zu glauben.

                    Ihr gehorsamer Diener
                              Iw. Turgenjew.

_____

*) Turgenjew irrte sich: das Gedicht ist von A. F. Fet.

3.

50 Rue de Douai, Paris,
Freitag, ben 1. März 1878.

Geehrter Herr!

Schon lange nahm ich mir vor, auf Ihren langen Brief und die mir übersandten Broschüren zu antworten; aber ich konnte nie freie Zeit finden und auch jetzt muß ich dieses Vergnügen auf einen andern, übrigens nicht fernliegenden Tag aufschieben. Vorigen Sonn= tag schrieb ich Ihnen einige Zeilen über die ziemlich ernste Krankheit unsres gemeinsamen Freundes Ralston, der noch vorige Woche hätte zu Ihnen nach Genf fahren sollen; ich habe Grund, anzunehmen, daß mein Brief Ihnen gar nicht zugeschickt wurde, und daher muß ich Sie für jeden Fall benachrichtigen, daß seine Krankheit (akuter Rheumatismus) leider bis jetzt nicht milder geworden ist, so daß man den Zeitpunkt seiner Genesung nicht bestimmen kann. Wahrscheinlich wird diese Krankheit ihn zwingen, alle seine Pläne*) zu ändern. Er befindet sich hier im Hotel (Hotel Byron 20. Rue Lafitte), er genießt eine gute Pflege; seine Freunde besuchen ihn, sein alter Vater kam aus London zu ihm; es ist keine Gefahr vorhanden, — aber er ist sehr schwach und verläßt nicht das Bett. Es thut einem leid um den Armen, alle seine Reisen mißlingen ihm.

Ich verschiebe unsre Unterhaltung auf das nächste Mal, — jetzt aber bitte ich Sie, die Versicherung meiner aufrichtigen Hochachtung zu empfangen.

Jw. Turgenjew.

4.

Les Frênes-Chalet, ben 29. Juni 1883.

Mein lieber Herr Dragomanow!

Ich bin von meinem Freunde Herrn D. beauftragt, Ihnen zu wissen zu geben, daß er sich Ihnen von Sonnabend ab für jede Ihnen beliebige Zeit zur Verfügung stellt.

Empfangen Sie meine besten Grüße.

Jw. Turgenjew.

---

*) Vordem hatte mir Ralston geschrieben, er wünsche in Rußland in einer reichen und respektablen Familie einige Zeit als Hauslehrer zu ver= bringen.

III.

M. P. Dragomanows Erinnerungen
an seine Bekanntschaft mit J. S. Turgenjew.

———

Meine Bekanntschaft mit Turgenjew war weder langdauernd noch nahe, aber es glückte mir, ihn von jenen Seiten zu beobachten, von denen er weniger bekannt ist, und darum halte ich es für meine Pflicht, auch mein Scherflein zum öffentlichen Andenken an diesen merkwürdigen Menschen beizutragen.

Meine indirekte Bekanntschaft mit Turgenjew begann im Jahre 1873, als einer seiner Freunde mir vorschlug, die Papiere seines vor kurzem verstorbenen Onkels, Nikolai Iwanowitsch Turgenjew, der in seinem eigenen Hause in Bougival bei Paris in der Nähe des Wohnhauses Turgenjews gestorben war, für den Druck durchzusehen. Da ich damals in Italien lebte und Anstalten traf, nach Frankreich zu gehen, mußte ich mich brieflich mit Turgenjew über die fragliche Angelegenheit verständigen. Aber da ich bald darauf nach Rußland gehen mußte, so kam ich nicht dazu, diesen Vorschlag zu benutzen, den ich u. a. auch deshalb berühre, um daran zu erinnern, daß man seitdem nichts über die Durchsicht und Veröffentlichung der Papiere N. J. Turgenjews, die gewiß nicht wenig Interessantes enthalten müssen, gehört hat.

Ich achtete in Iwan Turgenjew den berühmten russischen Schrift= steller und den Freund der kleinrussischen Litteratur: den Uebersetzer von Marko Wowtschoks Erzählungen, den Verfasser der Erinnerungen an Schewtschenko, die der Prager Ausgabe des „Panduraspielers" beigegeben sind, den Mann, der den französischen Aufsatz über Schewtschenko von Emile Durand in der „Revue des deux mondes" angeregt hatte u. dergl. Daher betrachtete ich es für eine Höflichkeits= pflicht, nachdem ich in der Angelegenheit der Papiere Nikolai Turgenjews

empfohlen worden war, ihm Separatabbrücke meiner Aufsätze in Zeit=
schriften und meine Publikationen kleinrussischer Volkslieder und
Märchen zu schicken. Im Jahre 1876 schickte ich ihm aus Wien die
Novellen von Fedkowitsch, welche für die Ruthenen der Karpathen
daszelbe vorstellen, was Marko Wowtschok für die russische Ukraine,
mit meinem Vorwort in kleinrussischer Sprache über die galizisch=
ruthenische Litteratur, worin ich u. a. eine Charakteristik der zwei in
ihr stattfindenden Strömungen gab: der alten, die man in Rußland
mit Unrecht für eine allgemein russische hält, und der neuen ukraino=
philen oder volkstümlichen.

Als Antwort auf diese Sendung kam der erste oben abgedruckte
Brief Turgenjews an mich.

Bald darauf ging ich nach der Schweiz, wo die Verhältnisse
(die Vorbereitungen zum Kriege mit der Türkei, dann der Krieg selbst,
die politischen Prozesse in Rußland u. dergl. mehr) mich bewogen,
mehrmals Broschüren und Artikel zu veröffentlichen, worin ich den
Gedanken entwickelte, daß die erste Notwendigkeit für Rußland die
politische Freiheit sei. Diese Schriften schickte ich Turgenjew
nach Paris, und auf sie bezieht sich die zustimmende Aeußerung, welche
sich am Anfang des zweiten Briefes an mich befindet.

Dieser Brief ist übrigens teilweise aus Mißverständnis an mich
gerichtet, da Turgenjew annahm, daß ich ihm die in Genf erschienene
Gedichtsammlung „Hinter dem Gitter" geschickt hätte. In Wirklich=
keit aber hatte es Hermann Alexandrowitsch Lopatin gethan, der auch
an der Redaktion des Vorworts zur Sammlung teilgenommen hatte
und der, wenigstens später, ein ziemlich häufiger Besucher Turgenjews
war und, wie man behauptet, ihm sogar teilweise zum Modell für
die Figur Neshdanows gedient haben soll (?). Indem ich auf den
Brief Turgenjews antwortete, teilte ich ihm mit, daß ich mich in
nichts an der Sammlung und am Vorwort beteiligt hätte, und gleich=
zeitig gab ich ihm zu wissen, daß ich unter den jungen russischen
Genfer Emigranten solche kannte, die keineswegs mit „Neuland" un=
zufrieden seien. Ich wies übrigens auf einige Unklarheiten in diesem
Roman hin, deren Grund ich in der zu großen Aufmerksamkeit er=
blickte, die der Verfasser den „gegebenen Verhältnissen", d. h. der
Zensur, zu teil werden ließ. Ich erlaubte mir ferner zu äußern,
daß ein Schriftsteller wie Turgenjew ganz klar und entschieden eine
von den jungen Revolutionären und von der Regierung vollkommen
unabhängige Stellung einnehmen und zu diesem Behufe, wenn es
nötig wäre, seine Werke im Auslande frei von der Zensur drucken
müßte, wie es seinerzeit Voltaire, V. Hugo u. a. gethan hätten.

Darauf erhielt ich von Turgenjew den britten Brief, worin er
äußerte, daß er sich immer noch das Vergnügen entziehen müsse, auf
meine verwünschten Fragen zu antworten. Dieser Brief ist jedoch
interessant zur Charakteristik Turgenjews wegen seiner persönlichen
Fürsorge um seine Freunde, diesmal um Ralston, den Verfasser vieler
Werke und Aufsätze über Rußland und Uebersetzer vieler russischer
Werke ins Englische. Aus Anlaß der Krankheit Ralstons erhielt ich,
glaube ich, noch einen Brief von Turgenjew, den ich leider jetzt nicht
finden kann. Bald darauf traf es sich, daß ich Turgenjew zum ersten=
mal auf dem internationalen litterarischen Kongresse in Paris wäh=
rend der Ausstellung im Jahre 1878 sah.

Auf den Kongreß begab ich mich aufs Geratewohl. Als ich aus
den Zeitungen erfuhr, daß ein allgemeiner litterarischer Kongreß unter
dem Patronate von Persönlichkeiten wie Victor Hugo und Iwan
Turgenjew stattfinden werde, entschloß ich mich, diese Gelegenheit zu
benutzen, um gegen die empörende Thatsache des fast gänzlichen Ver=
bots der kleinrussischen Litteratur in Rußland zu protestieren und ich
zweifelte nicht an der Sympathie der Kongreßmitglieder. In einigen
Tagen war meine Broschüre „La littérature oukrainienne
proscrite par le gouvernement russe" improvisiert und ge=
druckt. Die ersten fertigen Exemplare wurden mit entsprechenden
Briefen an das Kongreßbureau und speziell an Victor Hugo und
Iwan Turgenjew geschickt und darauf begab ich mich schleunigst nach
Paris mit einem Koffer voll Exemplaren dieser meiner Broschüre
sowie meiner russischen und kleinrussischen Publikationen. Schon auf
der schweizerisch=französischen Grenze wurde meinem Optimismus der
erste Schlag versetzt: die französischen Beamten erklärten mir, sie
könnten ohne Erlaubnis der Zensur meine Bücher nicht durchlassen,
und kaum willigten sie ein, auf meinen Koffer Plomben zu legen,
damit er in Paris untersucht werde. In Paris aber stellte es sich
heraus, daß mein Koffer nach Bercy gehen müsse, wobei es sich zeigte,
daß, da ich am Sonntagmorgen ankomme, mein Koffer bis Montag
in Bercy bleiben müsse. Was das Unglück noch größer machte, war,
daß sich im Koffer nicht nur meine Broschüren befanden, die ich am
selben Tage während der feierlichen Sitzung unter die Kongreß=
mitglieder verteilen wollte, sondern auch meine Wäsche und meine
Galakleider. Auf dem Wege nach Dijon erfuhr ich aus den Zeitungen,
daß die Präliminarsitzung bereits stattgefunden habe, auf welcher
beschlossen worden war, sich zur Hauptaufgabe des Kongresses die
Ausarbeitung eines Projektes eines internationalen Gesetzes zum
Schutze des litterarischen Urheberrechts sogar auch gegen die Ueber=

setzer zu stellen, auch sollten die Regierungen aller Länder für die
Annahme dieses Projekts gewonnen werden. Ich wurde also gewahr,
daß mein Protest dem Kongresse nicht in den Kram passen würde,
aber ich konnte nicht mehr zurück und darum entschloß ich mich,
welchen Kelch mir auch das Schicksal bescheren würde, denselben bis
zur Neige zu leeren, ohne betrübt zu sein, wenn sich auch irgend eine
säuerliche Mixtur darin finden sollte.

Nachdem ich so in Paris ohne Broschüren und ohne Redingote
geblieben war, ließ ich mich irgendwie abputzen, kaufte mir Wäsche
und erwirkte mir im Kongreßbureau ein Billet zum Eintritt ins
Theater Chatelet, wo der Kongreß durch die Reden V. Hugos, Turgenjews, Jules Simons u. a. feierlich eröffnet werden sollte. Ich setzte
mich möglichst in den Hintergrund, um überhaupt in der Rolle eines
Zuschauers zu verharren, bis ich meine Broschüren erhielte. Aber in
der ersten Viertelstunde rief mich ein bekannter russischer Litterat,
dann ein andrer, und sie teilten mir mit, daß Turgenjew sich nach
mir erkundigt und sie ersucht habe, mich aufzusuchen. Dann erschien
auf der Scene das Stiftungskomitee des Kongresses, unter dessen Mitgliedern es mir nicht schwer fiel, die berühmte Gestalt Turgenjews
zu erkennen. Von den Reden der Franzosen in dieser Sitzung will
ich schweigen. Ich will nur V. Hugos Rede erwähnen, welche ein
Hymnus auf den Pariser Universalismus war und mit der Anspielung
auf die Notwendigkeit einer Amnestie endigte. Diese letztere wurde
ziemlich kalt aufgenommen, nur drei bis vier Stimmen riefen: vive
l'Amnestie! Und dies waren Ausländer. Es war ersichtlich, daß
auf dem Kongreß in Bezug auf V. Hugo folgender modus vivendi
entstand: Der große Mann war dem Kongresse nötig, um mit seinem
Namen den kommerziellen Aussichten desselben die Weihe zu geben,
man erwies ihm göttliche Ehren und gestattete ihm das Recht der
Aeußerung seiner persönlichen Ansichten, aber es fiel niemand ein,
diese zu unterstützen. Uebrigens, mit Ausnahme der Anspielung auf
die Amnestie in der feierlichen Sitzung, that V. Hugo keine radikale
Aeußerung mehr, er nahm nur die göttlichen Ehren entgegen und
drückte den Resolutionen des Kongresses seinen olympischen Siegel auf.

Wie mir erinnerlich, sprach Turgenjew bald nach V. Hugo. Unser
Romanschriftsteller war sichtbarlich ein schwacher Redner: eine ziemlich konfuse Manier, eine kreischende, besonders für seine Erscheinung
schwache Stimme, auch der Inhalt mittelmäßig. Im Anfange seiner
Rede machte der Redner ein ganz sonderbares Geständnis seiner Un-
bedeutendheit, er sagte, daß er sogar keinen Rang mehr habe (er sagte
wörtlich: tchine). Am meisten sprach Turgenjew über die Bedeutung

der französischen Litteratur für die Russen, mit dem „Zeitalter Molières", dessen Lustspiel „Les Précieuses ridicules" die Zarewna Sofia für ihr Haustheater übersetzt hatte, beginnend, bis zum „Zeitalter V. Hugos".

Die russische Presse der slavophil-chauvinistischen Richtung hat Turgenjew für diese Rede tüchtig aufs Korn genommen. Auch gleich nach der Sitzung, im Theaterbuffet, wohin mich meine russischen Bekannten geführt hatten, um mich Turgenjew vorzustellen, machten ihm einige russische Litteraten die Bemerkung, daß er den Franzosen zu große Vorsprünge gelassen habe. „Aber sie verstehen doch keine andre Sprache," rechtfertigte sich Turgenjew, „und die fremde Litteratur schätzen und kennen sie nicht." Und er erzählte dabei die in der russischen Presse bereits bekannte Anekdote über V. Hugo, wie der letztere im Gespräche mit ihm Schillers und Goethes Dramen verwechselt habe.

In Bezug auf meinen Bericht an den Kongreß über die klein-russische Litteratur vereinbarte ich mit Turgenjew folgendes: Am nächsten Tage sollte ich ganz früh nach Bercy fahren, meinen Koffer holen und um elf Uhr meine Broschüren Turgenjew bringen; er wollte sie dann in der Nachmittagssitzung unter die Kongreßmitglieder verteilen, dann sollten wir einen Tag wählen, an welchem Turgenjew über meine Broschüre Bericht zu erstatten, ich einige Worte zu sagen hatte, und darauf sollte nach den Umständen eventuell eine Resolution vorgeschlagen werden. Auch Turgenjew machte sich keine Hoffnung auf einen großen Erfolg und sagte mir, es gebe wenige Ausländer auf dem Kongresse, die Mehrzahl der Mitglieder wären Franzosen von mehr oder minder kommerzieller Richtung, dazu fehlten die jungen Romanschriftsteller, wie Daudet, Zola und andre.

Am andern Tage befand ich mich um acht Uhr im Zollamte in Bercy, aber es stellte sich heraus, daß es nicht leicht war, nicht nur die Bücher, sondern auch die Kleider zu bekommen. Wegen der Bücher sagten die erst nach neun Uhr gekommenen Beamten, daß sie der Zensur des Ministeriums des Innern übergeben werden müßten, die Kleider aber wollten sie nicht aus dem Koffer herausnehmen, da das Reglement es verbiete, die Kollis zu teilen. Nachdem ich anderthalb Stunden in der Unterredung mit den Beamten, den Chef inklusive, zugebracht, gelangte ich erst nach elf Uhr in den Besitz meiner Kleider und Wäsche, so daß ich allerdings nicht mehr daran denken konnte, zu Turgenjew zu fahren. Ich fand ihn nach dem Frühstück im Sitzungs-saale des Kongresses und erzählte ihm diese Widerwärtigkeiten. Wir beschlossen den Bericht über die Broschüre aufzuschieben, bis wir sie

vom Ministerium des Innern erhalten hätten, vorläufig aber ver=
teilten Turgenjew und ich an die sympathischeren Mitglieder des
Kongresses jene geringe Anzahl von Broschüren, die ich mir aus
Genf unter Kreuzband hatte kommen lassen. Ich verhielt mich über=
haupt ganz gleichgültig gegen den Kongreß und besuchte ihn selten,
Turgenjew aber ironisierte offen über ihn in Gesprächen mit Russen,
deren es übrigens sehr wenige gab. Nichtsdestoweniger war er ziem=
lich viel mit dem Kongresse beschäftigt, in dessen Sitzungen er oft
den Vorsitz führte. Er erfüllte die Pflichten des Vorsitzenden schwach:
er zeigte nicht die Energie, die den französischen Vorsitzenden eigen
ist, er kannte sogar die Formalitäten nicht und folgte in allem
seinem Sekretär, einem französischen Boulevardromanschriftsteller. Der
Sekretär und überhaupt das Bureau behandelten Turgenjew sogar
mit einer gewissen Ungebuld, aber der berühmte russische Roman=
schriftsteller war seines Namens wegen dem Kongresse nötig, um
demselben einen internationalen Charakter zu verleihen, obwohl er
eigentlich ein französischer war und hauptsächlich aus Romanschrift=
stellern und Dramaturgen zweiten Ranges und aus Kompilatoren=
Popularisatoren in der wissenschaftlichen Litteratur bestand. Aber wenn
die Art des Benehmens einiger französischer Kongreßmitglieder gegen
Turgenjew sowie überhaupt die Stellung des letztern auf dem Kon=
gresse die Russen ärgern konnte, so war das Benehmen eines fran=
zösischen Litteraten mit slavischem Namen, man darf sagen sechsten
Ranges, gegen den sich die Franzosen ironisch verhielten, Turgenjew
gegenüber einfach lächerlich, wenigstens in den Augen vieler. Er
stellte beständig seinen Namen neben den Turgenjews, indem er über
die Verletzung seines Urheberrechtes klagte, und in den Zwischen=
pausen suchte er durch den Saal Arm in Arm mit Turgenjew zu
gehen, der mit ungewöhnlicher Gutmütigkeit diesen Marsch machte.

Einmal komme ich in der Zwischenpause in den Kongreßsaal.
Bei den ersten Worten beklagt sich Turgenjew bei mir über einen
russischen Schriftsteller: „Denken Sie sich, vor etwa einer Viertel=
stunde hat er mir wie einem Knaben den Kopf gewaschen: ‚Sie ver=
stehen sich nicht zu halten,‘ sagte er, ‚Sie erlauben jedem Lumpen,
Sie von oben herab zu behandeln, Sie stehen auf kurzem Fuße mit
* * *!‘ Und so weiter fort!" — „Aber was wollen Sie immer von
mir mit diesem * * *!? Was für ein Freund ist er mir!? Ich
erlaube Ihnen, ihm ..." (Turgenjew gebrauchte hier eine cynische
Wendung).

Eines Morgens kam ich in die Sitzung, der Turgenjew präsi=
bierte. Im Saale begegnete ich Mauro=Machi. Dieser Italiener,

ein gewesener Garibaldianer, einer von den Vizepräsidenten des Kon=
gresses, hatte gerade meine Broschüre gelesen, war mit Sympathie
für unsre kleinrussische Sache erfüllt und erwies mir jedmögliche Auf=
merksamkeit und Protektion. Indem er mich in den Pausen bei der
Hand zu ergreifen und den bekannteren Kongreßmitgliedern vorzu=
stellen pflegte, erzählte er ihnen nach Möglichkeit den Inhalt meines
Protestes. „Turgenjew sprach über Ihre Broschüre," sagte mir
Mauro=Machi. — „Wie sprach er darüber? Wir sind doch überein=
gekommen, daß man erst dann Bericht darüber erstatten sollte, wenn
ich im stande sein würde, die Broschüre unter die Kongreßmitglieder
zu verteilen!" Dies sagte ich Mauro=Machi, dem die Geschichte mit
meinem Koffer bekannt war. „Ja, er erzählte dies. Er erzählte
ihren Inhalt und drückte seinerseits das Bedauern über die Maß=
nahmen der russischen Regierung aus, aber er schlug keine Resolution
vor. Dann schlug ich vor, Ihre Broschüre in den vollständigen Proto=
kollen des Kongresses zu reproduzieren."

Es blieb mir nur übrig, meinem Protektor mille grazie zu
sagen, und nachdem es mir endlich gelungen war, meine Broschüren
aus der Kanzlei des Ministeriums Mac Mahon, und dies durch
ein Wunder, zu befreien, sie an die Kongreßmitglieder, besonders
an die Ausländer zu verteilen und dabei zu denken, daß ich mich
noch verhältnismäßig gut aus der nicht ganz bequemen Lage heraus=
gezogen hatte.

Indessen mußte man die allgemeine Resolution des Kongresses
vorbereiten. In den Debatten traten zwei Richtungen hervor: die
französische, welche bestrebt war, das Urheberrecht des Verfassers auf
sein litterarisches Erzeugnis, auf dessen Umarbeitung, Ueberfetzung,
Aufführung u. s. w. mit möglichster Strenge und auf einen längeren
Termin zu schützen, und die ausländische, besonders die der kleineren
und zurückgebliebeneren Nationen, die wenigstens in Bezug auf Ueber=
fetzungen den möglichst größten Spielraum wollte. Es wurde be=
schlossen, daß der Kongreß in nationale Gruppen zerfallen und, nach=
dem er in denselben seine Vorschläge ausgearbeitet habe, diese der
allgemeinen Versammlung zur Abstimmung vorlegen solle, wo die
Franzosen durch eine gewaltige Mehrzahl sicherlich die Ausländer er=
drücken mußten. Die Slaven (einige Polen, zwei Tschechen, noch
kein Dutzend Russen) sollten sich in Turgenjews Wohnung, Rue de
Douai 50, versammeln. Zur bestimmten Stunde fand ich dort außer
den Kongreßmitgliedern auch Herrn Lopatin, der sich viel mit Ueber=
fetzungen, besonders aus dem Englischen, befaßte. Zur Sprache der
panslavischen Gespräche wurde die französische, sicherlich der Polen

wegen, gewählt. Wir waren alle für die volle Freiheit in Bezug
auf Uebersetzungen, indem wir uns bereit erklärten, das Autorrecht
auf Originalschauspiele, Bearbeitungen derselben (Adaption) u. dergl.
zu schützen. Indem sich Turgenjew im Prinzip mit uns einverstanden
erklärte, bemerkte er, daß die Franzosen auch auf ein solches Zu=
geständnis nicht eingehen würden und deshalb schlug er vor, ihnen
mehr nachzugeben und das Autorrecht auf Autorisation von Ueber=
setzungen je nach den Kategorien der Werke auf zwei bis fünf Jahre
anzuerkennen. Man beschloß, Turgenjews Projekt der Resolution
anzunehmen, wobei einige Mitglieder erklärten, daß sie sich das Recht
vorbehielten, in der allgemeinen Versammlung für eine größere Frei=
heit in Bezug auf die Uebersetzungen zu stimmen.

Diese allgemeine Versammlung fand statt. Zuerst präsidierte ihr
Turgenjew, darauf aber V. Hugo. Turgenjew trug sein Projekt der
Resolution in Bezug auf die Uebersetzungen vor. Die Franzosen
stürzten sich mit unverhehlter Bosheit auf ihn. Einer von den
Romanen, ich glaube, ein Portugiese oder Rumäne, bemerkte zur
Unterstützung von Turgenjews Vorschlag, daß es Länder gebe, wo
vorläufig die Litteratur oft fast gar keinen Gewinn bringe, sondern
sogar Opfer erheische, und daher müßten die Schriftsteller reicher
Nationen sich nur mit einer Reklame zu Gunsten ihrer Werke in
solchen Ländern begnügen. — „Man soll mir wenigstens zwei Sous
zahlen," rief ein Franzose aus, „aber man soll sie zahlen, wenigstens
erkennt man dann mein Recht an!" Dies sagte ein Kompilator, der
selbst, oder besser gesagt, mit den Händen seiner Sekretäre, sich nicht
genierte, zu fünf, sechs Seiten fremdes litterarisches Eigentum in
seinem „Etrennes — Buchgebäck" zusammenscharren zu lassen. Hände=
klatschen ertönte in der Versammlung.

Indem Turgenjew seinen Vorschlag verteidigte, führte er u. a.
auch folgendes Argument an: „In Rußland befaßt sich hauptsächlich
die studierende Jugend mit Uebersetzungen. Die Regierung, welche
sie nicht liebt, wird möglicherweise froh sein, das Autorrecht der Aus=
länder auf Uebersetzungen anzuerkennen, um die Jugend dieses Ver=
dienstes zu berauben."

Darauf bemerkte jemand von den Franzosen mit boshaftem
Lächeln: „Wir können doch nicht auf unsre Rechte verzichten, um
zum Unterhalt einer Nihilistenrasse beizutragen, die Herr Turgenjew
so wunderbar in seinen ausgezeichneten Romanen schildert."

Als es zur Abstimmung kam, ließ die gewaltige Mehrheit der
Franzosen Turgenjews Vorschlag gegen etwa 20—30 fast ausschließ=
lich von Ausländern abgegebene Stimmen durchfallen. Ein franzö=

fischer Boulevardromancier, der zum Bureau gehörte, schlug vor, im Protokoll zu verzeichnen, welche Nationen gegen das Prinzip des litterarischen Eigentums gestimmt hätten. Dieser Vor= schlag sah bereits fast gar nicht mehr der weltberühmten französischen Höflichkeit gleich; V. Hugo warf einen schiefen Blick auf den Antrag= steller, mehr mit jenem Ausdruck der Beobachtung als des Vorwurfs, mit welchem gewöhnlich sehr respektable Hofmeister auf die unpassenden Extravaganzen ihrer Zöglinge blicken, — und der Vorschlag blieb ohne Folgen.

Nach der Einweihung des Urheberrechts wurde über den Vor= schlag einiger französischer Journalisten abgestimmt, nämlich die Presse solle überall von der administrativen Willkür befreit und nur dem Gerichte unterworfen sein. Das war eigentlich auch eine Frage des litterarischen Eigentums, da die Polizeiwillkür, die z. B. eine Zeitung verbot, das Eigentum zerstörte und eine Menge Leute des Verdienstes beraubte u. dergl. Aber dieser Vorschlag begegnete einer Opposition von seiten der Franzosen selbst, wobei ein ziemlich lebhaftes Gezänk, fast ein Streit zwischen den Bonapartisten und Mac=Mahonisten, die die Mehrheit ausmachten, einerseits und den wenigen radikalen Republikanern andrerseits ausbrach. Bei der Stimmabgabe votierten fast alle Ausländer für den Vorschlag der letzteren, aber die Franzosen ließen ihn mit gewaltiger Mehrheit durchfallen, aus dem Grunde, weil, wie einige sagten, er in Bezug auf die Regierungen unbequem sei, da sie sich durch die Resolution, welche die Regierungsgewalt über die Presse beschränkt, beleidigt fühlen und sich deshalb weigern würden, das Projekt des Schutzes des Autorrechtes zu unterstützen, welcher Schutz eigentlich das Hauptziel des Kongresses sei. Bei dieser Spaltung der Stimmen hätte man vorschlagen können, in das Protokoll einzutragen, „welche Nation gegen die Preßfreiheit stimme." Aber kein Ausländer machte einen derartigen Vorschlag. Turgenjew hob weder für noch gegen den fraglichen Vorschlag die Hand.

Der Kongreß war zu Ende. Es blieb nur noch das Schluß= bankett. Turgenjew sagte uns, daß er nicht auf demselben erscheinen werde. Er war offenbar des Kongresses überdrüssig geworden, dazu hätte er auf dem Bankett eine Rede halten müssen, aber Tur= genjew war sichtbarlich kein Meister darin. Auf alle Bitten ant= wortete er mit dem folgenden Grunde: „Ich habe den Damen ver= sprochen, sie diesen Abend in die Folies bergères zu begleiten."

Außer den Begegnungen in den Angelegenheiten des Kongresses hatte ich noch zwei Zusammenkünfte mit Turgenjew. Einmal lud er mich zu sich in die Rue de Douai ein. „Kommen Sie, wir wollen ein

bißchen plaudern," sagte er zu mir. Als ich zur bestimmten Stunde
in sein Zimmer trat, sagte er mit sichtbarer Freude: „Wissen Sie,
Wjera Sassulitsch befindet sich bereits im Auslande." — Das Gespräch drehte sich hauptsächlich um „Neuland", wobei Turgenjew
erzählte, daß der Sinn des Romans sehr viel dadurch gelitten hätte,
daß die Zensur zwei Scenen ausgelassen habe: die eine, wo das Gespräch Merkulows mit dem Gouverneur nach des ersteren Verhaftung
und die andre (ein ganzes Kapitel), worin das „Insvolkgehen"
Mariannens beschrieben ist. Als Frau habe sich Marianne fähiger
erwiesen, dem täglichen Leben der Bauern nahe zu treten, als die ver-
kleideten Studenten, — und sie habe mehr Sympathie und Vertrauen
bei den Bauern erweckt. Zwar errieten sie augenblicklich, daß sie eine
Dame sei, dennoch sprachen sie mit ihr frei vom Herzen, und ein
Alter sagte zu ihr: „Das alles, was du davon erzählst, wie uns
die Herren beleidigen, ist wahr, Fräulein: wir wissen es auch
selbst, du aber belehre uns, wie wir uns von dem allen befreien
sollen" u. s. w.

Bei Erwähnung dieser ausgelassenen Stelle erzählte Turgenjew
folgende Kombination: Ich stellte es Stassulewitsch zur Bedingung,
daß mein Roman, ungeachtet seiner Länge, in einem Hefte des „Boten
Europas" erscheinen solle, was ihm etwas unbehaglich war. Als das
Heft der Zensur vorgelegt wurde, fanden die Zensoren zwei Stellen
im Romane sowie die innere Rundschau der Zeitschrift verdächtig und
schlugen vor, eines davon wegzulassen: entweder die Scenen aus
meinem Romane oder die Rundschau. Als ich davon erfuhr, willigte
ich in das erstere ein; anders zu handeln, wäre mir Stassulewitsch
gegenüber unpassend erschienen.

Auf meine Fragen, weshalb denn diese Lücken nicht in den
ausländischen Uebersetzungen des Romans ausgefüllt seien, und auf
meine Bemerkung, daß kein einziger europäischer Schriftsteller von
Turgenjews Ruhme es der Zensur gestatten würde, mit seinen
Romanen so umzugehen, antwortete Turgenjew: „Sie fordern von
mir einen Kampf — aber ich bin zu alt und fühle in mir keine
Kräfte dazu, ich erblicke keine Unterstützung. Ich hätte also entweder
Emigrant werden müssen oder man hätte mich in Rußland verhaftet."
„Ach was, Sie verhaften!" erlaubte ich mir zu bemerken, „Iwan
Sergejewitsch Turgenjew verhaften! Das wäre etwas stark, selbst für
eine russische Regierung. Ich möchte dann sehen, mit welchen Buchstaben die Pariser Zeitungen zum Beispiele drucken würden: „Arresta-
tion de M. Ivan Tourgueneff." „Und Sie denken, daß es jene
interessieren würde?" antwortete Turgenjew lächelnd. „Glauben Sie,

daß jene es sich zu Herzen nehmen würden?! Aber sie interessieren
sich doch für gar nichts, außer für sich selber, und sie wissen und
verstehen gar nichts von unsern russischen Angelegenheiten."

Merkwürdig war bei diesem ausgesprochenen „Westmann" sein
beständiges skeptisches Verhalten gegen die Westeuropäer, besonders
gegen die Franzosen, unter denen er wohnte. — „Da haben Sie ein
Muster davon, wie die Franzosen uns verstehen," fuhr Turgenjew
fort. „Vor einigen Tagen begegnete ich N. N. (Turgenjew nannte
mir einen bekannten französischen Historiker) und er teilte mir die
Eindrücke mit, die ihm ‚Neuland' hinterlassen habe. — ‚Ich,' sagte
er, ‚bin ganz irre geworden über Ihre Nihilisten. Ich hörte so viel
Schlechtes über sie, — daß sie das Eigentum, die Familie, die Moral
verneinen ... in Ihren Romanen aber sind die Nihilisten die einzig
ehrlichen Menschen. Besonders hat mich ihre Keuschheit in Erstaunen
gesetzt. Marianne und Neshdanow küßten sich ja nicht einmal, ob=
wohl sie sich in Einsamkeit niederließen. Eine bei uns Franzosen
unmögliche Sache. Und aus welchem Grunde kommt dies bei euch
vor? Aus Kälte des Temperaments etwa?' ..."

Bei diesem Zusammentreffen lenkte Turgenjew das Gespräch auch
auf die Ukraine und äußerte sein Bedauern darüber, daß es ihm
nicht gelungen wäre, dies Land und seine Bewohner näher kennen
zu lernen, da schon seine raren Begegnungen mit den letzteren heiße
Sympathie in ihm erweckt hätten. Denkmäler dieser Sympathie sind
in seinen Romanen Mascha in der Novelle „Das Stillleben" und
Michalewitsch in „Das adelige Nest". — „Die Kleinrussen," sagte
Turgenjew, „haben eine besondere Art von Idealismus und Stand=
haftigkeit, welche im Vergleich mit dem Utilitarismus oder der Aus=
gelassenheit der Großrussen höchst sympathisch ist. So liebe ich von
unsern Journalen am meisten den „Boten Europas", weil es in
dessen Redaktion wenige Großrussen gibt und in ihm am wenigsten
die großrussische Ausgelassenheit zu Tage tritt: er behandelt die
Dinge nicht mit Breite, aber mit Präzision und bleibt bei dem,
was er sagt."

Hier wurde unser Gespräch durch einen neuen Besuch unter=
brochen.

Einige Tage darauf bekam ich von Turgenjew ein Briefchen,
worin er mich einlud, mit ihm in einem Restaurant zu frühstücken
(er wohnte damals eigentlich in Bougival und pflegte nur nach Paris
hereinzukommen). Es erwies sich, daß außer mir auch die Herren
Lawrow (der frühere Redakteur des „Vorwärts") und Lopatin ein=
geladen waren. Turgenjew hatte sichtlicherweise eine einheitliche Ge=

sellschaft zusammenzubringen gesucht, aber er hatte sich ein wenig geirrt. Beim Frühstück fiel das Gespräch ziemlich langweilig aus, wie es in russischen Gesellschaften, deren Teilnehmer verschiedenen „Kreisen" angehören, der Fall zu sein pflegt. In meinem Gedächtnis hat sich nichts von jenen banalen Phrasen erhalten, die ich damals zu hören bekam und selbst sagte.

Ich erwähne dieses Frühstück nur als einen von den Beweisen, wenn nicht für die Intimität, so doch für die gute Bekanntschaft zwischen Turgenjew und Lawrow, welche Turgenjew etwas später öffentlich leugnete. Diese Lossagung war eine von den vielen Äuße=
rungen der Charakterschwäche Turgenjews, welche wahrhaft empörende Dimensionen anzunehmen pflegte. Es sei mir gestattet, die Eindrücke, welche ich persönlich von Turgenjew empfing, darzulegen: ich sah nie einen Menschen mit einer so weiten und freien Denkweise, mit einer solchen Verschiedenartigkeit der Interessen; von dieser Seite gesehen, war Turgenjew eine wahrhaft „gottähnliche" Natur, wie der alte Grieche gesagt haben würde. Ungewöhnlich war auch die Güte Turgenjews, der beständig irgend jemands Angelegenheiten ordnete, oft die solcher Personen, die kein Recht darauf hatten. Aber dort, wo es sich darum handelte, irgendwie Charakterstärke, Kühnheit der politischen Gewalt oder sogar dem ersten, besten gegenüber, der Turgenjew anschrie oder jemanden auslachte, zu dem Turgenjew an=
scheinend in den nahesten Beziehungen stand, zu zeigen, da „paßte" Turgenjew und sagte sich von seinen Meinungen, Ansichten, Be=
ziehungen los. Ich hatte Gelegenheit, diese Charakterzüge bei Turgenjew wahrzunehmen, und daher fühlte ich für ihn bald eine „Anbetung", die der eines Pensionatsmädchens glich, bald einen fast physischen Widerwillen gegen ihn.

Dies letztere Gefühl entwickelte sich stark in mir nach den Nach=
richten über Turgenjews Benehmen auf seiner Reise nach Rußland im Jahre 1879, besonders nach Turgenjews Veröffentlichung seines Briefes an M. M. Staffulewitsch, wo der erstere sich für einen „Liberalen nach altem Schnitte, der nur von oben her Reformen erwartet", erklärte, — wobei er der Wahrheit ganz entgegen dem Worte Liberaler die Worte „im englischen dynastischen Sinne" hinzu=
fügte. Als ich später Bielinskis Brief an Gogol als besondere Bro=
schüre veröffentlichte, berührte ich auch diesen Brief Turgenjews und wies auf dessen Unvereinbarkeit mit der Geschichte der Ideenentwicke=
lung seiner Genossen in den 40er Jahren, wie z. B. Bielinski, und mit der Geschichte des englischen Liberalismus hin. Diese Broschüre schickte ich Turgenjew, erhielt aber keinen Brief von ihm. Bald

darauf erfolgte im „Temps" Turgenjews Verleugnung seiner nahen
Bekanntschaft mit Lawrow *).

Nicht lange danach traf es sich, daß ich in Paris war. Ein
gemeinsamer Bekannter unter den Emigranten teilte mir mit, daß er
vor einigen Tagen Turgenjew in Bougival gesehen und daß dieser
mit ihm aus Anlaß meines Büchleins „Das geschichtliche Polen und
die großrussische Demokratie" über mich gesprochen und sich nach mir
erkundigt habe. Ich bat meinen Bekannten, Turgenjew einen Gruß
auszurichten, aber ich konnte mich nicht entschließen, zu ihm nach
Bougival zu fahren.

Ein Jahr darauf erhielt ich von N. N., einem nahen Freunde
und guten Bekannten von Turgenjew, der damals schon sehr krank
war, einen Brief, worin N. N. mich im Namen Turgenjews ersuchte,
ihm Uebersetzungen von skandinavischen und slavischen Volkslegenden
und -liedern in mehr verbreitete Sprachen zu empfehlen. Ich schickte
ein kleines Verzeichnis, bald darauf aber kam ich selbst nach Paris.
Gelegentlich fragte ich N. N., wozu Turgenjew jene Legenden und
Lieder plötzlich nötig habe? Ich erfuhr, daß sie eigentlich ein franzö=
sischer Musiker, ein Turgenjew nahestehender Mensch, als Quelle
für das Sujet eines Oratoriums oder einer Oper brauchte. Lachend
bemerkte ich, daß ich ein ganzes Sujet für eine Oper hätte, welches
aus kleinrussischen Liedern aufgebaut wäre, daß ich dasselbe einem
Freunde, einem kleinrussischen Musiker und einem bekannten klein=
russischen Schriftsteller mitgeteilt hätte, daß aber der letztere das
Sujet entstellt, der erstere die Oper nicht geschrieben habe, so daß ich
froh sein würde, wenn die Franzosen meinen Plan ausführten. Man

---

*) Diese Verleugnung fand unter andern Umständen statt: Im Jahre
1882 beauftragte das sogenannte „Exekutivkomitee des Volkswillens" in
Petersburg Fräulein Saßulitsch und Lawrow, „das rote Kreuz des Volks=
willens" im Auslande zu errichten, um Beiträge zur Unterstützung „der
Opfer des politischen Despotismus der russischen Regierung ohne Unterschied
der Partei" zu sammeln. Die Idee war eine gute, aber ihre Inangriff=
nahme verdarb alles, da „das rote Kreuz des Volkswillens" in Westeuropa
als eine offene Filiale der Geheimen Gesellschaft in Rußland und dazu
einer, die sich hauptsächlich mit dem politischen Morde befaßte, erschien.
Keine europäische Regierung konnte eine solche Filiale dulden, — und die
französische Regierung wies sofort Lawrow aus, wenn auch nur für eine
gewisse Zeit, mit der Bedingung, daß er, falls er „das rote Kreuz des
Volkswillens" verlasse, nach Paris zurückkehren dürfe. Der „Temps" nannte
damals Lawrow einen Freund Turgenjews. Dieser beeilte sich, ein Schreiben
zu veröffentlichen, worin er erklärte, daß er noch in Rußland mit Lawrow
in der Gesellschaft zur Unterstützung der Litteraten zusammenzutreffen pflegte,
aber nachher in keinen intimen Beziehungen zu ihm stand.

nötigte mich, den Plan · zu erzählen, und er gefiel. Man begann,
mich zu verfichern, daß er auch Turgenjew gefallen würde, und man
beschloß, ihm denselben mitzuteilen. Einige Zeit darauf lud Turgenjew
mich und zwei Vermittler (darunter Natalja Alexandrowna Herzen)
zu sich nach Bougival ein.

Wir kamen und fanden Turgenjew in seinem „Häuschenflügelchen"
im Parke der Frau Viardot. Er lag im Bette, obwohl angekleidet.
Er war schrecklich mager, wodurch übrigens seine göttlichen Augen
noch größer schienen und einen bezaubernden Eindruck ausübten. Aber
bei seiner Magerkeit war er auch schrecklich schwach, sprach leise und
ermüdete bald im Gespräche. Nach den ersten Begrüßungen wandte
er sich an mich mit den Worten: „Was geht bei uns in Rußland
vor?!" — Und er begann über die Verwaltung des Grafen Dimitri
Tolstoi zu klagen. Der Plan der Oper, welchen mich Turgenjew zu
erzählen zwang, gefiel ihm sehr und er bat mich, ein andres Mal zu
ihm zu kommen, damit ich mit dem französischen Musiker zusammen=
treffe und endgültig mit ihm den Plan festsetze. Aber das ziemlich
lange und lebhafte Gespräch ermüdete Turgenjew und wir mußten das
Zimmer verlassen, dann trat die Zeit zu verschiedenen ärztlichen Mani=
pulationen mit dem Kranken ein und wir fuhren nach Paris zurück.
Nach einigen Tagen fuhr ich, durch ein Telegramm aufgefordert,
wieder nach Bougival, wo ich auch Turgenjews Freund, den Musiker,
antraf. Das Thema der Oper gefiel auch ihm; ich versprach ihm
Uebersetzungen der nötigen kleinrussischen Lieder aus Genf zu schicken,
er hingegen versprach mir, sich an die Arbeit zu machen. Diesmal
war meine Zusammenkunft mit Turgenjew äußerst kurz. Man sagte
uns, daß kurz vorher Lawrow bei ihm gewesen, und daß Turgenjew
sehr müde sei. Ich mußte durch N. N., mit dem ich nach Bougival
gefahren war, daß Turgenjew durch ihn Lawrow ersucht hätte, er
möge zu ihm kommen, ohne ihm für den Brief zu zürnen, den
Turgenjew ein Jahr vorher im „Temps" veröffentlicht habe. Ich
bin tief überzeugt, daß Turgenjew nie Lawrows Ideen vollkommen
geteilt hat, besonders während ihrer „Volkswillen"=Periode, aber
immerhin hat sich Turgenjew offenbar seines Briefes über Lawrow
im „Temps" geschämt, denn seine langjährige Bekanntschaft mit
Lawrow war keineswegs nur eine oberflächliche*). Auf dem Wege
nach Paris erzählte mir mein Freund (ein Mann von gemäßigt=
liberalen Ansichten und kein Emigrant), daß, als er einmal in der

---

*) Uebrigens könnte diese Frage am besten durch die Veröffentlichung
der Briefe Turgenjews an Lawrow aufgeklärt werden.

Nacht, wo sich Turgenjews Krankheit sehr verschlimmert hatte, an dessen Bette saß, Turgenjew, der oft das Gespräch auf die revolutionäre Bewegung in Rußland zu lenken pflegte, bewußtlos murmelte: „Und dennoch sind die ‚Terroristen‘ große Männer."

Es wäre übereilt, daraus den Schluß zu ziehen, daß Turgenjew mit den damaligen russischen „Terroristen" völlig sympathisiert habe, aber auch dieses Detail im Verein mit den hier erzählten andern, sowie auch mit dem Geiste aller oben veröffentlichten Briefe Turgenjews zeigt eines klar, daß Turgenjew in seinen Ideen ein entschiedener Gegner des Absolutismus in Rußland war.

Einige Zeit darauf erhielt ich von meinem Reisegefährten nach Bougival ein Telegramm über den Tod Turgenjews. Ich bat ihn, im Namen der „Ukrainischen Presse" einen Kranz auf das Grab des großen Toten niederzulegen. Ich that dies u. a. deshalb, weil einige Kleinrussen, sich an Pigassow erinnernd, öffentlich Dummheiten wiederholten, wie die, Turgenjew sei der Entwickelung der kleinrussischen Litteratur nicht günstig gesinnt gewesen.

M. Dragomanow.

Anhang.

Zu Seite 3.

Die erwähnte Zeitschrift ist unzweifelhaft der „Polarstern", der in den Jahren 1855, 1856 und 1857 einmal jährlich erschien, und in welchem Herzen seine Erinnerungen („Gewesenes und Gedachtes"), welche, wie Kawelin sagt, das russische Publikum am meisten interessierten, veröffentlichte. Obwohl die „Glocke" vom 1. Juli 1857 zu erscheinen begann und zur Zeit der Ankunft Kawelins in Ostende bereits zwei Nummern erschienen waren, welche dem Charakter und Programme nach Kawelins Wünschen entsprachen, hatte er sie, wie es scheint, bei der Charakteristik von Herzens Publikationen nicht im Auge gehabt. Die „Glocke" forderte: „Die Befreiung des Wortes von der Zensur, der Bauern von den Grundherren, der Steuerpflichtigen von Schlägen."

Was Kawelin weiter auf Seite 5 mit den Worten: „Das übrige von Deinen Publikationen entfremdet mehr als es anzieht," meint, das sind wahrscheinlich Herzens slavophil-sozialistische Aufsätze, deren Prinzipien jedoch Kawelin teilte, wie wir dies aus den folgenden Briefen ersehen.

Zu Seite 6.

Herzens Brief, den Kawelin erwähnt, ist aller Wahrscheinlichkeit nach unter den Papieren vernichtet worden, welche, wie man sagt, die Frau Kawelins nach den Bränden im Jahre 1862 aus Furcht vor der allarmierten Polizei verbrannt hatte, und unter welchen sich auch Herzens Briefe befunden hatten, die, wie man behauptet, Kawelin sehr teuer waren.

Zu Seite 7.

Kawelins „Ehrfurcht" bezieht sich zweifellos auf die sozialistisch-slavophilen oder vielmehr sozialistisch-russophilen Ideen über die Philosophie der Geschichte und Politik, welche Herzen in seinen

Werken „Vom andern Ufer“, „Die alte Welt und Rußland“, „Das russische Volk und der Sozialismus“ u. f. w., sowie in den ver= schiedenen Auffätzen in der „Glocke“ geäußert hatte.

Zu Seite 53.

Kawelins Denkschrift über die Unruhen in der Peters= burger Universität.

In der Petersburger Universität haben die traurigsten Ereignisse stattgefunden. Die lärmenden Studentenversammlungen, von Reden, Aufrufen und leichtsinnigen Vorschlägen begleitet, endigten mit der Unterbrechung der Vorlesungen. Darauf folgten außerhalb der Uni= versität gesetzwidrige Handlungen, für welche die jungen Leute die Verantwortung auf sich luden, die Universität aber wurde dadurch dem Untergang nahe gebracht.

Die Straßenereignisse sind bekannt. Sie waren nur eine un= vermeidliche Folge der vereinigten Wirkung vieler ferner und naher Ursachen, die aufzuklären jetzt bringenderes Bedürfnis geworden als je.

Seitdem die allmähliche Wiederbelebung Rußlands nach dem Krimkriege begonnen hat, konnte das Universitätsstatut nicht länger in Wirkung bleiben. Es hielt die Studierenden auf der Stufe von Gymnasiasten, es übertrug einem Polizeibeamten, dem Inspektor, eine ungeheure Gewalt über sie, es entfernte systematisch die Professoren von den Studierenden und von der Teilnahme an den Universitäts= angelegenheiten. Alle, die die Sache verstanden, fühlten das Bedürf= nis, daß die Universitäten von Grund aus reformiert werden müßten. Der ausschließlich polizeiliche Charakter der Universitätsinstitute ver= mochte nicht länger die Ruhe und Ordnung zu sichern; er diente umgekehrt nur als Anlaß zu beständigen Zusammenstößen zwischen den Studierenden und der Universitätsobrigkeit. Es wurde für die jungen Leute ein sichererer Zügel nötig, ein moralischer, auf ver= nünftigen Prinzipien, auf dem Vertrauen der Jugend zu den auf= geklärten und überlegten Universitätsbehörden und Professoren be= gründeter Zügel. Nur ein solches moralisches und vernünftiges Band konnte die Strenge und Energie der Universitätsbehörden möglich machen, die in außerordentlichen Fällen nötig ist, um Ordnung unter der Jugend aufrecht zu erhalten, deren Alter noch zu allen möglichen Hinreißungen neigt.

Obgleich dieser Gedanke oftmals, mündlich, schriftlich und sogar in der Presse geäußert wurde, wurden keine wesentlichen Reorgani=

sationen im Universitätsstatut vom Jahre 1835 gemacht. Die neuen
Ansichten und Forderungen drangen allmählich in die alten Formen
ein und zerstörten sie, an deren Stelle aber wurde nichts Neues ge=
setzt. Infolgedessen bürgerten sich unter den Studierenden allmählich
Anarchie und Chaos ein. Es war unmöglich, dem Wirrwarr beizu=
kommen: dazu bot das Statut vom Jahre 1835 keine Mittel.

Der frühere Minister der Volksaufklärung, Wirklicher Geheim=
rat Norow, scheint dies gefühlt zu haben. Er wollte die Studierenden
moralisch heben, ihren jungen Kräften und ihrem jungen Geiste eine
der studierenden Jugend würdige Richtung geben. Zu diesem Zwecke
wurden ihnen litterarische Unterhaltungen sowie die Herausgabe eines
Sammelwerks gestattet, das die jungen Leute zu wissenschaftlichen
Studien vereinigen sollte. Diese Zusammenkünfte sowie die Leitung
der Studentenkasse, welche zur Unterstützung armer Studenten diente,
waren der erste Grund der Studentenversammlungen.

Gegen die Studentenversammlungen sprechen viele, und zwar
von verschiedenen Standpunkten aus. Man sagt, daß sie Schulen
des Müßiggangs und der Faulheit sind, welche die jungen Geister
von ernsthaften Beschäftigungen ablenken; diese Versammlungen spornen
nach der Bemerkung andrer die Jünglinge zu leerem Geschwätz und
theatralischer Effekthascherei an, woran sich ohnedies unglücklicherweise
im wirklichen Leben eine Menge von Leuten gewöhnen. Endlich er=
blicken die Dritten in solchen Versammlungen die Keime zu politischen
und revolutionären Klubs, die für den Staat schädlich und für die
Jugend verderblich sind.

Alle diese und die ihnen ähnlichen Betrachtungen sind die Frucht
ernster Mißverständnisse, die man aufklären muß, um richtig auf die
Sache zu blicken. Nicht nur junge Leute, sondern auch Kinder sind
dieselben Menschen wie die Erwachsenen, nur ist der Kreis ihrer
Thätigkeit, die Sphäre ihrer Beschäftigungen enger und anders ent=
worfen. Daher organisierten sich überall und immer die Lehranstalten,
besonders aber die Universitäten, nach dem Muster der zeitgenössischen
öffentlichen Institutionen. Die mittelalterlichen Universitäten in Europa
waren ebenso Korporationen und Zünfte wie die damaligen Stadt=
gemeinden.' Wir haben und hatten keine solchen Gemeinden; unsre
nationale gesellschaftliche Organisation ist die Dorfgemeinde und die
Dorfgemeindeversammlung. Die Studentenversammlungen erinnern
auffallend an sie, indem sie alle Licht= und Schattenseiten jener
Institutionen in kleinem Maßstabe besitzen. Dieser Seite der Frage
hat man, wie es scheint, noch nicht die gebührende Aufmerksamkeit
zugewendet, sie ist jedoch äußerst wichtig. Wenn man sie anerkennt,

so kann man nicht umhin, sich zu überzeugen, daß es kaum irgendwie möglich ist, die Studentenversammlungen mit der Wurzel auszurotten, und es ist leicht begreiflich, weshalb die Studenten sie so hartnäckig verteidigen. Die Untersagung derselben in der Universität wird ihre Einführung außerhalb derselben in Privathäusern nach sich ziehen, die Verfolgung aber wird sie überall aus öffentlichen Versammlungen in geheime verwandeln, was bedeutend schlimmer und gefährlicher ist.

Die Versammlungen sind wirklich für die Studenten und ihre Studien schädlich, aber nicht an sich, sondern weil alles Neue und besonders Verbotene im jugendlichen Alter mehr Reiz hat. Wenn sich die Regierung entschließen würde, sie nicht nur zuzulassen, sondern sie auch zu organisieren und ihnen einen bestimmten Thätigkeitskreis festzusetzen, so würden sie zweifelsohne die Hälfte ihres Reizes ver= lieren. Die Studenten würden sich an sie gewöhnen und auf sie als auf eine der gewöhnlichsten prosaischsten Beschäftigungen blicken. Bekämen sie diesen Charakter, so brächten die Studentenversammlungen den jungen Leuten sowie der Regierung und der Gesellschaft einen unzweifelhaften, wesentlichen Nutzen; sie würden die jungen Leute vor ihrem Eintritt in das wirkliche Leben an strenge Rechnungs= pflichtigkeit und Verantwortlichkeit gewöhnen, was bei uns auch jetzt im reifen Alter so wenig der Fall ist. Wenn eine für die jungen Leute so nützliche Institution bald nach ihrer Entstehung eine schlechte und schädliche Richtung genommen hat, so sind die Ursachen auch in verschiedenen Nebenumständen zu suchen: In der allgemeinen Gärung der Geister, in der allgemeinen Wankelmütigkeit der An= sichten, der natürlichen Begleiterin gesellschaftlicher Grundreformen, hauptsächlich aber darin, daß vom Anfang an die Regierung selbst nicht richtig die Versammlungen organisiert hat. Bei der innerhalb der Universitäten herrschenden Anarchie und dem Chaos waren die Studenten sich selbst überlassen, sie hatten keine Leiter, sie wußten nicht, was und wie es in Angriff zu nehmen. Wie auch zu erwarten war, waren die Folgen davon verderblich für die Universitätsjugend.

Wie dem auch sei, bei ihrem ersten Erstehen waren die Ver= sammlungen friedlich und harmlos. Die Studenten versammelten sich, lasen ihre Aufsätze, sprachen über die Kasse, über die Mittel, sie zu vergrößern, bestimmten die Unterstützungen für ihre Kameraden; allmählich wurden sie geräuschvoller und unordentlicher. Hie und da brachen schroffe Wendungen und Urteile durch, es wurden vom Katheder aus Reden gehalten, die zwar an sich unschuldig, die Studenten aber an Schönrednerei und Phrasen gewöhnten. Die Versammlungen wurden für eine Privatangelegenheit der Studenten gehalten und pflegten daher ohne jemandes Wissen und Erlaubnis und ohne jegliche Kontrolle stattzufinden. Diese Lage war höchst sonderbar: indirekt waren die Versammlungen, wie gesagt, von der Regierung zugelassen, jedoch nicht erlaubt. Als die Studenten in Haufen um etwas bitten kamen, pflegte man ihnen zu sagen: „Wählet aus eurer Mitte Deputierte und schicket diese;" diejenigen, welche zur Universität gehörten und der Universitätsadministration nahe= standen, kannten sehr klar die Unmöglichkeit, die Studentenversamm= lungen ganz aufzuheben, die Regierung wollte sie um keinen Preis direkt anerkennen und organisieren: sie wurden geduldet und blieben gleichsam unbemerkt. Bei einer derartigen Ordnung der Dinge wagte niemand es zu unternehmen, sie zu organisieren und irgend welche Ordnung in sie zu bringen. Alle bemühten sich nur, die zeitweise durchbrechenden Extreme und Schroffheiten zu mildern, aber die Un= ordnung und das Chaos wuchsen und nahmen zu, selbstverständlich vermochte die Universitätspolizei nicht mit ihnen zu kämpfen. Einige= mal erinnerten Leute, welche die Sache verstanden, an die Notwendig= keit, die Versammlungen zu organisieren und dadurch die drohende Gefahr abzuwenden, aber man antwortete ihnen, daß es unmöglich sei, diese Frage auch nur anzuregen, weil die Regierung sogar nicht von den Versammlungen hören wolle. So verging die Zeit.

Im Anfang dieses Jahres wiesen zwei Umstände darauf hin, daß die Krankheit bereits große Dimensionen angenommen habe. Auf dem Universitätsaktus am 8. Februar kamen Lärm und Unruhen vor, weil der Professor Kostomarow nicht seine Rede hielt, welche die Studenten mit Ungeduld erwartet hatten; bald darauf verursachte das unter den Studenten verbreitete Gerücht, die Untersuchungs= kommission in der Angelegenheit der Seelenmesse für die in Warschau Getöteten werde ihre Sitzungen in die Universitätsmauern verlegen, solche Unruhen, daß man ernstlich über die Maßnahmen zu ihrer Beilegung für die Zukunft hin nachdenken mußte. Der frühere Kurator des Petersburger Lehrbezirks, Geheimrat Deljanow, ersuchte einige Professoren um ihre Meinung über diesen Gegenstand. Sie unterwarfen die Angelegenheit einer eingehenden Untersuchung, zogen Erkundigungen bei den Studenten ein und legten ein ganzes Projekt von Statuten vor, welche sich auf die Organisation der Studenten= versammlungen, sowie der Universitätspolizei bezogen. Von dem Gedanken ausgehend, daß die äußerliche polizeiliche Aufsicht über die Studenten machtlos sei, die Ordnung in der Universität herzu= stellen, fanden sie es für nötig, dieselbe durch die Autorität und Meinung der Professoren zu ersetzen und schlugen daher vor: den

Versammlungen eine regelrechte Organisation zu verleihen, ihre Thätigkeit ausschließlich auf die Angelegenheiten der Studentenkasse zu beschränken, die Studentenbibliothek und die Redaktion des von den Studenten herausgegebenen Sammelwerks von einem Professor leiten zu lassen; aus der Mitte der Universitätsprofessoren ein Gericht über die Studenten zu organisieren, den Universitätsinspektor durch einen Prorektor zu ersetzen, der aus der Mitte der Professoren selbst zu wählen sei.

Diese Vorschläge blieben ohne Resultat und bald darauf gab die Regierung neue Vorschriften heraus, welche die ganze Ordnung der Universitätsangelegenheiten veränderten. Auf Grund dieser Regeln (vom 31. Mai) wurden u. a. die Armutszeugnisse abgeschafft, welche die unbemittelten Studenten und Hospitanten von der Fünfzigrubelgebühr befreiten, und alle Versammlungen ohne Erlaubnis der Behörde verboten. Zu gleicher Zeit mit der Veröffentlichung dieser Statuten trat der Generaladjutant Graf Putjatin an die Stelle des ehemaligen Unterrichtsministers, wirklichen Geheimrats Kowalewski. Putjatin erwirkte beim Kaiser die Erlaubnis zu noch strengeren Maßnahmen (am 21. Juli), und zwar: die Versammlungen wurden überhaupt, positiv verboten; der Student, der die Prüfung nicht bestanden, mußte aus der Universität ausgewiesen werden, während er früher zwei Jahre in demselben Lehrkursus verbleiben durfte. Behufs Verwaltung der Studentenkasse, Bibliothek u. dergl. mußten die Studenten jeder Fakultät in gewisser Anzahl, nicht wie früher von ihren Kollegen, sondern vom Universitätsdirektorium gewählt werden; die Zuerkennung von Geldunterstützung mußte vom Rektor oder Inspektor bestätigt werden. Indem der Minister diese Statuten behufs Anwendung den Universitätssenaten unterbreitete und sie um ihre Meinung über einige Punkte ersuchte, fügte er hinzu: „Da die Regierung die materielle Verbesserung der Lage der Universitätsdozenten und deren Befreiung von der Mühe der Aufnahmeprüfungen in Aussicht genommen, kann sie mit um so größerem Recht erwarten, daß sie ihre Thätigkeit verstärken und dieselbe gänzlich dem wahren Nutzen der studierenden Universitätsjugend widmen werden." Unter anderm äußerte Graf Putjatin die Zuversicht: „daß die Professoren ihre Thätigkeit dem hingedeuteten Ziele zuwenden und nicht durch Abweichung von ihrer Pflicht eine schwere Verantwortlichkeit auf sich nehmen werden," daß die Rektoren und Dekane aber der Regierung behilflich sein werden, „jener leichtsinnigen Nachlässigkeit oder verkehrten Auffassung ihrer Pflichten vorzubeugen, welche bereits die Ursache des Unglücks vieler junger Leute geworden war". Zugleich

legte Graf Putjatin den Univerſitätsſenaten die Frage zur Beurteilung
vor, ob es nicht nützlicher wäre, daß der Rektor den Univerſitäts=
inſpektor unter den Profeſſoren und Adjunkten wähle.

Es iſt bekannt, welchen Eindruck die neuen Vorſchriften in Ruß=
land gemacht haben. Man ſah in ihnen die Rückkehr zum Gedanken,
die Zahl der Studenten zu beſchränken und die Univerſitäten für die
Mehrzahl des Publikums wiederum unzugänglich zu machen, während
ſie in der letzten Zeit jedem, der es wünſchte, offen ſtanden. Einer
Menge junger Leute, denen das Univerſitätsdiplom im Amte und in
der Geſellſchaft Stellung und Brot verſchaffte, wurde die Möglichkeit
genommen, die Univerſitätsvorleſungen zu hören. Die armen Adeligen
und Beamten, die ihre Söhne zur Univerſität vorbereiteten, waren
empört; empört waren auch alle diejenigen, denen die in Rußland
ſo wenig verbreitete Aufklärung, welche unſer erſtes Bedürfnis bildet,
teuer iſt. Auch auf die Studierenden und Hoſpitanten machten dieſe
Maßnahmen den peinlichſten Eindruck.

Da dieſe Vorſchriften bei niemand Sympathie fanden, konnten
ſie ohne Unruhen vielleicht nur von einer ſehr geſchickten Hand, die
mit Univerſitäten und Studenten umzugehen weiß, eingeführt werden.
In dieſer Hinſicht war der nötige Spielraum gelaſſen; im aller=
höchſten Befehl vom 31. Mai wurde geſagt, daß die neuen Vorſchriften
allmählich und nach Kräften eingeführt werden ſollen; folglich waren
die Mittel geboten, im Anfang die Schroffheit der Statuten zu mil=
dern, Zeit zu laſſen, damit der erſte unangenehme Eindruck ſich ab=
ſchwäche und, ſollte es dann die Regierung für nötig finden, den
vorgezeichneten Weg zu verfolgen, ohne von ihm abzuweichen, all=
mählich die pünktliche Anwendung dieſer Vorſchriften zu erlangen.
Aber bereits in den ergänzenden Vorſchriften vom 21. Juli wurde
bei der Anwendung der neuen Prinzipien eine noch größere Strenge
verordnet und das vernünftigerweiſe in Ausſicht genommene allmäh=
liche Vorgehen vergeſſen.

Einen Monat vor der Veröffentlichung dieſer ergänzenden Vor=
ſchriften, anfangs Juni, wurde dem Senate der Petersburger Uni=
verſität der Vorſchlag gemacht, für die unverzügliche Abfaſſung von
Vorſchriften für die Studenten in Bezug auf den pünktlichen Beſuch
der Vorleſungen Sorge zu tragen, ſowie Maßnahmen zur pünktlichen
Erfüllung der Vorſchriften über Einziehung der Geldgebühren bei
den Univerſitätshörern zu erfinden und zu entwerfen. Infolgedeſſen
bildete der Univerſitätsſenat in ſeiner Sitzung vom 16. Juni eine
proviſoriſche Kommiſſion aus ſieben Profeſſoren, die u. a. beauftragt
wurde, ein Projekt von Vorſchriften über die Pflichten von Studenten

und Hofpitanten während ihrer Anwesenheit in den Univerfitäts=
mauern, über die Thätigkeit des Rektors und Prorektors als Vor=
fteher der polizeilichen Auffiht über die Studenten und Hofpitanten
und über die Befchränkung der dem Prorektor und Rektor unter=
ftellten polizeilichen Auffiht zu entwerfen.

Die Aufgabe der Kommiffion war äußerft fchwierig; es wurden
ihr Grundprinzipien zur Rihtfchnur gegeben; es blieb ihr nur übrig,
fie fo anzuwenden, daß der Uebergang zur neuen Ordnung nicht zu
fchroff erfchiene und, wie es nötig war, allmählich fich vollzöge. Zu
diefem Behufe beabfichtigte die Kommiffion, das Amt eines Prorektors
einzuführen, der vom Senat unter den Profefforen zu wählen wäre;
desgleichen ein Univerfitätsgeriht aus den Profefforen zu organifieren;
um den Studenten mehr Zutrauen zum Gerichte einzuflößen, ftellte
es die Kommiffion jedem angeklagten Studenten anheim, zur Be=
kräftigung feiner Ausfagen zwei feiner Kameraden vor Gericht zu
laden. Außerdem gedachte die Kommiffion, die Studentenkaffe, die
Bibliothek und die Redaktion des Sammelwerks in der Verwaltung
von Studenten zu belaffen, die nach Fakultäten und Kurfen zu wählen
wären. Allerdings ließ der letztere Punkt in indirekter Weife die Ver=
fammlungen zu; aber 1. waren fie nicht allgemeine, fondern fpezielle
und vereinzelte; 2. wurden fie nur behufs der Wahl von Studenten
zugelaffen, denen die Kaffe, die Bibliothek und die Redaktion des
Sammelwerks anvertraut werden follten, fo daß zu lärmenden De=
monftrationen und Schönrednerei hier kein Anlaß vorhanden war;
3. mußten fie unter Aufficht und Leitung eines Profeffors ftattfinden,
folglich in Uebereinftimmung mit dem urfprünglichen allerhöchften
Befehl vom 31. Mai mit Erlaubnis der Univerfitätsbehörde. Da es
vollkommen unmöglich war, die Verfammlungen abzufchaffen, mußten
die Mitglieder der Kommiffion notwendigerweife einen Mittelweg
wählen, der die ftrengen Forderungen der Regierung mit der Mög=
lichkeit ihrer Durchführung in Einklang bringen follte. Ueberdies
fchlug die Kommiffion die Einführung von Matrikeln vor, die alle
Univerfitätsvorfchriften, die fich auf die Studenten beziehen und gleich=
fam die Formularlifte jedes einzelnen Studenten enthalten follten.
Schließlich erhob die Kommiffion gegen den Vorfchlag in Bezug auf
die Ausfchließung von Studenten, die ihre Prüfung nicht beftänden,
den Einwurf, daß eine derartige Vorfchrift unbedingt zu größerer
Nachficht von feiten der Examinatoren und folglich zur Schwächung
der Bedeutung der Prüfungen felbft führen würde, und gegen die
Wahl von Studierenden durch das Univerfitätsdirektorium — daß es
nicht im ftande fein werde, fich bei der Wahl von gewiffen Thatfachen

leiten zu lassen und nur den Namen und dem Zufalle nach werde wählen müssen. Schließlich beschloß die Kommission, den Kurator zu ersuchen, er möge dem Minister beteuern, daß die Mitglieder des Senats, d. h. die Professoren der Petersburger Universität, nie und in nichts Anlaß gegeben hätten, zu denken, daß sie der Erfüllung ihrer Pflicht auswichen oder jene moralische Verantwortlichkeit nicht kennen, die auf jedem Dozenten ruhe, und daß den Mitgliedern des Senats kein Fall von leichtsinniger Nachlässigkeit und verkehrter Auf= fassung der Pflichten bekannt sei, der die Ursache des Unheils für die jungen Leute gewesen sein könnte.

Der Universitätssenat hieß die Arbeiten der Kommission gut und legte sie dem Kurator vor. Die Frage der Einführung von Eintritts= karten für die Vorlesungen wurde erhoben, aber es kam nicht zur Abstimmung, weil es klar war, daß die Mehrzahl der Senatsmitglieder diese Maßnahme nicht wünschte. Trotzdem fand es der Stellvertreter des Kurators für nötig, in seinem Bericht an diesen zu sagen, daß viele Professoren es für nötig und nützlich ansähen, Privatpersonen nicht anders in die Universität zuzulassen, als mit Eintrittskarten, 10 Silberkopeken für eine.

Alle erlösenden Maßnahmen, welche von der Kommission vor= geschlagen wurden, hat das Ministerium verworfen: Der neue Kurator des Petersburger Lehrbezirks, Generallieutenant Philippsohn, ver= sammelte anfangs den Universitätssenat unter seinem Vorsitz und erklärte ihm, daß der Minister die von der Kommission verfaßten Vorschriften mit einigen unbedeutenden Aenderungen bestätigt habe, aber nachher meldete Philippsohn in einem offiziellen Schreiben vom 2. September dem Stellvertreter des Rektors, daß der Minister erlaubt habe, das Projekt der Organisation einer universitätspolizei= lichen Aufsicht über die Studenten versuchsweise für ein Jahr in Anwendung zu bringen, aber mit den Aenderungen, auf welche der Minister persönlich ihn, den Kurator, aufmerksam gemacht habe. Zu= dem fügte u. a. der Generallieutenant Philippsohn hinzu, daß der Eintritt in die Universität nur denjenigen Personen erlaubt sein dürfe, die nach Entrichtung der zu bestimmenden Gebühr vom Stell= vertreter des Prorektors Eintrittskarten zu den Vorlesungen erhalten hätten.

Die nach der Meinung des Generallieutenants Philippsohn un= bedeutenden Aenderungen in den vom Universitätssenate ausgearbeiteten Vorschriften waren in Wirklichkeit äußerst wichtig. Das Ministerium verwarf bedingungslos die Wahl durch die Studierenden und über= trug dies den Dekanen; es verwarf die Zeugen im Gerichte; es unterstellte die Studentenbibliothek und ≡lasse den Verordnungen der Universitätsobrigkeit und des Bibliothekars; es forderte die unverzüg= liche Einführung der Eintrittskarten; es verwarf den Einwurf gegen die Ausschließung der Studenten, welche die Prüfungen nicht bestanden und mehr als ein Jahr an der Universität zugebracht hätten. In einem Privatschreiben an den Kurator, das zur privaten Mitteilung an die Professoren bestimmt war, machte der Minister ihnen eine Bemerkung über die Schroffheit des Tons der Kommission; über die wahrscheinliche Nachsicht bei den Prüfungen äußerte er sich als über eine Uebertretung der Amtspflichten; die im Rundschreiben liegende Beschuldigung der Professoren wegen Verbreitung schädlicher Ansichten unter den Studenten erklärte er für eine Warnung, über welche nie= mand ein Recht habe, sich zu beschweren. Ferner forderte der Minister, der Senat solle auf einen Professor hinweisen, der auf Grund der neuen Statuten provisorisch auf ein Jahr die Stelle eines Prorektors einnehmen könnte.

Der Senat wurde in eine höchst schwierige Lage gebracht. Die Verordnungen des Ministeriums nahmen den neuen Statuten alles Mildernde, was allein vermocht hätte, ihre allmähliche, ruhige Ein= führung zu sichern. Der Mangel an einem Sicherheitsventil bot ernsthafte Gefahren. Wie oben dargelegt wurde, konnte man unter dem neuen Ministerium auf Nachsicht, Milde, die nötige Umgehung der äußersten Strenge der Vorschriften nicht rechnen, andrerseits wollte sich kein Professor als Einführer der neuen Ordnung die Empörung der Studenten zuziehen, ihre Achtung dadurch verlieren, gleichzeitig jede moralische Autorität über sie einbüßen, kurz, sich aufopfern, ohne jede Hoffnung, der Universität und der Sache selbst dadurch zu nützen. Jeder von ihnen ahnte Unheil und fürchtete die schwere Verantwort= lichkeit gegenüber Regierung, Universität und öffentlicher Meinung, wenn er der Aufgabe nicht gewachsen sein sollte, die er auf sich nahm, zu glücklicher Lösung aber fehlten jegliche Mittel, das sah jeder ein. Die Lage des Prorektors, an sich schwierig und delikat, ist durch die ministeriellen Verordnungen erschwert und ganz unmöglich gemacht worden. Keine Gehaltszulage, keine Sorge des Ministeriums um Ver= besserung des Unterhalts würden den Professor, der sich entschlösse, die Prorektorswürde anzunehmen, für seine aussichtslose Lage entschädigen. Infolgedessen blieb den Professoren nur eines: aufrichtig, gewissenhaft bei jeder passenden Gelegenheit der Obrigkeit die äußerste Schwierigkeit der Lage, die Unbequemlichkeit der neuen Statuten vorzustellen und auf die gefährliche Ehre, Prorektor zu sein, zu verzichten. Mit voller Aufrichtigkeit äußerten sie im Senate dem Kurator gegenüber ihre

Zweifel in Bezug auf die wichtigsten Punkte der neuen Statuten, aber sie wurden auch diesmal nicht erhört. Man forderte von ihnen bedingungslose Erfüllung der Statuten und die Wahl des Prorektors.

In der infolgedessen im Sitzungssaale gehaltenen Beratung zwischen den Professoren, die vier Stunden dauerte, war die Frage der Wahl des Prorektors eingehend untersucht worden. Nach langen Debatten wurde beschlossen, dem Kurator vorzustellen, daß der „Senat nicht im stande sei, eines seiner Mitglieder zur Verwaltung des Prorektoramtes zu empfehlen, und zwar wegen der Schwierigkeiten, welche dieses Amt auf Grund der bestätigten Vorschriften biete“.

Dem Senat war es nicht leicht, sich zu einem solchen Schritt zu entschließen. Wenn er sich dazu sogar mit Hinweis auf die Beweg= gründe entschloß, so bewies dies, daß die Lage in der That äußerst schwierig war. Eine wiederholte Forderung der Obrigkeit nicht zu erfüllen, ist eine zu gewagte und in amtlicher Beziehung zu wenig ersprießliche Sache, als daß man leichtsinnig und ohne die wichtigsten Beweggründe sich dessen unterfangen sollte. Aber das Ministerium wollte nicht darauf achten. Statt in der Erklärung der Professoren eine gewissenhafte Erfüllung ihrer Amtspflichten sowie eine ernsthafte Warnung zu erblicken, betrachtete es sie als eine Widersetzlichkeit gegen die Befehle der Regierung und antwortete darauf mit der Ernennung eines weder von den Professoren noch von den Studenten geachteten unthätigen und feigen Menschen zum Prorektor=Inspektor über die Studenten.

Von diesem Augenblick an eilten die Dinge rasch ihrer endgültigen traurigen Lösung zu. Zu den Verordnungen des Ministeriums ge= sellten sich unbegreifliche Fahrlässigkeiten der nächsten Universitäts= obrigkeit. Es wurden keine Maßnahmen getroffen, um die Studieren= den mit der neuen Universitätsordnung bekannt zu machen. Die neuen Bestimmungen der Regierung wurden den Studenten nicht mitgeteilt; einige von ihnen erfuhren sie aus den Zeitungen, die Mehrzahl aber durch die unsinnigsten und einander widersprechend= sten Gerüchte. Kaum waren die Vorlesungen eröffnet (am 18. Sep= tember), so begannen auch schon die Versammlungen mit Reden und verschiedenen Kundgebungen. Niemand hielt die Studenten zurück, und auch jetzt trug niemand Sorge, ihnen zu erklären, daß es be= dingungslos verboten sei. Einer der leichtsinnigsten Aufrufe wurde in der Universität angeschlagen und im Laufe von sechs Stunden nicht abgenommen! Jeder konnte ihn frei lesen, soviel er wollte. Die Unruhen bei der Erteilung von Aufenthaltsscheinen an die Studenten hetzten sie auf und entflammten sie mit jedem Tage mehr, noch Freitag

den 22. September bat der Senat einstimmig um Abschaffung der
Scheine, aber vergebens.

Die letzte lärmende Versammlung fand in der Universität am
Sonnabend den 22. September statt, wonach die Vorlesungen unter=
brochen wurden. Ob diese Verordnung zeitgemäß und vernünftig
war, ist schwer zu sagen. Bei der frühern Ordnung hatte man aller=
dings die Studenten beruhigen können, ohne zu schroffen Maßregeln
Zuflucht zu nehmen; aber bei den neuen Vorschriften und der von
ihnen hervorgerufenen Stimmung mußte es früher oder später zur
Schließung der Universität kommen, weil eben diese Vorschriften die
Unruhe nährten.

Am zweitfolgenden Tage, den 24. September, empfing der Unter=
richtsminister zum erstenmal nach dem Antritt seines Ministerpostens
die Professoren und Dozenten der Universität. Die Vorstellung war
offiziell. Graf Putjatin wiederholte den Professoren, daß die Re=
gierung für die Vergrößerung ihrer Gehälter Sorge trage, bat sie,
ihm bei der Beruhigung der Studenten behilflich zu sein, erklärte
die Gerechtigkeit und Notwendigkeit der Erhebung von Gebühren für
den Besuch der Vorlesungen und äußerte die Bereitwilligkeit der
Regierung, in dieser Hinsicht mit würdigen, aber armen jungen Leuten
Nachsicht zu haben. Und dabei eben erfuhren die Professoren zum
erstenmale von der Unterbrechung der Vorlesungen, nicht aus dem
Munde des Ministers, sondern vom Stellvertreter des Rektors.

Am andern Tage, den 25. September, morgens, fand aus An=
laß der Schließung der Vorlesungen eine Straßendemonstration der
Studenten und abends eine Sitzung des Universitätssenats unter dem
Vorsitz des Kurators statt. Das Ministerium kam in die schwierigste
Lage. Dem Anschein nach bemerkte es erst jetzt, daß es sich geirrt
und nicht diejenigen Maßnahmen getroffen habe, die nötig waren, aber
nach dem Geschehenen war es selbstredend unmöglich, zurückzutreten.
Um die Universität zu beruhigen, ersann das Ministerium neue polizei=
liche Maßnahmen. Es wurde beabsichtigt, nach Eröffnung der Uni=
versität die Matrikeln nicht in der Art und Weise zu erteilen, wie
es in den vom Ministerium bestätigten Vorschriften verordnet war,
d. h. nicht durch den Prorektor und seinen Sekretär, sondern mit
besonderer Feierlichkeit in den Fakultätssitzungen; die Anwesenheit
der von den Studenten geachteten Professoren, sagte der Kurator,
werde einen moralischen Einfluß auf die jungen Leute ausüben und
in ihren Augen den Matrikeln die erwünschte Autorität verleihen.
Dies wurde zu einer Zeit gesagt, wo die Studenten, durch die Ver=
ordnungen des Ministeriums und der Universitätsobrigkeit im höchsten

Grade gereizt, sich zu den äußersten Maßnahmen entschlossen. Die Professoren, die so oft vergebens das Ministerium sowie die Universitätsobrigkeit gewarnt hatten, mußten also jetzt mit ihrer Autorität und
ihrem Einfluß das unterstützen, was sie in ihrem Gewissen nicht
billigen konnten, und dadurch sich auf immer der Möglichkeit berauben,
auf die Studenten irgendwelchen moralischen Einfluß auszuüben,
in ihren Augen irgendwelche Autorität zu haben, die für die Wiederherstellung der Ruhe und Ordnung in nächster Zukunft so nötig
war. Vom Kurator befragt, wie sie darüber dächten, verwarfen die
Professoren mit einer Mehrheit von 15 gegen 14 Stimmen diese
Maßnahmen als unbequem, nicht zum Ziel führend und den Vorschriften widersprechend. Das Ministerium erblickte wiederum nichts
andres darin, als eine Widersetzlichkeit gegen die allerhöchsten Befehle,
und forderte von den Professoren, sie sollten sich schriftlich über diesen
Gegenstand äußern, wahrscheinlich in der Voraussetzung, daß sie sich
nicht entschließen würden, ihre Ansichten auf dem Papier darzulegen.
Es stellte sich aber heraus, daß in den schriftlichen Aeußerungen die
Unbequemlichkeit der Erteilung von Matrikeln in den Fakultäten
sogar viele von jenen Professoren anerkannten, die entweder bei der
mündlichen Abstimmung zu Gunsten des Vorschlags des Generallieutenants Philippsohn gestimmt hatten oder nicht in der Senats-
sitzung anwesend gewesen waren, so daß sich eine bedeutende Stimmenmehrheit gegen diese Maßregel äußerte. Sie wurde auch aufgegeben.
Indem die Professoren ihrerseits in jeder Weise der Regierung bei
der Beruhigung der Studenten durch wirkliche Maßnahmen behilflich
sein wollten, schlugen sie vor: erstens, durch eine vom Universitätssenat aus seiner Mitte gewählte Kommission eine eingehende Untersuchung der in den Universitäten stattgefundenen Unruhen und
ihrer Ursachen zu veranstalten, zweitens, die Art der Entrichtung der
Gebühren für den Besuch der Vorlesungen den unbemittelten jungen
Leuten zu erleichtern. Beide Vorschläge wurden vom Senat einstimmig angenommen, aber nur der zweite wurde vom Kurator bestätigt, der erstere aber ohne Erklärung der Gründe verworfen.

Aus dem oben Dargelegten ist ersichtlich, daß die Ursachen der
Unruhen unter den Studenten, die zu so traurigen Resultaten geführt
haben, hauptsächlich folgende waren:

Die vollkommene Mangelhaftigkeit des Universitätsstatuts vom
Jahre 1835, welches radikale Veränderungen erheischte.

Die unvorsichtigen Verordnungen des Ministeriums; die Un-
ordentlichkeit und Unthätigkeit der Universitätsobrigkeit.

Auf die studierende Jugend, die ihrem Alter nach zu Uebertreibungen und Extremen neigt, meistenteils aus den edelsten Antrieben, können erfolgreich nicht äußerliche polizeiliche Maßnahmen einwirken, sondern der moralische Einfluß der Professoren, an die sie sich ge= wöhnt haben, die sie kennen, unter denen sie viele hochachten. Wie sind aber die Professoren gestellt? Ihre Gehälter sind die jämmer= lichsten, ihre Anteilnahme an der Verwaltung der Universität die unbedeutendste, von den Studenten sind sie systematisch entfernt.

Andrerseits ist der polizeiliche Charakter des Universitätsstatuts vom Jahre 1835, das bei seiner Anwendung in letzter Zeit durch neue Maßnahmen der Regierung gemildert wurde, plötzlich belebt und mit größerer Kraft als je wiederhergestellt worden; die Studenten= versammlungen sind bedingungslos verboten, während sie doch bei gewissen Bedingungen und einer gewissen Umgebung nicht nur un= schädlich, sondern sogar nützlich sein könnten; der Zutritt in die Uni= versität ist für arme junge Leute ganz abgesperrt, während für die Mehrzahl der Studierenden das Universitätsdiplom ein Patent auf das Recht, sich durch ehrliche Arbeit zu ernähren, vorstellt. Schwerlich ist jetzt die Zeit dazu, die Zahl der Universitätshörer zu beschränken, wo die Nachfrage nach solchen in allen Zweigen der Verwaltung so groß ist und in der nächsten Zukunft bei den bevorstehenden Reformen noch bedeutend größer werden muß. Die Wirkung dieser Grund= ursachen verstärkte noch mehr die äußerst strengen Verordnungen des Ministeriums, welches durch sein hartes und schroffes Verfahren, das keine Uebergangsmaßregeln zuließ, die Professoren machtlos machte und abkühlte und die Studenten zu einer konzentrierten Verzweiflung brachte. Der Wirrwarr und das Chaos in der Universitätsverwaltung thaten das Uebrige.

Um das Uebel zu verbessern und den Unruhen in den Univer= sitäten ein Ende zu setzen, ist es nötig:

1. Das Universitätsstatut vom Jahre 1835 auf breiter Basis zu reformieren, indem man den Professoren weit mehr Bedeutung als jetzt in der Universitätsverwaltung einräumt und ihnen eine sorgenlose materielle Existenz sichert. Ueberhaupt müssen die Univer= sitäten mehr Selbständigkeit bekommen, als sie bis jetzt hatten.

2. Die Rektoren müssen gewählt und mit einer größern Macht bekleidet werden; es ist nötig, ihre Bedeutung zu heben.

3. Wenn es die Regierung für unmöglich erkennen wird, die Gebühr für den Besuch der Vorlesung herabzusetzen, so ist es wenig= stens notwendig, die wirklich armen jungen Leute von derselben zu befreien und Unbemittelten die Entrichtung der Gebühr bedeutend zu erleichtern.

4. Es ist vonnöten, den Unterschied zwischen Studenten und Hospitanten ganz aufzuheben, da dieser Unterschied unnützerweise die Sache und die Universitätsaufsicht stört. Man muß entweder den Studenten- oder den Hospitantenstand gänzlich abschaffen. Es läßt sich für oder wider diesen oder jenen vieles sagen, aber die Frage erheischt eine aufmerksame Beurteilung.

5. Man soll die Studentenversammlungen unter Aufsicht der Universitätsobrigkeit und der Professoren gestatten; man muß ihnen erlauben, durch gewählte Studenten, aber ebenfalls unter Aufsicht der Universität, über die Studentenkasse, Bibliothek u. dergl. verfügen zu dürfen; der Thätigkeitskreis der Versammlungen, sowie der Be- aufsichtigung derselben muß sehr reiflich überlegt werden, damit einer- seits den jungen Leuten nicht unnütz Zwang angethan wird und damit ihnen zweitens kein Anlaß gegeben wird, vom geraden Wege abzuweichen.

6. Man muß eingehend und sorgfältigst alle auf die Studenten bezüglichen Vorschriften durchsehen und das ausscheiden, was ohne die dringendste Notwendigkeit die Studenten reizt und sie zu Un- ruhen herausfordert. Derartige Vorschriften gibt es, und sie schaden der Sache viel.

Schließlich kann man nicht umhin zu bemerken, daß die über- mäßige Strenge unsrer Kriminalgesetze und die ihnen innewohnende Neigung, solchen Vergehen der Jugend, die in Wirklichkeit nur jugendliche Fieberphantasien sind, den Charakter von politischen und Staatsverbrechen zu verleihen, der strengen und gewissenhaften Be- aufsichtigung der Studierenden hinderlich sind. Wäre dies nicht, würde man die sogenannten politischen Verbrechen der studierenden Jugend milder bestrafen, z. B. höchstens mit halbjährlicher Haft, so wäre kein Grund vorhanden, solche Verbrechen zu verhehlen oder ihre Wichtigkeit abzuschwächen, wozu die Notwendigkeit sogar gewissenhafte Leute zwingt, welche die Extreme mißbilligen, in die die Jugend verfällt. Jetzt fürchtet ein jeder, eine schwere Verantwortlichkeit für das Verderben eines Jünglings auf seine Seele zu nehmen; ein jeder weiß oft aus Erfahrung, daß der Jüngling, reif geworden, anders denken und handeln werde, und da man daher die Vergehen ver- heimlicht, entsteht bei der Jugend der Gedanke der Straflosigkeit, der sie auf diesem Wege anspornt und endlich dazu führt, daß sie wirkliche politische und Staatsverbrechen begeht.

Zu Seite 71.

Diese Worte beziehen sich augenscheinlich auf Herzens Wunsch, im Auslande zu bleiben, um eine „freie russische Buchdruckerei" zu organisieren. Herzen selbst sagt in einem Artikel vom Jahre 1863 über seine Mitteilung dieser seiner Absicht an seine Freunde: Im Jahre 1849 schrieb ich an meine Freunde in Rußland (ich hatte damals Freunde in Rußland), daß ich im Westen ausschließlich zu dem Behufe bliebe, um, nachdem ich ein zensurfreies Organ für Rußland gegründet, das freie russische Wort einzuführen*). Turgenjews Worte sind unzweifelhaft eine Antwort auf den erwähnten Brief Herzens. Uebrigens war dies eine rein individuelle und sogar zu optimistische Antwort. Aus Herzens Schilderung von Schtschepkins Besuch bei ihm in London im Jahre 1853 ist ersichtlich, daß Herzens Moskauer Freunde über das Erscheinen seiner ausländischen Publikationen erschraken; Schtschepkin riet ihm, dieselben zu unterbrechen, auf eine Zeit nach Amerika zu gehen, damit man ihn vergesse, und sich dann um die Erlaubnis zu bemühen, nach Rußland zurückkehren zu dürfen. Einige Jahre später nahm Schtschepkin selbst zum Schutze der „Glocke" Zuflucht. (Vergl. Turgenjews Brief vom 7. Januar 1858, S. 86 und die entsprechende Anmerkung.)

Zu Seite 86.

Der Schilderung der Angelegenheit des Fürsten Kotschubej schickte Herzen eine kleine Einleitung voraus und betitelte beides: „Was ist ein Gerichtsverfahren unter Ausschluß der Oeffentlichkeit?" Nachdem er am Eingang die verschiedenen „Stützen des Thrones", welche den Kaiser „gleich einem Stein im Wege an der Ausführung jeder guten Absicht hindern", — sowie „die Gewichte an den Füßen Alexander Nikolajewitsch' (z. B. ein Panin)" erwähnt, sagt er unter anderm im Geiste des Briefes von Turgenjew: „Der Kaiser wird nichts Verletzendes von uns vernehmen. Wir werden ihm sagen: Sei mutig, die Menschheit blickt auf Dich, die Geschichte verzeichnet Deine Thaten, das arme Rußland ist voll Erwartung; aber was wird die Geschichte zu verzeichnen haben, wenn Rußland nichts erreichen wird, wenn Du es der Willkür neuer Araktschejews und neuer Kleinmichels preisgibst? — Es wird dann heißen: Er

---

*) Die „Glocke" Nr. 168 vom 1. August 1863: Genfer Ausgabe: Die „Glocke", ausgewählte Aufsätze von A. J. Herzen, S. 424.

hatte ein gutes Herz, aber einen schwachen Willen! Ist
es möglich, daß sich Deine Eigenliebe daran genügen läßt?" u. s. w.
(Vergl. Genfer Ausgabe, S. 34.)

Zu Seite 91.

„Splendidly" ist Herzens Aeußerung über Turgenjew; sie befindet
sich in der Notiz über die „Lesebibliothek", welche die kleinrussischen
Erzählungen von Marko Wowtschok wegen ihrer Aufdeckung der Miß-
stände der Leibeigenschaft als „abscheulich=widrige" Bilder bezeichnete.
„Diese Erzählungen," sagt Herzen, „lenkten durch den Namen des
Uebersetzers unsre Aufmerksamkeit auf sich. Und als wir sie gelesen
hatten, begriffen wir, weshalb der größte russische Künstler der Gegenwart, J. Turgenjew, sie übersetzt hat." („Die Glocke" Nr. 71 vom
15. Mai 1860.)

Zu Seite 94 **).

Es ist dies der Aufsatz „Für fünf Jahre", der als Vorwort
des gleichnamigen Sammelwerks veröffentlicht wurde. Der Grundgedanke ist der, daß die Regierung Alexanders II., die Autokratie,
die Hoffnungen der gebildeten Gesellschaft nicht erfüllt habe. „Lassen
wir die Regierung — Regierung sein und befassen wir uns mit
unsern Angelegenheiten. Reichen wir zu diesem Behufe unsre Ent-
lassung ein; die Wirtschaft ist zerrüttet, man muß die Kinder erziehen,
die Junkerchen kirre machen. Schwächen wir die Regierung durch
unsre Teilnahmlosigkeit. ..." Dies riet Herzen.

Zu Seite 94 ***).

In Nr. 72 der „Glocke" schlug Herzen vor, Timaschew, der
damals an der Spitze der „dritten Abteilung" stand, zum Grafen
zu machen, für seinen Eifer in der Entdeckung der „Lushinschen Ver-
schwörungen", d. h. in der Aufbauschung des Falles der Studenten,
die anfangs 1860 auf die Anzeige des Charkower Gouverneurs
Lushin verhaftet worden waren. Der letztere hatte bereits im
Jahre 1858 einen Zusammenstoß mit den Studenten. Dies war
der erste „politische Fall" unter Alexander II. (Siehe „Die Glocke"
Nr. 20, 22, 78.)

Zu Seite 95 ***).

Es handelt sich hier um den Plan zu einer Gesellschaft für den
Unterricht des Volkes im Lesen und Schreiben und die Verbreitung
von ethischer Bildung unter ihm; dieser Plan wurde unter eifrigster
Teilnahme Turgenjews von einem Kreise von Russen (Annenkow,
Graf Alexei Tolstoi, die Grafen Rostowzew — Söhne Jakow Rostow=
zews —, W. P. Botkin u. a., die im Jahre 1860 auf der Insel
Wight zusammentrafen, entworfen und an verschiedene Repräsentanten
der Gesellschaft, der Litteratur und Kunst gesendet, aber ohne irgend
welches Resultat, da sich die Beratungen bis zur Schließung der
Sonntagsschulen durch die Regierung hinzogen. (Vergl. Annenkow
im „Boten Europas" 1885, April, S. 471—475.)

Zu Seite 95 †).

Bald nach diesem Briefe Turgenjews erschien in der „Glocke"
vom 1. Oktober 1860, Nr. 82 ein Leitartikel von J—r (Herzen),
betitelt „Der letzte Schlag", aus Anlaß der Annäherung zwischen
dem „Petersburger und dem österreichischen Kaiser", die u. a. gegen
Polen gerichtet war. „Und Warschau zum Vereinigungsorte der
Deutschen gegen die Slaven zu bestimmen! Nein, sie haben weder
Sinn, noch Herz, noch Gewissen!" Damit schloß der Artikel. (Vergl.
Anhang zu S. 96.)

Zu Seite 98.

Turgenjew meint damit gewiß den bereits erwähnten Artikel
„Der letzte Schlag". Herzen hatte zweifellos auf Turgenjews Auf=
forderung, „den Herrn scharf aufs Korn zu nehmen", mit dem Ver=
sprechen geantwortet, einen Artikel über die bevorstehende Zusammen=
kunft zu schreiben. Und in der That erschien in Nr. 85 der „Glocke"
vom 15. November ein Artikel über die Zusammenkunft der Kaiser
von Oesterreich und Rußland und des Königs von Preußen in
Warschau, mit dem Motto: „Es ritten drei Reiter." Augenscheinlich
hatte Herzen Turgenjew auf dessen Brief hin im voraus von seiner
Absicht, diesen Artikel zu schreiben, benachrichtigt. Der letztere schloß
mit den Worten: „Die Warschauer Zusammenkunft wird auch in
einer andern Chronik eingetragen werden und dort wird es heißen,
daß die kaiserliche Selbstherrschaft, welche keine Schranken kannte,
endlich an eine solche angeprallt ist und jenen passiven Widerstand

des Schweigens und des unterdrückten Widerwillens hervorgerufen hat, vor dem die Monarchen erblassen. In Anbetracht der Schmach des Bundes mit Oesterreich, in Anbetracht der Sinnlosigkeit eines Bündnisses gegen Italien vereinigten sich Rußland und Polen in einem Gefühle des Tadels und der Verurteilung!

„Und wenn die Kronenträger Warschau um einen Kopf kleiner verließen, — so wurden Rußland und Polen um einen Kopf höher."

Von dieser Warschauer Zusammenkunft datiert die offene revolutionäre Bewegung in der polnischen Gesellschaft unter Alexander II.

Zu Seite 99 *).

„Der gottgesegnete Tausendfuß", eine Anspielung auf einen Aufsatz in der „Glocke" (Nr. 32 vom 1. Oktober 1860), in welchem das Projekt der Gründung einer Gesellschaft zum Kampfe mit „der zeitgenössischen antireligiösen Bewegung" unter dem Protektorate der Kaiserin verspottet wurde.

Zu Seite 99 **).

Der Ausdruck „die Warschauer", bezieht sich wohl, nach dem Datum des Briefes zu urteilen, auf den Artikel „Der letzte Schlag" (vergl. Anhang zu S. 93 und zu S. 96), welcher, wie oben gesagt wurde, in der Nummer vom 1. Oktober erschien. In diesem Falle scheint es, als ob der Artikel, der speziell der Warschauer Zusammenkunft gewidmet und mit dem Motto „Es ritten drei Reiter" versehen war (in der Nummer vom 15. November), die Erfüllung der Bitte Turgenjews: „nur zu, nur zu" war. . . .

Zu Seite 100.

Der Ausdruck „Die Galligen" bezieht sich auf den Artikel „Die Ueberflüssigen und die Galligen", der in Nr. 83 der „Glocke" vom 15. Oktober 1860 erschien. Herzen benannte mit „die Galligen" eine besondere Art von Leuten, die sich in den letzten Jahren der Regierung Nikolaus' herausgebildet hatte.

Zu Seite 103.

In Nr. 86 der „Glocke" wurden unter dem Titel „Krusen=
stern, Nolken, die Ohrfeige, die Stripse, der Affe und Ankubinow"
einige Mitteilungen über das grausame Benehmen gegen Matrosen
veröffentlicht. Der Redakteur fragte darin: „Ist es wahr, Konstantin
Nikolajewitsch, ist es wahr, Herr Krabbe, und endlich ist es wahr,
Herr Golownin?"

A. W. Golownin, der spätere Unterrichtsminister, arbeitete da=
mals im Marineministerium und stand dem Großfürsten Konstantin
Nikolajewitsch nahe. In den Jahren 1843—45 arbeitete er gleich=
zeitig mit Turgenjew im Ministerium des Innern und unterhielt
freundschaftliche Beziehungen zu diesem. In Nr. 90 der „Glocke"
vom 15. Januar 1861 ist aus dem „Sammelwerk für Marinewesen"
die Untersuchung des Falles des „Plänkler", das eigene Geständnis
der Teilnehmer an der Explosion des „Plänkler" nebst einer kurzen
Notiz abgedruckt, welche mit den Worten schließt: „Schade um die
unschuldig zu Grunde Gegangenen; es wäre aber gut gewesen, hätten
die Matrosen Konstantin Nikolajewitsch geholfen, alle diese ‚den
andern den Mund verstopfenden' Seeungetüme, alle die Prügel
austeilenden Seekadetten und kreuzgeschmückten Greise über Bord zu
werfen oder in die Luft zu sprengen."

Zu Seite 105 **).

Es ist der Artikel „Konst. Serg. Aksakow", der in Nr. 90 der
„Glocke" vom 15. Januar 1861 erschienen war. Die charakteristischsten
Stellen sind diejenigen, wo die Moskauer „Slavophilen und die
Westmänner" auf ein und dasselbe Prinzip zurückgeführt werden:

„Wir hatten e i n e Liebe, aber keine g l e i c h e.

„Von frühester Zeit an bemächtigte sich ihrer und auch unser
ein starkes unbewußtes physiologisches, leidenschaftliches Gefühl, welches
sie für eine Erinnerung, wir aber für eine Prophezeiung nahmen, —
das Gefühl der grenzenlosen, unser ganzes Wesen durchbringenden
Liebe zum russischen Volksleben und der russischen Denkungsart.
Und wie Janus oder wie der zweiköpfige Adler blickten wir nach
zwei Richtungen, während e i n Herz in uns schlug.

„Sie übertrugen ihre ganze Liebe und ihre ganze Zärtlichkeit
auf die unterdrückte Mutter. Bei uns ... ist dieses Band lockerer
geworden. Wir befanden uns in den Händen einer französischen

Gouvernante und spät erfuhren wir, daß nicht sie unsre Mutter war, sondern die müde gejagte Bäuerin, und dies errieten wir aus der Aehnlichkeit der Gesichtszüge.... Wir haben sie sehr liebgewonnen, aber ihr Leben war zu eng ... wir wußten, daß sie keine heitern Erinnerungen habe, — wir wußten aber auch, daß ihr Glück in der Zukunft liege, daß sie unter dem Herzen einen Keim trage — unsern kleinen Bruder, dem wir ohne Linsengericht das Erstgeburtsrecht ab= treten ..."

Zu Seite 105 ***).

Ueber die Akademie der Wissenschaften in Petersburg schrieb Herzen im Artikel „Die Provinzialuniversitäten". Der Grundgedanke dieses Artikels ist der, daß die von der Akademie repräsentierte offizielle Wissenschaft in Rußland sehr wenig für die Entwickelung Rußlands geleistet, daß aber Moskau und die Moskauer Universität, welche Tschaadajew, das Slavophilentum, — Lermontow, Bielinski, Turgenjew, Kawelin hervorgebracht, dies gethan habe, daß Moskau aber nachher eingeschlafen sei und die Reihe an die Provinzen und ihre Universitäten, für welche „die Regierung nichts thue", ge= kommen sei.

Zu Seite 109.

Die Details über Schewtschenko waren bereits in der „Glocke" Nr. 80 (1860) veröffentlicht gewesen; dort aber war die Geschichte ins Kiewer Gouvernement in das Oertchen Meschiritsch im Kreise Tscher= kask verlegt (was auch richtig ist) und dabei ausführlicher erzählt: Der Jsprawnik Kabaschnikow sollte Schewtschenko der Religions= spötterei und Gotteslästerung beschuldigt haben. Aus den Mitteilungen M. A. Maximowitsch' wissen wir, daß Schewtschenko mit den Bauern von der „unehelichen Geburt" Jesu Christi sprach, und daraus schließen wir, daß er ihnen den Inhalt seines Gedichtes „Maria" mitteilte.

Der Artikel über Muchanow, den damaligen Direktor der Haupt= kommission für die inneren Angelegenheiten im Königreich Polen, war in Nr. 94 der „Glocke" vom 15. März veröffentlicht.

Zu Seite 113.

Golownin war als Nachfolger des Admirals Putjatin, der durch seine Statuten für die Studenten in den Universitäten Unruhen hervorgerufen hatte, zum Unterrichtsminister ernannt worden. In

Nr. 119—120 der „Glocke" vom 15. Januar 1862 war diese Ernennung sympathisch erwähnt, aber mit Warnungen vor den „drei
akademischen Eiterbeulen in unserm Unterrichtsministerium: Welt-
popen, Deutschruffen und deren verlorenen Söhnen, den Doktrinären,
Doktrinären-Bureaukraten, Zivilisatoren, theoretischen Araktschejews,
Anhängern von Spießruten, von Polizei und Zentralisationssystemen,
Panins in neuer Auflage in Oktav u. s. w., u. s. w." versehen.

Zu Seite 116.

Dies ist wahrscheinlich Katkows Aufsatz im „Russischen Boten"
„Zu welcher Partei gehören wir?" Er ist in demselben Hefte
mit dem Roman „Väter und Söhne" veröffentlicht. Katkow bemühte
sich, die nach seiner Meinung vermeintlichen Parteien in Rußland
von oben herab zu verspotten, und er zählte sie folgendermaßen auf:
„Konservative, gemäßigt Liberale, Fortschrittler, Konstitutionalisten
(man kann diesen schrecklichen Terminus nicht einmal aussprechen!)
und Demokraten und Demagogen und Sozialisten und Kommunisten."
Aber seine eigene Richtung charakterisiert er nicht sehr klar, indem
er darüber nur einen Wink gibt, daß der wahre Fortschritt „nicht
in der Aufhebung von Prinzipien, ohne welche eine normale Entwickelung der Gesellschaft nicht möglich ist, wie das monarchische
Prinzip, das aristokratische Element, die Zentralisation" bestehe, sondern darin, „daß man jedem Prinzip eine entsprechende Stellung und
Kraft verleiht und ihm allgemeine Grenzen setzt". Uebrigens, in
einem andern Aufsatz, der mit diesem in engem Zusammenhange steht
(„aus Anlaß eines ironischen Wortes" im „Russischen Boten" vom
März 1862) polemisiert der Redakteur dieses Journals mit der Zeitung „Unsere Zeit", an welcher Melgunow Mitarbeiter und Tschitscherin Hauptpublizist war, und entwickelt das Ende seines ersten
Aufsatzes weiter, in welchem er geäußert hatte, daß „das Interesse
an der Freiheit die Seele des Konservatismus bilde". Er fordert,
daß der (russische) Staat eine mächtige Landschaftsvertretung heran-
bilde und in seinen Schoß die Freiheitsprinzipien aufnehme, daß die
moralischen Kräfte und die persönliche Energie Interesse an ihm finde,
daß er die Lösung seiner Aufgaben nicht nur Henkersknechten allein,
sondern den Kräften der Landschaftsvertretung anvertraue. „Auf diesen
Weg verweist uns die Geschichte," sagt Katkow weiter, „und Gott
sei Dank, auf diesen Weg kommen wir jetzt heraus, kommen wir um
so kühner und hoffnungsvoller heraus, als wir nur dadurch im stande
sind, unser verkommenes Verhältnis zur Vergangenheit zu beleben,

das Volksleben als ein ungeteiltes Ganzes wiederherzustellen und in
seinem schlummernden Schoße schöpferische Kräfte hervorzurufen." In
diesen Worten, sowie an andern Stellen desselben Aufsatzes (beson=
ders auf den Seiten 450—453) erscheint Katkow eigentlich als Kon=
stitutionalist, und wenn er sich nicht jener Bewegung anschloß, welche
damals mit der behufs Berufung von Vertretern des ganzen
russischen Landes dem Kaiser überreichten Adresse des Adels des
Gouvernements Twer *) (vom 2. Februar 1862) begann, so bemühte
er sich, sich nicht zu sehr von ihr zu entfernen. Aber am Eingange
auch dieses Aufsatzes entwickelt Katkow wiederum, diesmal etwas
klarer, den Gedanken seines ersten Aufsatzes über das „Trugbild" —
Parteien in Rußland.

Wie es scheint, „wusch" Herzen, bevor er noch diesen zweiten
Aufsatz erhielt, in seinem Aufsatz „An die Senatoren und Geheim=
räte der Journalistik" **) Katkow „tüchtig den Kopf", in diesem
Aufsatz spricht Herzen den „gelehrten" Herausgebern des „Russischen
Boten" jeden praktischen Spürsinn in der Beurteilung der zeitgenössi=
schen Bewegung in Rußland ab. Darauf antwortete Katkow in Nr. 20
der „Zeitgenössischen Chronik des Russischen Boten", und damit war
ein Geplänkel zwischen den beiden Publizisten eröffnet, das schließlich
zu dem grausamen Kriege führte, der von Katkow durch den Artikel
„Bemerkungen für den Herausgeber der ‚Glocke'" (der „Russische
Bote" vom Juni 1862) begonnen wurde. Turgenjew, der auch
weiterhin seine Werke im „Russischen Boten" veröffentlichte, geriet
dadurch in eine schiefe Lage, deren er sich auch bewußt war, die er
aber zu entschuldigen suchte.

Zu Seite 128.

In betreff des Punktes a. der Einwürfe Turgenjews gegen
das Projekt der Adresse ist zu erwähnen, daß zu jener Zeit in
der russischen Gesellschaft der Gedanke sehr verbreitet war, daß
die Bauern nicht die Urbarialurkunden annehmen und sich überall
erheben würden, was auch in der „Glocke" geäußert wurde. (Siehe
z. B. in Nr. 141 den bereits erwähnten Aufsatz „Journalisten und
Terroristen".)

Im Punkt b. ist der Ausdruck „unsre Partei" interessant, welcher
im Verein mit dem eigentlichen Programm Turgenjews zeigt, daß

---

*) Abgedruckt in Nr. 126 der „Glocke" vom 22. März 1862.
**) In Nr. 130 der „Glocke" vom 22. April 1862.

er sich damals zur „Partei der That" zählte und sogar sich anschickte, eine gewisse Initiative in derselben zu ergreifen.

Im Punkt c. ist charakteristisch der Satz, „wenn wir uns nicht selbst vernichten würden", da er eine Anspielung auf die kurz vorher begonnene Trennung zwischen den „Radikalen (Sozialisten) und den Liberalen" ist.

M. Besobrasow (Michail) machte sich noch im Jahre 1859 da= durch bekannt, daß er dem Gendarmeriechef eine Denkschrift überreichte, worin er die Regierungsbeamten, die Mitglieder der Kommissionen, welche die Projekte der Bauernbefreiung verfaßten, sowie die Jour= nalisten des Strebens anklagte, „die grundherrliche Gewalt und das Grundeigentum zu vernichten, den Adel vom Throne loszureißen, die Finanzen zu ruinieren, das ganze Staatsgebäude ins Wanken zu bringen, eine Konstitution in der Gestalt derjenigen in den europäischen Staaten einzuführen" und — „Rußland zum Verfall" zu bringen. Gleichzeitig schlug er vor, „eine Versammlung vom ganzen russischen Reiche Gewählter" einzuberufen, als das „natürliche Element der Selbstherrschaft", welche „dadurch ihre Kräfte auffrischen und die nötige Aufklärung finden können werde." *).

Zu Seite 131 **).

Dieser Brief ist die Antwort auf Herzens Aufsätze, die in Nr. 138 der „Glocke" vom 1. Juli 1862 unter dem Titel „Ende und An= fänge" zu erscheinen begonnen hatten. In dieser Arbeit entwickelt Herzen die Ideen, die er vordem gar manchmal in seinen verschiedenen Broschüren und Aufsätzen dargelegt hatte, nämlich, daß die westliche oder latino=germanische Welt zu hilflos sei, um sich aus den gesell= schaftlichen Bourgeoisieformen, die sie selbst verurteilt, herauszuhelfen, und daß die Versöhnung ihrer Ideale, des Realismus und besonders des Sozialismus mit der Wirklichkeit in der slavischen Welt statt= finden werde, die, besonders das russische Volk in dem von der Reform Peters des Großen unangetasteten Teile, im Dorfe, in der Dorf= gemeinde, die Basis der künftigen Ordnung bewahre. Dieser Ge= danke ist mit besonderer Schärfe in Herzens Aufsatz „Mortuos plango" ausgedrückt. (Die „Glocke" Nr. 118 vom 1. Januar 1862.)

Aller Wahrscheinlichkeit nach hatte Turgenjew bei seiner Anwesen= heit in London im Frühling 1862 mit Herzen viele Debatten über

---

*) S. Materialien zur Geschichte der Aufhebung der Leibeigenschaft ?c. (Russ.) Berlin, II. 220 u. ff.

solche Artikel. Vielleicht gerade über den obenerwähnten, denn schon am Eingang von „Ende und Anfänge" macht Herzen Anspielungen auf frühere Debatten: „Und so, lieber Freund, gehst Du entschieden nicht weiter, Du willst bei der reichen Herbsternte in schattigen Parks ausruhen" u. s. w. Turgenjew seinerseits nimmt sich in diesem und den folgenden Briefen zum Ausgangspunkt „Ende und Anfänge", worin eine negative Schilderung der im Westen herrschenden Bourgeoisie über die positive des Ostens vorherrscht. In diesem Briefe, sowie in dem vom 4. November 1862 macht Turgenjew Herzen die Bemerkung, daß er gleich den Slavophilen durch einen „deutschen Denkprozeß" zu seinen Ideen gelangt sei, prophezeit diesen Ideen das Schicksal der Hegelschen Philosophie u. dergl. In der That ist die ursprüngliche theoretische Basis dieser Idee in der Hegelschen Lehre von der Ablösung der vorgeschrittenen Nationalitäten in der stufenmäßigen Entwickelung der Weltgeschichte enthalten, — mit dem Unterschied, daß, während die deutschen Hegelianer als Endstufe der Entwickelung der Menschheit die deutsche Nation betrachteten, die Moskauer diese Rolle den Slaven, besonders den Russen, übertrugen.

Zu Seite 135.

Turgenjew meint Herzens Brief in Nr. 149 der „Glocke" vom 1. November 1862, der den sechsten Brief von „Ende und Anfänge" bildet, worin Herzen eingehender als in den andern den Grundgedanken dieser Briefe über den Verfall der germanisch-romanischen Bourgeoisiewelt entwickelt. Dieser Brief Turgenjews ist fast gänzlich in den achten und letzten Brief von „Ende und Anfänge" aufgenommen, wobei Herzen Turgenjews Argumente einer dritten Person, welche er „ein Herr, der sich gebessert hat" nennt, in den Mund legt. Diese Argumente berücksichtigte Herzen, wenn auch teilweise in seinem achten Briefe, der daher einen weniger kategorischen Charakter hat. So erkennt er an, daß der Entwickelung des Westens und Rußlands ein „gemeinsamer Plan" zu Grunde liegt, aber er erblickt dennoch in Rußland, welches nach seiner Meinung nur „ein Vetter" in der allgemeinen europäischen Völkerfamilie ist, soziale Bedingungen, welche ihm helfen werden, den Weg des Fortschritts zu gehen, ohne „alle die alten Dummheiten (des Westens) auf eine neue Art und Weise durchmachen zu müssen". . . . . Um den Einfluß derartiger Aufsätze auf das junge russische Publikum, den Turgenjew in seinem Briefe erwähnt, beurteilen zu können, wollen wir daran erinnern, daß dieses Publikum die Frage nicht mit so philosophischer Breite wie Herzen

aufstellte, sondern dieselbe auf eines zurückführte: ob es für Rußland
nötig sei, die Formen des Parlamentarismus zu passieren, oder ob
es direkt zum Sozialismus übergehen könne? Die „Narodniki"
(„Volkstümler") unter der Generation nach Herzen entschieden, auch
von der „anarchistischen" Propaganda Bakunins unterstützt, die Frage
im letzteren Sinne, wobei sie die sogenannte „Intelligenz" zur Bour=
geoisie rechneten und dadurch, um mit Turgenjew zu sprechen, sich
von der „Revolution" selbst, d. h. von der politischen Revolution,
entfernten. Zur selben Zeit näherte sich den monarchischen Ideen
theoretisch derjenige Teil, welcher dem Moskauer Slavophilentum näher
stand, indem er die Bedeutung der Politik der Regierung in Polen
und im westlichen Gebiete schätzte.

Zu Seite 143.

Dieser Brief wurde durch die folgende Notiz in Nr. 167 der
„Glocke" (vom 10. Juni 1863) betitelt „Wir glauben es nicht!"
hervorgerufen: „In Nr. 22 des ‚Tages‘ wird in einer Korrespondenz
aus Paris die neue Maßnahme der ironischen Bestrafung der Polen
erzählt, welche die Uebelthaten der russischen Behörden übertreiben.
Diese Maßregel sei von dem berühmten J. S. Turgenjew entdeckt
worden. Der talentierte Autor von ‚Väter und Söhne‘ sollte be=
absichtigt haben, in einer untergeschobenen Korrespondenz zu erzählen,
wie ein Kosakenoberst sich mit seinem Hauptmann entzweit habe, weil
dieser gebratene polnische Kinder mit französischem und nicht mit eng=
lischem Senf gegessen habe! ..." Nach Turgenjews Brief erschien in
Nr. 168 der „Glocke" folgende Notiz: „Der englische und franzö=
sische Senf des Moskauer ‚Tages‘. Wir erhielten eine posi=
tive Bestätigung, daß die Herrn Iw. Turgenjew zugeschriebenen, in
Nr. 167 der ‚Glocke‘ wiederholten Worte pure Erdichtung sind."

Zu Seite 145.

In Nr. 177 der „Glocke" (vom 25. Januar 1864) ist fol=
gendes veröffentlicht: „Unser Korrespondent berichtet uns von einer
grauhaarigen Magdalena männlichen Geschlechts, welche an den Kaiser
schrieb, daß sie Schlaf und Appetit, ihre weißen Haare und Zähne
verloren habe, indem sie sich grämte, daß der Kaiser von der über
sie gekommenen Reue, infolge derer ‚sie jegliche Verbindung
mit ihren Jugendfreunden abgebrochen‘, noch nichts wisse."
Das volle Verständnis dieser ganzen Angelegenheit, auf die Turgenjew

in seinen Briefen vom 12. Februar 1863 und vom 2. April —
21. März 1864 anspielt, wird man erst nach der Veröffentlichung der
offiziellen Dokumente, die sich auf die gerichtliche Untersuchung des
Falles Turgenjew beziehen, gewinnen. Er wurde nämlich der Be=
ziehungen zu den Londoner Emigranten, zu Herzen, beschuldigt und
aufgefordert, sich in Rußland zu rechtfertigen. Am 19. Februar 1863
schreibt Turgenjew an seinen Freund Annenkow: Ich bin sehr ver=
wundert, liebster Pawel Wassiljewitsch, über die Nachricht in Ihrem
Briefe. Ich bin überzeugt, daß dieses Gerücht unbegründet ist, da
es zu unsinnig ist. Mich jetzt vor den Senat zu fordern, nach dem
Erscheinen von „Väter und Söhne", nach den Schimpfartikeln der
jungen Generation, jetzt, wo ich endgültig, fast öffentlich mich von
den Verbannten in London, d. h. von ihrer Denkweise entfernt
habe, — das ist eine ganz unbegreifliche Sache *).

In dieser Angelegenheit wandte sich Turgenjew zum dritten
Male an Alexander II. (S. Brief 52). Das erste Mal im Jahre 1852,
als dieser noch Thronfolger war, nachdem Turgenjew für seinen
Artikel auf den Tod Gogols auf Befehl des Kaisers Nikolaus ver=
haftet worden war **). Das zweite Mal in der Angelegenheit des
Polen Ogryßko, der früher Herausgeber eines Blattes, später als
höherer Beamter im Finanzministerium für seine Beziehungen zum
polnischen Aufstande verhaftet, verurteilt und dann nach Sibirien
verbannt wurde.

Zu Seite 148.

Die fragliche Begegnung Turgenjews mit Herzen fand wahr=
scheinlich im Jahre 1865 statt. Es scheint, daß sich auf diese gleich=
zeitige Anwesenheit Herzens und Turgenjews in Paris folgende Worte
des letztern in seinem Briefe an Annenkow vom 12. Februar 1865 ***)
beziehen: „Ich bin mit Ihnen einverstanden: Es ist wirklich schlimm
für einen Schriftsteller, sein Vaterland lange nicht zu sehen. In
solchem Falle gibt es nur ein sicheres Mittel, um sich nicht zu ver=
plappern, nämlich: zu schweigen. Der Redakteur des von Ihnen er=
wähnten Blattes, das nicht zu schweigen versteht, befindet sich hier,
aber ich bin ihm noch nicht begegnet."

---

*) Der „Bote Europas" 1887. Januar. Vergl. „Das russische Alter=
tum" 1885, S. 315—317 (Turgenjews Briefe an seinen Bruder); 1884,
Mai, S. 399—402.

**) S. „Das russische Altertum" 1884. Januar, S. 173—174; 1873,
VIII, S. 940—953.

***) S. „Der Bote Europas" 1887. Februar, S. 464.

Zu Seite 151.

„Aus jener Welt" ist die zweite Skizze in der Serie „Ohne
Zusammenhang", veröffentlicht in Nr. 241, 242 und 243 der „Glocke"
(15. Mai — 15. Juni 1861). In der Skizze „aus jener Welt"
finden sich Umrisse „jener zurückgebliebenen Personen, die an italieni=
schen Gestaden und in deutschen ‚Flecken am Wasser‘ ihr Leben be=
schließen."

Unter dem „allgemeinen slavischen Tanz" meinte Turgenjew
die Agitation in der russischen Presse der Hauptstadt aus Anlaß der An=
kunft der Westslaven auf der Ausstellung in Moskau im Sommer 1867.

Zu Seite 152.

Die „Glocke" begann in französischer Sprache am 1. Januar 1868
zu erscheinen. Turgenjew erhielt offenbar schon die Korrekturbogen.
In der ersten Nummer veröffentlichte Herzen seinen Artikel „Pro-
légomènes", worin er dem europäischen Publikum den Zweck der
Herausgabe erklärte. Diese war nach Herzens Absicht bestimmt,
Europa mit Rußland bekannt zu machen, welches gerade zu dieser
Zeit (nach dem slavischen Kongreß in Moskau) wieder eine Scheuche
für Europa geworden war. Herzen resümierte ferner seine gewöhn=
lichen Gedanken von der „alten Welt", die unfähig sei, die von ihr
theoretisch proklamierte Freiheit und Gleichheit und den von ihr ge=
borenen Sozialismus zu verwirklichen und von Rußland mit seinen
Dorfgemeinden, Volksartels, Realisten=Nihilisten unter der Jugend.
In diesem Aufsatze erinnert Herzen u. a. an die Legende vom Tode
Pans am Tage der Kreuzigung Christi, welche Turgenjew später in
seinen „Gedichten in Prosa" verarbeitete.

Zu Seite 158.

Die Nachricht, daß Herzen sich um die Erlaubnis bemühte, nach
Rußland zurückkehren zu dürfen, wurde oft wiederholt, besonders in
deutschen Blättern, die sich ziemlich feindselig gegen ihn als einen
„Panslavisten" verhielten.

Pogodin widmete damals Herzen, mit dem er in einem Bade=
orte zusammengetroffen war und einige Briefe gewechselt hatte, in
seinem Blatte mehrere Artikel.

In der „Börsenzeitung" (Nr. 73 vom Jahre 1869) erschien ein höchst grober Schmähartikel gegen Herzen.

Die Aeußerung über Bakunin that Turgenjew wegen dessen Reden auf dem Kongreß der Friedens= und Freiheitsliga zu Bern, die auch in der „Glocke" abgedruckt waren. In ihnen schlug Bakunin der Liga vor, das sozialistische Programm anzunehmen und alle Religionen zu verneinen *).

In Bakunins Reden findet sich nicht das Wort congrégationiste, sondern collectivisme, welches Bakunin vom „communisme" unter= scheidet. Dieses Wort entnahm er den Debatten und Resolutionen des Brüsseler Kongresses der internationalen Arbeiterassociation vom Jahre 1868. Der dort gebrauchte Ausdruck collectivité sociale hatte nicht den speziell anarchistischen Sinn, den Bakunin ihm gab **).

---

*) Mémoire sur la fédération jurassienne, Pièces justific. 20—39.

**) Troisième Congrès de l'association internationale des travailleurs, supplement au journal „Le peuple Belge", 45.

Namenregister*).

---

*) Auch an dieser Stelle kann ich nicht umhin, meines Kollegen, Herrn Professors Dragomanow, der mir bei der Zusammenstellung dieses Namenregisters, wie so oft, mit seinen Kenntnissen von Personen und Verhältnissen freundlich behilflich war, dankend zu erwähnen. Leider konnten einige Namen resp. Anfangsbuchstaben derselben nicht erklärt werden.

B. M.

Beffomykin, Zenfor 166. 169.
Beftufhew, Defabrift 109.
Bielinsfi, W. G., Kritifer VIII.
X. 6. 8. 9. 31. 79. 105. 155. 191.
217.
Blanqui 120.
Blubow, ehem. Vorfitzender des
Minifterrats 18. 110.
Bobrinsfi, Graf, Grundherr 83.
Bobjansfi, Profeffor an der Mos=
fauer Univerfität, Slavift 46.
Boltin, Staatsrat 110.
Borfchtfchow, Turfeftan=Reifender,
und in den 60—70er Jahren Pro=
feffor an der Univerfität Riew 43.
Botfin, W., Litterat 50. 88. 93. 95.
105. 113. 115. 147. 148. 155. 214.
Bribaine 109.
Budberg, ruffifcher Gefandter in
Paris 142.
Butenew, Gefandter in Konftan=
tinopel 17.

Chomjafow, Publizift, Slavophile
167. 171. 172. 173.

Dafchfowa, Fürftin 84.
Daudet, Alphonfe 184.
D. K. = Dimitri Kawelin, f. Ka=
welin.
Delawot, überfetzte einige Werfe
Turgenjews und Herzens ins Fran=
zöfifche 84. 96. 107.
Deljanow, Kurator des Peters=
burger Lehrbezirfs, jetzt Unterrichts=
minifter 201.
Dimitriew, Profeffor an der jurid.
Fafultät der Univerfität Mosfau
10. 42.
Dolgorufi, P., Fürft, Emigrant,
Publizift 48. 49. 98. 112. 114.
118. 142. 148. 151. 154.
Dolgorufow, Fürft, Gefandter 65.
85. 106. 111. 166.
Dragomanow, M. P., Profeffor
V. VI. IX. XIV. XV. XVI. 176.
179. 180. 184. 194.
Drafchuffow, Zenfor 169.
Drufhinin, Litterat 79.
Dubrowin 106.
Durand, Emile (Pfeudonym), fran=
zöfifche Schriftftellerin 180.

Ern, Fräulein, f. Frau Reichel.
Effen 97.

Fedfowitfch, fleinruffifcher Schrift=
fteller 176. 181.
Fet, A. A., Dichter 73. 140. 178.
Feuerbach 170.
Francf, Verleger 89.
Frauenftaedt, Schriftfteller 61.
Friedrich II., b. Gr. 15.
F—wa, Frau IX.

Gagarin 106. 110; f. Anm. S. 110.
Garibaldi 102. 118.
Gebeonow, Intendant des Peters=
burger Theaters 88.
Genlis, Madame, die franzöfifche
Romanfchriftftellerin 52.
Gerlach, Herausgeber der „Kreuz=
zeitung" 17.
Gillarow, Zenfor 169.
Goethe 184.
Gogol, der befannte Schriftfteller
VIII. 74. 129. 144. 191. 223.
Golitzyn 104.
Golitzyn jun. 17.
Golowatfchew, Mitglied d. Twerer
Komitees für Bauernangelegen=
heiten 168.
Golownin, Unterrichtsminifter 64.
65. 103. 110. 112. 113. 114. 216.
217.
Gortfchafow, Fürft, Minifter des
Aeußeren, fpäter Kanzler 106. 169.
Granowsfi, Hiftorifer, Profeffor
an der Univerfität Mosfau X. 6.
8. 9. 50. 51. 52.
Gribowsfi 80.
Grimm, Erzieher des Thronfolgers
Nifol. Alex., Titows Nachfolger
89, f. Titow.
Gubarew, eine Figur aus „Dunft"
150.
Guizot 108.

Hahnenfopf f. Annenfow.
Hanfa, böhmifcher Gelehrter 171.
Hegel, der Philofoph 13. 134.
Heine, Heinrich 178.
Helena Pawlowna, Witwe des
Großfürften Michail Pawlowitfch,
des Onfels Alexanders II. XI.
106.
Herwegh, der deutfche Dichter 71.
72; f. Anm. 71.
Herzen, A. J. (Vater), der befannte
Publizift und Emigrant V. XI.
XII. XIII. 6. 8. 9. 10. 13. 14.
16. 17. 18. 19. 20. 28. 29. 30.

Lightning Source UK Ltd.
Milton Keynes UK
UKOW04f0617210917

309610UK00001B/79/P